安徽大学区域经济与产业发

U0515252

数字经济赋能
长三角一体化发展研究

杨仁发　单　航　等◎著

Research on Digital Economy
Empowering the Development of
the Yangtze River Delta Integration

中国财经出版传媒集团

经济科学出版社
Economic Science Press

目　录

第一章 绪 论

第一节 研究背景与问题的提出

一、研究背景

加快构建以国内大循环为主体、国内国际双循环相互促进的新发展格局，是以习近平同志为核心的党中央根据我国新发展阶段、新历史任务、新环境条件作出的重大战略决策，是习近平新时代中国特色社会主义思想的又一重大理论成果，是马克思主义中国化的又一伟大实践。在当前国内国际不确定性显著增加的时代背景下，要推动高质量发展，必须立足新发展阶段、贯彻新发展理念、构建新发展格局，为我国全面建设社会主义现代化、早日实现中华民族伟大复兴的中国梦蓄力启航。

（一）新发展格局下的长三角一体化

当今世界正经历百年未有之大变局，一方面，国际环境日趋复杂，不稳定性不确定性因素明显增加，"逆全球化"问题愈演愈烈，保护主义、单边主义上升。另一方面，我国正处于实现中国式现代化的关键时期，国民经济已从高速增长阶段向高质量发展阶段转变，进入经济新常态的背景下，2020年10月，党的十九届五中全会明确提出"加快构建以国内大循环为主体、国内国际双循环相互促进的新发展格局"。以国内大循环为主体构建新发展格局，不是封闭的国内单循环，不是搞闭关锁国独立发展，而是开放的、相互促进的国内国际双循环。要通过发挥内需潜力，更好地吸引全球资源要素，在满足国内需求、提升我国产业技术发展水平的同时，积极促进国内需求和海外需求、进口贸易和出口贸易、引进外资和对外投资协调发展，使本土市场和全球市场更好联通，充分利用国内国际两个市场、两种资源，实现更加有韧性、可持续的发展。

新发展格局是根据我国当前和今后较长一段时期的发展阶段、经济社会现实、内外部环境的变化提出来的，是塑造我国全球竞争新优势的战略举措。长三角地区作为我国经济发展最活跃、开放程度最高、创新能力最强的区域，承担着率先形成新发展格局的重要使命。

2018年11月5日，习近平总书记在首届中国国际进口博览会上宣布，支持长江三角洲区域一体化发展并将其上升为国家战略，着力落实新发展理念，构建现代化经济体系，推进更高起点的深化改革和更高层次的对外开放，同"一带一路"建设、京津冀协同发展、长江经济带发展、粤港澳大湾区建设相互配合，完善中国改革开放空间布局。2019年5月，中共中央政治局会议审议了《长江三角洲区域一体化发展规划纲要》。2020年8月，习近平总书记强调，实施长三角一体化发展战略要紧扣一体化和高质量两个关键词，以一体化的思路和举措打破行政壁垒、提高政策协同，让要素在更大范围畅通流动，有利于发挥各地区比较优势，实现更合理分工，凝聚更强大的合力，促进高质量发展。2022年，党的二十大报告指出，要促进区域协调发展，推进京津冀协同发展、长江经济带发展、长三角一体化发展，对这些重点区域提出了更高的发展要求。

长三角一体化规划的覆盖范围为上海市、江苏省、浙江省、安徽省全域，总面积为35.8万平方千米。27个城市（包括上海市，江苏省南京、无锡、常州、苏州、南通、扬州、镇江、盐城、泰州，浙江省杭州、宁波、温州、湖州、嘉兴、绍兴、金华、舟山、台州，安徽省合肥、芜湖、马鞍山、铜陵、安庆、滁州、池州、宣城）作为中心区，总面积为22.5万平方千米，向外辐射，带动长三角地区高质量发展。上海青浦、江苏吴江、浙江嘉善等地为生态绿色一体化发展示范区，总面积约为2300平方千米，引领带动长三角地区更高质量一体化发展。上海临港等地为中国（上海）

自由贸易试验区新片区，其目标是打造与国际标准相一致、具有国际市场影响力和竞争力的特殊经济功能区。

在区域一体化发展进程中，长三角具有独特优势，区域经济总量约占全国1/4，且生产力和全要素生产率排名居全国前列。该区域的社会事业快速发展，公共服务发展水平较为均衡，社会治理体系逐渐形成。人民的获得感、幸福感、安全感也在不断增强。长三角地区主要具备以下特色优势。

第一，科技创新能力突出。长三角地区拥有丰富的科教资源，有两个综合性国家科学中心（上海张江、安徽合肥），约全国1/4的"双一流"高校、国家重点实验室、国家工程研究中心。长三角创新能力强劲，全国约1/3的年研发经费支出和有效发明专利来自该区域，上海、南京、杭州、合肥等城市的研发强度均超过3%。科创资源与产业紧密融合，大数据、云计算、物联网、人工智能等前沿技术与传统产业渗透融合，分别占据全国集成电路和软件信息服务产业规模的1/2和1/3，在电子信息、生物医药、高端装备、新能源、新材料等领域形成了一批独具特色和国际竞争力较强的创新共同体和产业集群。

第二，对外开放合作协同高效。长三角拥有通江达海、承东启西、联南接北的区位优势，口岸资源优良，与世界其他国家和地区的联系紧密，协同开放水平较高，拥有开放口岸46个。自由贸易试验区探索形成了国际贸易"单一窗口"等一批可复制可推广经验，贸易和投资便利化水平提升明显，第五届中国国际进口博览会成功举办。统一市场体系联建共享，"一网通办""最多跑一次""不见面审批"等创新性改革措施成为全国标杆，域内营商环境位居全国前列。先后设立长三角区域合作办公室，建立G60科创走廊等一批跨区域合作平台。采用三级运作、统分结合等方式，有力保障了长三角区域合作机制有效运转。

第三，基础设施互联互通。长三角内部交通干线密度较高，省际高速公路基本贯通，主要城市间高速铁路有效连接，沿海、沿江联动协作的航运体系初步形成，区域机场群体系基本建立。电力、天然气主干网等能源基础设施相对完善，防洪、供水等水利基础设施体系基本建成，光纤宽带、5G网络等信息基础设施水平排在全国前列。

第四，生态共保。"绿水青山就是金山银山"的理念深入人心，"千村示范、万村整治"工程谱写美丽中国建设新篇章，新安江流域生态补偿形成可复制可推广经验，全国森林城市、环保模范城市和生态城市较为密集，河长制湖长制等创新性制度率先施行并在全国推广。空气、水、土壤污染联防联治联动机制逐步完善，太湖、淮河等流域合作治理取得明显成效。2019 年，长三角 333 条地表水国考断面中，水质Ⅲ类及以上占 77%，41 个城市细颗粒物（$PM_{2.5}$）平均浓度显著下降。

第五，公共服务初步实现共享。长三角地区公共服务体系相对完善。例如，依托国内重点高校，成立了四家跨区域联合职业教育集团，城市医院协同发展联盟成员已覆盖长三角 30 个城市 112 家三甲医院，养老服务协商协作机制初步建立。跨区域社会保障便利化程度明显提高。

第六，城乡之间协调互动。长三角地区城镇体系完备，常住人口城镇化率超过 60%，大中小城市协同发展，各具特色的小城镇星罗棋布，城镇之间经济社会联系密切。上海中心城市辐射带动作用明显，南京、杭州、合肥、苏锡常、宁波等城市群建设成效明显，同城化效应日益显现。城乡发展比较协调，城乡居民收入差距相对较小，城乡之间实现了要素双向流动，形成了可复制可推广的乡村成功发展范式。

在长三角一体化进程中，尽管取得了一定的进展，但仍有一些根深蒂固的问题未解决，并面临诸多挑战。

第一，长三角在全球价值链中面临着陷入低端锁定的风险。长三角地区是中国对外开放程度最高、参与全球价值链最深的地区之一，特别是上海和苏南地区。在这些地区，外商和港澳台投资企业在许多行业中占据了重要地位。在上海，外商和港澳台投资企业占规模以上工业总产值的 60%以上，在六大主导产业中，除石化和钢铁外，外资企业均占主导地位。这种情况在苏州等苏南地区同样存在。"两头在外"的加工贸易曾占据上海和江苏进出口总额的六成以上，虽然近年有所下降，但是中间品在进出口中的比重仍相对较高。从总体上看，长三角区域在全球价值链上处于低端位置，向上攀爬难度不断增加，增加值率较低存在低端锁定风险。

第二，"行政区经济"依然存在，打破行政壁垒面临较大阻力，区域制度一体化进展缓慢。一方面，在现行的行政管理体制下，一些省市为追求地方利益最大化，隔离与竞争多于合作，致使区域内部资源配置和统一大市场建设遇阻。地方行政壁垒成为区域合作的主要障碍，区域合作和协调很大程度上取决于地方政府领导者的偏好，随着人事变迁，政策走向也会发生变化，缺少权威性和稳定性。另一方面，合作和协调机制主要由政府主导，市场化运行程度不高，主要靠"看得见的手"推动，由于市场化的利益分配机制和政府税源共享机制的缺位，导致实施效果不尽如人意。

第三，区域要素市场分割，导致资源空间配置难以优化。与商品流动相比，劳动力、资本、技术、信息等要素的市场流动面临更多的障碍，受传统的行政条块分割和政策制约更为明显。近年来，长三角地区一些地方的劳动力市场分割指数还出现反弹迹象。由于要素市场一体化进程缓慢，资源空间配置优化、产业科学合理分工就导致失去了市场基础。

第四，科技资源配置不合理，部分非公有制企业研发能力偏弱。长三角参与全球价值链的低端锁定效应出现的根本原因是企业技术创新能力不足。根据国家知识产权局的统计数据，江苏、浙江、上海发明专利授权总数和每万人发明专利拥有数都处于全国前 5 名。但是，与珠三角相比，长三角科技资源主要集中在国有企业，尤其是中国科学院和"985 工程"高校系统，以企业为主体的技术创新体系尚未形成，民营企业和外资企业发明专利较少。

（二）新发展格局与数字经济

2022 年 12 月，中央经济工作会议指出建设现代化产业体系。坚持把发展经济的着力点放在实体经济上，推进新型工业化，加快建设制造强国、质量强国、航天强国、交通强国、网络强国、数字中国。实施产业基础再造工程和重大技术装备攻关工程，支持专精特新企业发展，推动制造业高端化、智能化、绿色化发展。巩固优势产业领先地位，在关系安全发展的领域加快补齐短板，提升战略性资源供应保障能力。推动战略性新兴产业融合集群发展，构建新一代信息技术、人工智能、生物技术、新能源、新材料、高端装备、绿色环保等一批新的增长引擎。构建优质高效的服务业新体系，推动现代服务业同先进制造业、现代农业深度融合。加快发展物联网，建设高效顺畅的流通体系，降低物流成本。加快发展数字经济，促进数字经济和实体经济深度融合，打造具有国际竞争力的数字产业集群。

优化基础设施布局、结构、功能和系统集成，构建现代化基础设施体系。

数字经济是继农业经济、工业经济之后的更高级经济阶段。数字经济是以数字化的知识和信息为关键性生产要素，以数字技术创新为核心驱动力。以现代信息网络为重要载体，通过数字技术与实体经济深度融合，不断提高传统产业数字化、智能化水平，加速重构经济发展与政治治理模式的新型经济形态。

数字经济包括三个核心内容，即数字产业化、产业数字化和数字治理。首先，数字产业化是数字经济发展的主导力量，以信息通信产业为主要内容，具体包括电子信息制造业、电信业、软件和信息技术服务业、互联网行业及其他新兴产业。数字产业化稳步发展，集中体现为数字技术经济范式的创新。其次，产业数字化是数字经济发展的主要推动力量，是传统产业由于应用数字技术所带来的数量和生产效率的提升，其新增产出构成数字经济的重要组成部分。产业数字化集中体现为数字技术体系对生产制度结构的影响，即对传统产业组织、生产、交通等的影响。最后，数字治理是数字经济发展的必要补充，包括利用数字技术完善治理体系、创新治理模式、提升综合治理能力等。数字化治理集中体现在数字技术对社会制度结构的影响，即在数字经济快速发展的背景下形成的与之相适应的政府治理体系、模式等社会面变革。

数字经济的发展特征决定了它在我国构建新发展格局进程中能够发挥重要作用。一是要素变革。农业经济时代的核心生产要素是劳动力和土地，工业经济时代转变为资本和技术。在数字经济时代，数据成为新的关键生产要素。当前，迅猛增长的数据已经成为社会基础性战略资源，蕴藏着巨大的潜力和能量。二是数字经济引发结构变革。与交通运输业和电力行业成为前两次工业革命推动产业变革的先导产业相似，信息产业是数字经济时代驱动发展的基础性产业。一方面，数字经济加速向传统产业渗透，不断从消费向生产，从线上向线下拓展，催生了O2O、共享经济等新模式、新业态，提升了消费体验和资源利用效率。另一方面，传统产业数字化、网络化、智能化转型步伐加快，新技术带来的全要素效率提升，加快改造传统动能，推动新旧动能接续转换。传统产业利用数字经济带来的产出增长，构成数字经济的主要部分，成为驱动数字经济发展的主要引擎。三是数字经济引发组织变革。平台成为数字经济时代协调和配置资源的基本经济组织，是价值创造和价值汇聚的核心。一方面，互联网平台新主体快速涌现。另一方面，传统产业加快平台转型。四是治理变革。数字经济时代，社会治理的模式发生深刻变革，过去政府单纯监督的治理方式正在加速向多元主体协同共治方式转变。

（三）数字经济赋能长三角一体化

长三角一体化是引领我国高质量发展、高品质生活、高水平治理的重大战略举措。《长江三角洲区域一体化发展规划纲要》提出要共同打造"数字长三角"，对长三角城市群和数字经济产业链协同治理提出了新任务新要求。数字经济产业链协同治理是长三角城市群"高质量一体化"的重要动力，是"以支持供给侧结构性改革为主线，推动经济发展质量变革、效率变革、动力变革"的内在要求，也是长三角一体化发展的主要着力点之一。

从发展现状看，长三角抢抓数字经济变革时间窗口，成为全国数字经济发展新高地，确保了长三角经济社会发展行稳致远（中国信通院，2021）。首先，长三角成为全国数字产业化示范区，已经建成以电子器件、集成电路等为代表的新一代信息技术产业体系，5G、人工智能、大数据、区块链、云计算等新兴数字产业领域的发展均已走在全国前列。其次，长三角成为全国产业数字化领跑者，新业态、新模式蓬勃发展，加快推动传统产业转型升级，成为产业数字化发展的前沿阵地。再次，长三角成为全国数字化治理推动者，聚焦数字政府和智慧城市建设，不断拓展社会治理的新格局，成为数字化治理规则和实践的标杆地区。最后，长三角成为全国数据价值化探索者，形成"四位一体"数据要素市场格局，数据要素市场化指数显示长三角数据要素市场化配置位居全国前列。长三角成为新时代数字贸易践行者，高度重视数字贸易发展，积极培育以跨境电商为代表的数字贸易新模式、新业态。

从发展模式看，长三角数字经济发展更具区域特色，做法更加灵活、模式更加多元、布局更加多样，既体现区域内部发展联动，又服务区域整体战略定位。长三角电子信息产业梯度转移和皖北"6＋2＋N"梯度转移承接平台表现为梯度转移发展模式；上海工业互联网和浙江电子商务产业发展表现为产业飞地发展模式；上海人工智能产业以及南京软件和信息服务产业表现为点轴联动发展模式；合肥和苏州以板块协同发展模式积极布局数字经济产业；长三角大数据交易中心和城市数字化治理呈现出区域极核发展模式；长三角"一超多强"和浙江"二四五"数字经济总体格局表现出多极网络发展模式。长三角数字经济发展的典型模式为其他区域数字经济发展提供了可推广、可复制的做法，有助于解决区域数字经济发展不平衡不充分等问题，为统筹推进数字经济高质量发展提供了宝贵的地方经验。

从发展前景看，以长三角协同发展为立足点，统筹区域数字经济布局，以产业数字化发展为着力点，加快重要领域数字应用，以数字经济产业园为切入点，积极培育数字经济产业，以政府治理数字化为关键点，提高城市政务服务能力，以数据要素市场化为突破点，发挥新型生产要素优势，以加强国际化合作为支撑点，推动数字贸易互利互惠。长三角应充分借助数字经济发展所释放的红利，加快打造改革开放新高地，探索率先形成新发展格局，确保长三角一体化的战略目标如期实现。

为发展数字经济，长三角区域出台一系列政策。长三角省级层面数字经济政策规划起步早、产业布局全、发展要求高、数字经济政策体系配套较为完备。上海早在 2001 年已经制定出台《2000 年—2002 年上海市信息化实施计划》，以提高城市综合竞争能力和集聚辐射能力、提高生产力水平和人民生活质量、加速上海国际化现代化进程。2006 年和 2012 年分别发布《上海市国民经济和社会信息化第十一个五年规划纲要》和《上海市国民经济和社会信息化第十二个五年规划纲要》。2016 年发布《上海大数据发展实施意见》《上海市推进"互联网＋"行动实施意见》，2017 年发布《上海市加快制造业与互联网融合创新发展实施意见》。2019 年通过《上海加快发展数字经济推动实体经济高质量发展的实施意见》。2021 年 7 月，上海发布《推进上海经济数字化转型赋能高质量发展行动方案（2021—2023 年）》，到 2023 年，将上海打造成为世界级的创新型产业集聚区、数字经济与实体经济融合发展示范区、经济数字化转型生态建设引领区，成为数字经济国际创新合作典范之城。2003 年时任浙江省委书记习近平同志作出建设"数字浙江"的重要决策，同年发布《数字浙江建设规划纲要（2003—2007年）》，旨在全面推进全省国民经济和社会信息化建设。2016 年出台《浙江省"互联网＋"行动计划》《浙江省促进大数据发展实施计划》等规划，2018 年提出《浙江省数字经济五年倍增计划》，2021 年正式印发《浙江省数字经济发展"十四五"规划》。江苏重视数字经济发展，先后出台《关于贯彻落实〈国家信息化发展战略纲要〉的实施意见》《"十三五"智慧江苏建设发展规划》《关于加快推进"互联网＋"行动的实施意见》《江苏省大数据发展行动计划》《智慧江苏建设三年行动计划（2018—2020 年）》《关于深入推进数字经济发展的意见》《江苏省"十四五"数字经济发展规划》。安徽也相继出台"十二五"和"十三五"信息化发展规划，《安徽省"十三五"软件和大数据产业发展规划》《支持数字经济发展若干政策》等政策规划文件。

在区域层面，长三角一体化示范区推出 20 条举措，加快推进数字经济发展。在积极推进新型信息基础设施一体化建设方面，包括优化信息基础设施建设审批手续，精简信息管线、通信基站、机房等建设审批手续，缩短办理周期；推进信息基础设施共建共享，实现一体化示范区重点区域 5G 信号全覆盖，核心区域连续覆盖，毗邻地区 5G 网络基础设施共建共享；加强数据中心绿色集约建设，支持全国一体化算力网络长三角国家枢纽节点起步区建设；推进通信网络同城化建设；加快推进信息通信网络的覆盖建设，鼓励基础电信运营企业分步推进国际互联网数据专用通道建设，大幅提升区域国际通信能力等。

在加快推动数字产业化方面，包括加强关键核心技术联合攻关，聚焦数字经济重点领域，推进共性课题研究及联合攻关，加快对相关创新和设计的试产和量产；培育知识创新型数字经济总部企业，发挥数字经济龙头企业的引领带动作用，加强资源共享和数据开放，带动创新型企业快速壮大；支持长三角数字干线建设。支持青浦区、吴江区、嘉善县共同打造数字长三角实践引领区，共同推进规划编制，加快塑造一批跨域数字化应用场景；开展数字经济应用场景示范试点，办好长三角国际创新挑战赛，持续用好各类开放式创新平台服务资源等。

在积极推进产业数字化发展方面，包括推进制造业智能化转型，支持示范区建设工业互联网先行区；扩大和升级信息消费，深入开展央行数字人民币跨区域场景试点，支持数字人民币街区及数字人民币乡村建设；合力建设国内领先的车路协同示范区，探索开放城市快速路、高速公路等不同类型和风险等级的道路测试场景；创建数字孪生运用示范区，搭建基于城市信息模型的全域智慧化平台，实现"数字示范区"和"物理示范区"齐头并进。

在持续提升公共服务数字化水平方面，包括推进公共数据资源互联互通，推进长三角政务数据互联互通，实现一体化示范区政务服务"一网通办"；加快区域数字化协同治理创新，加快推动数据资源开放共享、推进数据资源有序利用、加强数据资源安全保护；推动通信相关业务材料跨省通办异地互认。

在强化制度保障方面，包括强化统筹协调，建立定期沟通协商工作机制；加强要素保障。对一体化示范区具有核心枢纽功能的信息基础设施建设项目，积极向国家、三省一市争取用能指标、用地指标；加强统计监测，三省一市统计部门加强业务支持和指导，支持一体化示范区加快构建与数字经济发展相适应的统计监测体系；强化人才支撑，培育一批领军人才和高水平创新团队，建设一批产教融合创新平台，支持示范区人才港、人才园区、院士专家服务中心建设等。

尤为重要的是，数字长三角需要产业链协同治理。当前，长三角区域数字经济发展迅速。上海的集成电路、人工智能、智能制造、互联网等产业集群，江苏的电子信息、智能制造、卫星导航、工业控制、物联网等产业集群，安徽的集成电路、新型显示、量子通信、智能语音、智能终端等产业集群，浙江的电子商务、互联网、物联网、云计算、大数据、智能通信等产业集群，均已成为长三角城市群参与全球竞争的重要支撑。一方面，物联网、大数据、云计算、人工智能等新技术不断驱动新的商业形态，创造新的应用场景，直接助力经济增长，数字产业化蹄疾步稳。另一方面，新技术与传统产业联结、融合，不断释放"创新"内生变量动能，赋能传统产业转型升级、提质增效，全要素生产率不断提高，产业数字化行稳致远。

伴随数字长三角建设，数字经济产业链横向集群不断拓展，纵向上下游不断延伸，但一些短板仍然存在。一是协同发展程度还不高。"行政壁垒""信息孤岛"等制度性掣肘还未得以破解，低效率协同与同质化竞争依然广泛存在。二是评价体系还不健全。对数字经济统计口径还未统一，部分城市甚至将一些不是非常相关的传统经济指标纳入数字经济统计范畴，导致难以科学衡量发展成效，制约了产业链协同发展和数字长三角建设。三是产业链条局部不均衡问题突出。各地区在自身发展中依然存在空间布局、要素匹配等结构性矛盾。

二、问题的提出

在以国内大循环为主体、国内国际双循环相互促进的新发展格局下，我国的经济发展模式也相应改变。在新发展阶段，国内大循环成为国民经济增长的核心引擎，并通过国内大循环带动国际循环的发展。在消费疲软、出口下滑、投资需求不足的现实困境下，发展数字经济成为我国实现高质量发展的重要抓手。一方面，数字经济具有数字化、智能化、网络化、平台化等特点，有望推动传统产业的升级和创新，提高经济的总体效率和质量。另一方面，数字经济能够扩大内需市场。为居民提供更加便捷、高效、个性化的消费体验，激发居民消费潜力，促进内需市场的扩大。同时，数字经济涵盖了包括人工智能、大数据、云计算、区块链等领域，可以帮助企业实现数字化转型，提高生产力和运营效率，推动产业的快速发展，增强市场竞争力。

长三角一体化于2018年上升为国家战略，近五年来长三角区域的合作取得了不俗成绩，但也存在一些深层次问题。一是长三角地区包括了经济发达的上海、江苏、浙江以及相对欠发达的安徽，各地发展水平和经济结构存在差异；二是由于各地政府间存在竞争关系，行政壁垒难以打破，一些地方政府可能更关注本地区的经济利益；三是长三角地区内的城市之间存在激烈的竞争关系，一些城市在争夺投资和产业等方面存在利益冲突；四是长三角地区经济发展快速，但环境问题也影响到整个地区的可持续发展；五是长三角地区的交通运输体系尚未完全高效联通，城市间交通和物流成本仍偏高。

数字经济成为驱动国内大循环的引擎，而如何实现新发展格局下的区域协调发展，解决长三角一体化进程中存在的深层次问题，也是我国建设社会主义现代化国家和实现共同富裕所必须解决的难题。随着长三角一体化升级为国家战略和数字经济的飞速发展，二者之间的关联日益密切。但是，数字经济对长三角一体化有何影响，其影响机制是什么，如何利用数字经济加快长三角一体化发展进程，是一个值得探讨且具有一定理论和现实意义的问题。

第二节　研究目的与研究意义

一、研究目的

当前，数字经济发展迅猛，成为继农业经济、工业经济之后的又一经济形态。在我国构建以国内大循环为主体、国内国际双循环相互促进的新发展格局过程中，数字经济日渐成为国内大循环的发展引擎和联结国内国际两大循环的重要通道。本书试图通过探讨数字经济对长三角一体化的影响及其传导机制，利用数字经济带来的颠覆式变革，为进一步推进长三角一体化提供新的发展视角和具有可操作性的对策建议。

二、研究意义

数字经济与长三角一体化研究具有重要的理论和现实意义。

首先，本书有助于拓展区域经济理论的研究范畴，为区域经济研究提供更多案例和素材。长三角一体化作为中国区域发展战略的重要组成部分，研究其与数字经济的关系，可以从理论层面加深对长三角一体化的理解。数字经济作为新兴经济形态，研究其在长三角地区的发展规律，有助于更好地理解数字经济的本质和特征，也有助于将数据要素纳入区域经济学的分析框架。

其次，本书有助于提高长三角地区的竞争力，促进其经济发展，并有助于推动中国整体经济的数字化转型。长三角地区是我国经济的重要发展区域，数字经济的快速发展与长三角地区的经济一体化具有很强的关联性。研究数字经济与长三角一体化的关系，有助于了解长三角地区的数字经济发展情况，并为促进长三角地区经济一体化提供新的科学依据。

最后，本书有助于深入了解数字经济对区域经济的影响和作用。数字经济的快速发展和普及已经成为当前经济发展的主要驱动力，不仅带来了新的经济增长点，也对传统经济产生了深远的影响。数字经济可以提高生产效率、提升产品质量和降低成本，推动创新和技术升级，从而提升区域经济竞争力。同时，数字经济还可以通过线上消费、数字化服务和新兴行业等途径，促进区域内经济高质量发展和就业增加。

第三节　研究思路、主要内容与研究方法

一、研究思路

本书基于我国的新发展格局，研究数字经济与长三角一体化的关系，遵循问题提出—现状分析—理论分析—实证分析—结论与对策建议的思路进行展开。首先，介绍新发展格局、长三角一体化和数字经济等研究背景并由此提出问题。其次，通过构建长三角一体化和数字经济的综合评价指标，对长三角区域一体化和长三角数字经济发展水平进行测度和分析。再次，从理论层面分析数字经济赋能长三角一体化的理论机制。在此基础上，分别从经济一体化、创新一体化、公共服务一体化、绿色发展一体化以及长三角一体化水平层面，实证检验数字经济对长三角一体化的影响及其影响机制。最后，依据现状分析、理论分析和实证分析的结果，得出研究结论，并据此提出数字经济赋能长三角一体化的实现路径和具体的对策建议。

二、主要内容

第一章为绪论。从新发展格局构建出发，结合数字经济引发经济社会

发展方式颠覆式改革和长三角一体化上升为国家战略等现实热点问题，重点分析本书的研究背景、问题的提出以及理论意义和现实意义，阐述研究思路、研究内容与研究方法。

第二章为长三角一体化发展现状。首先，分析长三角一体化的发展基础。其次，从协调范围、政策协同、发展要求三个层面，梳理长三角一体化政策演进的时间脉络，分析长三角一体化发展的演进历程。再次，参考已有文献的研究成果，进一步从经济一体化、绿色发展一体化、公共服务一体化和创新一体化四个维度构建长三角一体化发展的评价体系并进行定量测算，得出省、市层面的一体化水平。最后，通过横向比较和纵向对比，分析长三角一体化的发展现状。

第三章为长三角数字经济发展演进。参考国内外文献对数字经济发展的衡量，从数字产业化、产业数字化和数字基础设施三个方面构建长三角数字经济发展指标体系，对比分析长三角各城市数字经济发展水平。

第四章为数字经济赋能区域一体化理论机制分析。作为社会经济发展新动能，数字经济必将以一种全新的内在作用机制驱动区域一体化发展。基于数字经济驱动区域一体化发展内在逻辑和数字经济的高创新性、强渗透性、广覆盖性，理论上数字经济将促进区域经济协同、资源共享、生态共治等方面推进区域一体化发展。在此基础上，进一步具体分析数字经济对经济一体化、创新一体化、公共服务一体化和绿色发展一体化的理论机制，为后续的实证分析奠定理论基础。

第五章为数字经济促进长三角经济一体化分析。经济一体化的高质量发展是长三角一体化的重点发展方向，本章分别从产业一体化、市场一体化和对外开放一体化等维度刻画经济一体化，通过建立实证模型，厘清数字经济对长三角经济一体化的作用及其影响机理。

第六章为数字经济促进长三角创新一体化分析。科技创新是提高社会生产力和综合国力的战略支撑，是发展全局的核心位置。本章从创新投入、创新产出以及创新环境三个方面理解长三角创新一体化，运用理论结合实证的分析方法，探析数字经济如何影响长三角创新一体化，并分析其异质性和影响机理。

第七章为数字经济促进长三角公共服务一体化分析。本章主要在社会保障、教育、医疗、文化和基础设施等方面评估公共服务一体化的基础上，厘清数字经济对公共服务一体化的影响机制，并进一步进行实证分析，以数字经济发展提升人民群众获得感、幸福感、安全感。

第八章为数字经济促进长三角绿色发展一体化分析。生态文明是人与自然和谐共生的文明，绿色发展是生态文明建设的必然要求。本章以数字经济的清洁属性为切入点，探究数字经济对长三角绿色发展一体化的影响，从节能减排、环境质量和城市绿化三个方面衡量绿色发展一体化水平，实证分析数字经济对绿色发展一体化的影响及其传导机制。

第九章为数字经济赋能长三角一体化实证分析。在前文分析的基础上，从经济一体化、创新一体化、公共服务一体化、绿色发展一体化四个维度综合评价长三角一体化水平，进一步实证分析数字经济对长三角一体化的影响，为长三角区域一体化发展提供经验证据。

第十章为数字经济赋能长三角一体化发展的路径分析。数字经济赋能区域一体化发展的根本方式是创新与融合，推动数字经济与长三角一体化的经济、创新、基础设施、生态等各子系统融合和渗透发展，以数据驱动、创新驱动、需求驱动和供给驱动等为主要动力，从长三角总体和分省份层面，深入探讨数字经济驱动长三角一体化发展的实现路径。

第十一章为数字经济赋能长三角一体化的政策建议。根据以上分析，采用归纳比较、逻辑演绎、实地调研和政策评估，提炼核心观点，从宏微观相结合、理论与实证相结合提出具有较高实践价值的协同推进长三角一体化发展的政策体系，为数字经济赋能长三角一体化发展的顶层设计和具体实施提供决策参考。

三、研究方法

一是统计测度法。构建综合评价指标是量化分析数字经济对长三角一体化影响的基础和前提。第二章分别从经济一体化、绿色发展一体化、公共服务一体化和创新一体化四个维度，运用熵值法，构建省、市层面的长三角一体化评价指数。第三章则是借助数字产业化、产业数字化和数字基础设施三个二级指标，利用熵值法得出各地的数字经济发展水平。

　　二是实证分析法。为检验数字经济对长三角一体化的影响，本书基于城市面板数据，以数字经济发展水平为核心解释变量，分别以长三角经济一体化、创新一体化、公共服务一体化、绿色发展一体化和长三角一体化水平为被解释变量，建立双重固定效应模型。为识别其影响的差异性，采用分组回归的方法，实证分析数字经济对长三角一体化的影响机制。

　　三是比较研究法。在测算数字经济和长三角一体化水平的基础上，通过横向比较，分析长三角内部省、市之间的发展特征和发展差距。通过纵向比较，探究各城市一体化水平和数字经济的未来发展趋势，为后续的理论分析和实证分析打下现实基础。

第二章 长三角一体化发展现状

第一节 长三角一体化发展的基础

长江三角洲地区，以占全国 1/26 的土地，占全国 1/6 的人口，产出国家 GDP 的 1/4、财政税收的 1/4、进出口贸易的 1/3 以及外商直接投资的 58%，是我国区域经济最为发达的地区，也是世界举足轻重的制造业基地之一。从发轫于安徽凤阳小岗村的"大包干"到苏南模式、温州模式，从浦东开发、开放到启动上海自由贸易试验区，长三角在中国改革开放历程中书写了浓墨重彩的一笔。作为中国社会经济发展最为活跃、开放程度最大、最具创新能力的地区之一，长三角地区是我国区域一体化发展较早、基础较好、程度较深的地区，更是"一带一路"与长江经济带的关键结合点，肩负着长江经济带开发"龙头"的重要作用。

一、地理和历史文化基础

长三角起源于地理概念，是长江和钱塘江在入海之前泥沙沉积形成的平原，其核心区域是地处长江以南的太湖平原（包括江苏无锡、苏州、常州、镇江四市，浙江杭州、嘉兴、湖州三市，上海市），位于长江以北的里下河平原、江海平原（包括江苏扬州、泰州、南通、盐城四市），宁绍平原和皖苏沿江平原为长江三角洲的外延地区（包括江苏南京市，浙江宁波、绍兴、金华、舟山、台州、温州六市，安徽合肥、芜湖、马鞍山、铜陵、安庆、滁州、池州、宣城八市）。长江三角洲自古以来就存在着绚丽多姿的文化，如在太湖三山岛发现的旧石器时代文化遗址，发现了一万年前古人类活动的遗迹；浙江宁波发现的新石器时代河姆渡文化，有力地证明长江流域也是中华文明的起源地之一；太湖流域的马家浜文化遗址和钱塘江流域的良渚文化遗址，以及后面出现的吴文化、越文化、江南文化等。这些特色鲜明、自成系统的地域文化源远流长，直接促进了长三角区域内各城市之间的文化认同，使得长江三角洲区域各城市之间的社会发展联系密切，具有很多共同之处，同时文化认同有利于区域一体化的自然形成，为长三角一体化发展奠定了良好的历史文化基础。

二、经济社会基础

在地理上相近，在文化上相通，长江三角洲各地市之间联系紧密，从未因为受制于行政区划而阻隔。坐拥天然地理优势的长江三角洲区域不仅拥有丰富的文化和悠久的历史，丰饶的土地和发达的水系也持续助力于农业发展和手工业进步，很大程度上促进了长三角区域的社会经济发展，使其在中国封建社会的中后期就已经初步形成规模相当的城市群。从明朝到清朝，长江三角洲先后涌现了九个较大规模的商业和手工业城市，例如纺织业及其交易中心南京、杭州、苏州、松江等；粮食集散地有扬州和常州等；印刷及文具制作交易中心湖州。这些中心都是在明中叶以后形成并逐渐发展壮大起来的，而其主要动力则来自对外贸易的需求以及国家政策的支持。当时的上海已发展成为沿海南北商贸的主要商业中心。近年来，随着时代的发展进步，长三角区域内联系和交流也日益紧密。

第二节　长三角一体化发展的演进脉络

一、协调范围演进

长三角首先是一个历史悠久的自然地理概念，因为长江三角洲冲积平原是一个逐渐形成陆地的过程，因此其地理位置也在不断发生变迁。从 1982 年开始至今，长三角地区的一体化已经过了 40 多年的历程，事实上，经官方正式公布的长三角概念和空间范围也经历了数次变化与调整（见表 2 - 1）。自 1978 年改革开放以来，有关长三角的概念和空间范围，主要经历了四个过程：一是 1982—1988 年建立起来并逐渐成形的上海经济区及其扩大版；二是 1990—2010 年以江苏省、浙江省、上海市三大地区的 16 市为主体形态的长三角城市群及扩大版；三是 2010—2018 年长三角地区包含的沪苏浙皖长三角区域 30 市及扩大版；四是 2019 年长三角一体化规划的长三角区域全域版。

表 2 - 1　　　　　　　　　　　　　长三角主要协调范围演进

年份	新增成员城市	城市数量/个	范围界定/形态
1982	苏州、无锡、常州、南通、杭州、嘉兴、湖州、宁波、绍兴	9	上海经济区
1990	上海、杭州、宁波、湖州、嘉兴、绍兴、舟山、南京、镇江、扬州、常州、无锡、苏州、南通	14	沪苏浙两省一市 16 市为主体形态的长三角城市群及扩大版
1996	泰州	15	
2003	台州	16	
2010	合肥、盐城、马鞍山、金华、淮安、衢州	22	长三角区域 30 市及扩大版
2013	徐州、芜湖、滁州、淮南、丽水、温州、宿迁、连云港	30	
2018	铜陵、安庆、池州、宣城	34	
2019	黄山、蚌埠、六安、淮北、宿州、亳州、阜阳	41	长三角区域全域版

国务院于 1982 年首次正式提出关于"打造以上海为中心的长三角经济圈"的构想，范围包含上海市、江苏省的苏州及南京两市和浙江省的宁波及杭州两市。同年 12 月，国务院发布《关于成立上海经济区和山西能源基地规划办公室的通知》，认为上海市和长江三角洲的各个城市之间存在紧密的经济联系，有必要探索建立一个不同于行政区划、经济协作式的新经济网络，因未列入南京市，故称为上海经济区，并正式确立经济区的范围，

将上海市作为经济区的中心，包括江苏省的苏州、无锡、常州、南通4个城市和浙江省的杭州、嘉兴、湖州、宁波、绍兴5个城市，共覆盖长江三角洲地区的10个城市。1983年，上海经济区规划办公室确认成立，区域覆盖范围为上海和江苏、浙江两省的10个市、55个县，即上海市和10个郊县；江苏省常州、无锡、苏州、南通4个市和18个县；浙江省杭州、嘉兴、湖州、宁波、绍兴5个市和27个县。这是长三角经济区概念的雏形，也是国家在战略层面推进长三角一体化发展的初步尝试。1984年，为使上海经济区在区域设置上更加趋于合理，国务院将上海经济区的区域扩大为上海、江苏、浙江、安徽、江西四省一市。不断扩大的上海经济区，总人口达1.97亿，区域面积52万平方千米，工农业总产值、国民收入占比均高达全国1/4以上，成为中国经济最为发达的地区。1986年，经国务院批准，福建省正式加入上海经济区，长三角经济区再次扩展到五省一市。1988年，国务院进行了关键的机构改革，在这一背景下，上海经济区规划办最终被废除，至此，上海经济区将近6年的艰苦探索悄然落下帷幕。

1990年，在党中央、国务院作出开发开放上海浦东地区决定的大背景下，推动长三角地区一体化发展再次提上议事日程。1992年国务院在北京召开长江三角洲及长江沿江地区经济规划座谈会，建立了长江三角洲城市协作部门主任联席会议制度，并在1997年将联席会议升级为长江三角洲城市经济协调会，包含了上海、杭州、宁波、湖州、嘉兴、绍兴、舟山、南京、镇江、扬州、常州、无锡、苏州、南通14市率先开展协作。伴随1996年泰州市设立为地级市，长三角城市群的城市数量扩充为15个。2003年台州加盟入会，形成了以沪苏浙16市为主体形态的长三角城市群。

2010年，在浙江嘉兴举行的第十次长三角经济协调会上，合肥、盐城、马鞍山、金华、淮安、衢州6市正式加入长三角经济协调会，协调会成员扩大至22个。2013年第十三次长三角经济协调会正式接收徐州、芜湖、滁州、淮南、丽水、温州、宿迁、连云港8市加盟，形成包含30市的大长三角。至此，长三角城市经济协调会成员包括沪苏浙两省一市及安徽省的合肥、马鞍山、芜湖、滁州、淮南5市。

2014年国务院印发《关于依托黄金水道推动长江经济带发展的指导意

见》将安徽省视作长三角城市群的一部分，同时合肥被确定为与南京、杭州地位相同的长江三角洲城市群副中心。在这一趋势下，2016 年国家发展改革委、住房和城乡建设部印发《关于印发长江三角洲城市群发展规划的通知》，正式在国家层面将安徽拉入长三角城市群。2018 年长三角协调会第十八次市长联席会议通过了关于吸纳铜陵、安庆、池州、宣城加入协调会的提案，长三角协调会成员城市扩容至 34 个。同年，长江三角洲区域一体化发展被提升到国家战略的高度，长三角一体化进入新的更高发展阶段。同时，随着我国城市化进程加快、人口聚集加速以及交通基础设施建设等因素影响，原有行政区域体系已难以满足经济社会快速健康发展的需求。在此背景下，2019 年中共中央、国务院发布了《长江三角洲区域一体化发展规划纲要》，明确长三角规划范围为上海市、江苏省、浙江省、安徽省全域，且在长三角区域基础上界定了中心区。同年，第十九次长三角经济协调会召开，会议审议并全票通过安徽黄山、蚌埠、六安、淮北、宿州、亳州和阜阳 7 市加盟。至此，沪苏浙皖长三角区域 41 个地级及以上城市全部加入长三角经济协调会。

二、政策协同演进

长三角区域一体化发展历经由下而上的漫长探索，并逐步提升到国家战略层面。

第一阶段为区域合作的萌芽阶段（1982—1988 年）。这一阶段主要表现为国家对沿海开放地区实行"特殊政策"和沿海地区与内地之间横向经济协作。改革开放前，区域经济主要是国家计划的带动，横向联系非常微弱。随着经济体制改革的深入，国家逐步加大对中西部地区的投资力度，推动区域间经济往来与合作。在此背景下，1982 年国务院首次提出设立上海经济区的构想，联结周边省市协同发展经济，并于 1983 年设立上海经济区规划办公室，协同范围为上海、江浙两省一市。这一地区是当时全国唯一由中央政府主导进行区域开发和建设的城市。1984 年扩大至安徽省、福建省、江西省。在此期间先后制定了《上海经济区发展战略纲要》等 20 多个规划，但在执行和实施过程中面临诸多阻碍。因此，在国务院进行机构改革过程中，上海经济区规划办公室于 1988 年被撤销。

第二阶段为城市自发协调合作阶段（1992—2004 年）。1990 年浦东开发开放后，1992 年又召开了由上海市牵头的长三角 15 市联席会议。随后，1997 年长三角城市经济协调会上升成市长峰会，并定期公布年度工作报告，年度报告需要贴近时代主题，在战略谋划、转型发展、贯彻执行、系统合作等诸多方面力促长三角一体化发展。2001 年开始举办由常务副省（市）长参加的经济合作与发展研讨会，2003 年，两省一市省委书记先后到江苏省、浙江省、上海市进行考察调研，为推动长三角区域一体化发展奠定了坚实的基础。

第三阶段为一体化制度建设阶段（2005—2013 年）。这一阶段以"十一五"时期为重点。2005 年，时任浙江省委书记的习近平提出建立长三角地区主要领导定期会晤机制，即长三角区域主要领导座谈会。2008 年，国务院发布的《关于进一步推进长江三角洲地区改革开放和经济社会发展的指导意见》进一步强调了长三角一体化的体制机制和规划实施。2010 年，国务院发布《长江三角洲地区区域规划》。2011 年，长三角 22 个成员城市领导共同签署《长三角城市合作协议》。在此阶段，长三角逐渐建立起"决策层—协调层—执行层"三级运营决策协调制度，签订合作协议、组建合作联盟、共同推广基金以及专题领域合作等诸多地区协作机制。

第四阶段为深化一体化阶段（2014 年至今）。这一阶段我国在区域合作方面取得了一些进展，但同时存在诸多问题与矛盾。2014 年 5 月，习近平总书记提出，继续完善长三角地区合作协调机制，努力促进长三角区域率先发展、一体化发展。2016 年，国务院通过《长江三角洲城市群发展规划》以推动长三角城市群协调发展，培育更高水平的经济增长极。2018 年召开长三角地区主要领导座谈会，设立长三角区域合作办公室等，解决了行政区划带来的一体化发展障碍，促进长三角区域协调发展，随后长三角一体化发展进入加速期。同年 11 月，在首届中国国际进口博览会开幕式上，习近平总书记宣布支持长三角区域一体化发展并将其提升到国家战略的高度。2019 年初，长三角区域合作办公室落地上海，其编制的《长三角地区一体化发展三年行动计划（2018—2020 年）》明确了长三角一体化发展的任务书、时间表和路线图。同年 1 月,上海首次提出"长三角一体化示范区"概念。2019 年 12 月,中共中央、国务院印发的《长江三角洲区域一体化发展规划纲要》成为指导长三角区域当前和今后一段时期一体化发展的纲领性文件。至此,长三角一体化进入全面推进阶段,国家、长三角区域省市层面、长三角各地级市不断出台相关规划、行动计划、实施方案等,以助力长三角一体化国家战略。

三、发展要求演进

首先是发展目标的变化,长三角的发展目标已经从"增长极"建设转变为"共同体"建设,长三角发展不只是着眼于人均 GDP、第三产业比重、城镇化率等增长极指标,更侧重于城乡居民收入差距、基础设施和公共服务差距等协调发展指标。

其次是发展思路的变化,从"发展带"思路到突出"跨界融合"对区域协同的重要作用。过去随着产业发展,江苏昆山在上海都市圈中占据了举足轻重的地位,安徽省马鞍山市、滁州市由于与江苏省南京市毗邻,早期就已加入南京都市圈,这些在行政区划交界处附近城市和跨省都市圈走在一体化建设的前列。2019 年发布的《长江三角洲区域一体化发展规划纲要》(以下简称《规划纲要》)为打破行政区划促进区域内跨界融合发展提供了有力抓手,推动建设跨省产业合作园区跨界生态旅游发展和省际毗邻区域协同发展,将为长三角区域一体化发展注入新的活力。

再次是发展机制的变化,从"点面结合"的共同市场的构建,再到规则更加统一的制度体系构建,以及着力打造要素和商品市场统一体系等,强调要坚持充分发挥市场的决定性作用,各地方量力而行发挥其比较优势,《规划纲要》提出要以制度设计的方式、秉承愚公移山的精神敲"硬骨头",提出建设土地、环境、财税分成协同方案,制定统一规则,规范招商引资和人才引进等政策。

最后是发展空间重点的变化,从注重"点—轴"空间协同发展转变为更加突出以大城市为核心的重点区域协同发展,2007 年发布的《长江三角洲城镇群规划》中提出构建 5 条长三角城市群的主要发展轴带(上海—南京、上海—杭州、沿江经济带、沿海经济带、华东第二通道等），作为长三角区域发展的主干；同时以上海市、浙江省杭州市、江苏省南京市三地周边高速公路一日交通圈（150 千米半径）为基础来界定，划定沪苏锡、沪杭甬金（义）、宁合芜三大联合发展区，目的是通过核心地区先行先试，引领带动长三角区域的全面整体发展。2010 年印发的《长江三角洲地区区域规划》提出要形成以上海为核心，沿沪宁和沪杭甬线、沿东陇海线、沿运河、沿温丽金衢线、沿湾等地"一核九带"空间结构，通过核心引领与轴带联动推进区域协调发展。之后的规划更加强调以大城市为核心的重点区域协调发展。

2016 年发布的《长江三角洲城市群发展规划》提出要发挥中心城市上海的带动作用和区域中心城市的辐射带动作用，推动以上海为核心的长三角城市群当好长江经济带的龙头，强化主体功能分区的基底作用和沿海经济带、沿江经济带、沪宁合杭甬经济带、沪杭金经济带等的聚合发展，通过建设交通运输网络形成若干发展轴，促进南京都市圈、杭州都市圈、苏锡常都市圈、宁波都市圈、合肥都市圈同城化发展，构建"一核五圈四带"网络化空间格局。2019 年出台的《长江三角洲区域一体化发展规划纲要》深化了对都市圈融合发展的指导，并强调要着力推进上海市与周边地区的联动发展，持续稳步提升长三角区域一体化水平。

综上所述，长三角一体化的区域空间范围在过去的几十年不断发生变化和扩大，最后确定为上海市、江苏省、浙江省、安徽省长三角区域；历经 40 余年的政策机制探索，长三角一体化也逐步提升到国家战略的高度，步入区域联动、横向合作的全面推进发展新阶段；长三角的发展目标也从"增长极"建设转变为"共同体"建设，从"发展带"思路到突出"跨界融合"对区域协同的重要作用，从"点面结合"共同市场的构建不断发展到规则更加统一的制度体系建设，长三角区域一体化的规划重点也从强调点轴式发展与协调，转变为都市圈内重点产业转型升级、重点区域一体化发展的新时期。基于以上归纳分析，对长三角一体化发展的空间历程与趋势进行研判，厘清面向未来的空间核心载体与协同新重点，成为本章着重研究的内容。

第三节 区域一体化文献综述

一、区域一体化的作用

区域一体化发展推动着一体化研究。国外学者多以欧盟、北美为研究样本，探讨研究区域一体化对各成员国经济增长的影响，如卡拉斯（Karras，1997）通过考察东南亚国家联盟、欧洲联盟和拉丁美洲自由贸易区三个区域经济领域的战后趋同经验，研究经济一体化是否促进了人均收入的趋同；翰林克森（Henrekson，1997）研究发现欧盟的区域一体化通过知识溢出等方式带来长期稳定的经济增长；谢列什（Szeles，2011）运用扭曲实验、核密度估计等非参数方法研究发现1995—2008年欧盟新成员国的收入密度分布存在收敛。国内学者刘乃全和胡羽琦（2022）从市场一体化和政策一体化两大维度着手，检验了区域一体化对城市间收入差距的影响机制；马筱倩等（2022）运用双重差分模型，详细考察了区域一体化对长三角区域内城市人口增长和人口集聚的驱动机制。

二、区域一体化的测度

近年来，伴随国内外城市群的加速发展，关于区域一体化水平测度的文献不断涌现，大致可以划分为两种类型。

第一类文献学者从区域一体化总体测度指标的某一维度出发，如基础设施一体化、经济一体化、市场一体化、公共服务一体化、空间一体化等。桑兹（Sands，2003）使用劳动力和对外贸易等方面的相关数据，对北美的经济一体化水平进行测算与评价。李少抒和李旭辉（2010）采用层次分析法、数据包络法等定量评估方法与定性分析相结合，构建了基本公共服务一体化绩效评价体系以评估珠江三角洲地区公共服务一体化绩效水平。刘云中和刘泽云（2011）通过测算我国各区域GDP的变异系数来衡量国内区域经济一体化的水平。毛艳华和杨思维（2017）基于市场同一度、城市间联系程度、经济发展和政府行为同一度四个方面构建并度量了珠三角三大都市圈的经济一体化水平。武义青和赵建强（2017）构建了包含教育、社保、医疗、就业等基本公共服务一体化评价指标体系，对长三角区域和京津冀地区的公共服务一体化程度进行了测度。产业一体化发展作为区域一体化的重要基础，对一体化发展的作用不容忽视，张学良和李丽霞（2018）通过梳理产业一体化发展趋势，采用产业结构灰色关联系数和标准区位熵等方法，分析了长三角区域产业融合的发展现状和存在的问题，并提出针对性建议。刘华军等（2018）基于价格波动信息溢出的视角并采用社会网络分析法测度了中国三大市场的空间一体化程度。李培鑫和张学良（2019）采用县级层面数据，对长三角区域进行城市规模分布、联系网络分布等多角度分析，探索了长三角区域的空间一体化发展进程。李晓欣（2020）采用商品价格方差法，衡量了京津冀区域市场一体化的发展水平。陈坤和武立（2013）、梅饶兰（2021）采用相对价格法分别测度了长三角区域市场一体化和经济一体化发展水平。杨慧（2020）采用耦合协调度模型构建了基础设施综合评价指标体系，测度了京津冀13个城市的基础设施一体化水平。周锦和顾江（2021）运用因子分析法，从文化市场、文化生产、文化消费等维度构建了文化产业综合评价指标体系，分析了我国长三角、京津冀和珠三角三大城市群的文化产业一体化发展水平和现状。

第二类文献通过构建多维度的综合评价指标体系来测度区域一体化水平，评估区域一体化的发展进程。如李雪松和孙博文（2013）根据密度、距离和分割三方面对区域一体化的界定，以市场一体化、社会一体化和行政一体化为二级指标构建区域一体化综合评价指标体系，测度了长江中游城市群的一体化水平。顾海兵和段琪斐（2015）以西宁—海东一体化为例，将区域一体化指数分成包括自然一体化、经济一体化和社会一体化等反映区域整体情况的总指数以及包含公共服务、基础设施等体现地方特征的分指数。李世奇和朱平芳（2017）对长三角一体化发展水平开展了不同视角的探索，构建了制度一致性、市场统一性、发展协同性和要素同质性四个维度包含21个指标的一体化评价体系。张晓瑞和华茜（2018）构建了覆盖经济空间、自然空间、社会空间三大维度的区域一体化总指数模型与覆盖公共服务和基础交通一体化的分指数模型，运用于徐淮宿区域的一体化发展水平综合评价中。曾刚和王丰龙（2018）从科技创新、经济发展、交流服务、生态保护等多个维度着手，构建了包含 20 个核心指标的区域一体化综合评价体系，对长三角区域内各城市进行一体化发展能力的科学评析。刘志彪和孔令池（2019）构建了区域一体化测度指标体系，涵盖市场、贸易、制度、创新、空间、产业、交通、信息、公共服务、生态环境 10 个一级指标 36 个二级指标，对长三角区域 2000—2018 年的一体化发展进程进行量化测度。姚鹏等（2020）基于五大发展理念，构建了包含城乡协调发展、地区均衡发展、资源环境协调发展、全面开放发展、社会协调发展五个方面的一体化综合评价体系。

三、长三角一体化相关研究

近年来，围绕长三角一体化发展研究越来越多。胡本田和徐凤娟（2021）选用经济周期协同性指标作为长三角经济一体化的代理变量，研究高铁网络对长三角区域经济一体化发展的影响效应。黄繁华和李浩（2021）认为经济一体化的发展结果最终都会在市场一体化维度上体现，通过长三角各地区居民相对消费价格指数，测度其市场分割指数，用以量化评估长三角区域一体化发展水平，实证检验长三角一体化水平对城乡收入差距的影响效应。刘乃全和胡羽琦（2022）基于长三角 41 市的面板数据，从市场一体化和政策一体化两大维度着手，检验了区域一体化对长三角城市间收入差距的影响机制。为评估长三角区域内城市的城乡一体化发展水平，关枢（2022）选取城乡经济、城乡空间链接、城乡居民社会生活和城乡生态环境四个维度 21 个二级指标构建长三角区域城乡一体化指标体系。李格等（2022）基于 2010 年长三角城市群扩容的一体化自然实验，验证了长三角城市群一体化通过经济联系、产业升级和技术创新三条路径提升区域内的绿色发展水平。许泽宁等（2022）以长三角地区为例，剖析区域一体化发展政策影响高学历人才分布的作用机制。丁俊菘等（2022）将 2003 年长江三角洲城市协调会的成立发展作为政策冲击，实证检验了长三角区域一体化发展对经济增长的影响效应及地区差异。尹庆民和祁硕硕（2022）基于长三角中心区域城市 2000—2019 年的面板数据，通过使用双重差分法和双阈值模型，发现长三角区域一体化程度越高，对经济高质量发展的促进作用越显著，且影响效应在区域内部具有 U 型地区差异。周正柱和冯加浩（2022）以长三角 27 城市为研究样本，通过商品市场一体化、劳动力市场一体化、资本市场一体化三个维度综合测度市场一体化指数，采用面板门槛模型分析市场一体化对区域内各城市群技术创新能力的差异性影响。

第四节　长三角一体化评价指标构建及测算

一、长三角一体化评价指标选取

本章基于区域一体化的内涵，借鉴相关学者研究成果，归纳研究一体化综合评价指标的选取原则，尝试构建较为全面、合理的长三角一体化综合评价指标体系。

（一）经济一体化

目前，经济一体化是当前学者关注的焦点问题。在此借鉴胡艳和胡子文（2021）的做法，将经济一体化细化分为产业一体化和市场一体化，同时将对外开放一体化纳入经济一体化层面。

（1）产业一体化。产业一体化能够完善区域产业分工协作体系，提高经济运行效率，是推动我国区域一体化发展的强劲动力，本章选取 GDP 增长率、产业结构高级化、产业结构合理化来测度产业一体化水平。

（2）市场一体化。市场一体化为区域一体化发展提供了微观基础，能够破解区域内的经济和行政壁垒，实现产品在地区间公平竞争和生产要素在区域内的自由流动。区域市场一体化是指各地方主体通过合作，推动经济要素、资源在区域间的自由流动，提升资源优化配置效率，最后呈现出区域商品价格趋同的特征现象。本章分别选取存贷款占比、人均工资水平、二三产业就业人员占比来衡量商品市场、资本市场和劳动力市场的一体化水平。

（3）对外开放一体化。对外开放有利于更加充分高效配置使用国际资源，是提升区域开放型经济水平的一条重要路径，本章选取外商直接投资占比、货物进出口总额占比测度对外开放一体化水平。

（二）绿色发展一体化

实现绿色发展一体化，是区域一体化高质量发展的必然要求。推进绿色发展一体化有利于促进区域经济可持续发展，实现人与自然和谐共生，最终实现人类社会全面健康发展的目的。当前，推动长三角绿色发展一体化，除了要加大各地区的节能减排工作，还要强化协调区域内环境治理工作。对此，本章从节能减排一体化、环境治理一体化两个层面来测度绿色发展一体化。

（1）节能减排一体化。本章选取工业废水排放强度、工业烟尘排放强度、地区绿色全要素生产率、$PM_{2.5}$排放强度衡量。

（2）环境治理一体化。本章选取生活垃圾无害化处理率、环境保护投资比、污水处理厂集中处理率、一般工业固体废物综合利用率、人均绿地面积五个评价指标衡量。

（三）公共服务一体化

公共服务是社会公众对有关经济、政治等各类社会活动的参与保障，是当代政府的重要职责之一，本章从社会保障一体化、教育服务一体化、医疗服务一体化、公共文化一体化和基础设施一体化五个层面衡量公共服务一体化水平。

（1）社会保障一体化。我国目前处于社会转型时期，需要不断提升社会保障的保障能力，以促进社会和谐发展。基本社会保障是社会的"安全网"和"减震器"，建立完善规范稳定的基本社会保障制度体系有利于提高区域内社会成员的生活品质，创造安定有序的社会环境。本章选取城镇常住人口基本养老保险覆盖率、城镇常住人口基本医疗保险覆盖率来体现社会保障水平。

（2）教育服务一体化。教育担负着社会、文化、政治等多种功能，有利于推动社会流动、实现社会公平，直接关系到未来社会发展，本章选取生均小学教师数、生均中学教师数来体现教育服务提供状况。

（3）医疗服务一体化。基本公共卫生和医疗服务，健康是一个社会人口素质的构成基础，本章选取每万人医生数和每万人医疗机构床位数测度基本医疗服务水平。

（4）公共文化一体化。公共文化设施建设水平直接关系到人民群众基本生活需求的实现和文化发展成果的共享程度，本章选取人均拥有公共图书馆藏书量指标衡量公共文化水平。

（5）基础设施一体化。基础设施是一国社会稳定发展的重要抓手和支撑，本章选取人均道路面积、人均邮电业务量测度基础设施建设一体化水平。

（四）创新一体化

在经济发展中，创新是重要引擎之一，为构建现代化经济体系提供了战略支撑。随着工业化进程的加速推进和产业结构升级调整步伐的加快，在迈向第二个百年奋斗目标的新发展阶段，利用人口红利和投资红利谋求经济增长的模式难以为继，亟须通过加大创新投入规模、转变经济发展动力、营造良好的创新环境等手段驱动长三角地区经济转型。本章通过创新投入一体化、创新产出一体化、创新环境一体化三个领域的综合发展状况衡量创新一体化水平。

（1）创新投入一体化。就目前来看，我国各地区都不同程度地存在着一些影响和制约自主创新能力提升的问题，这些问题大多与科研经费投入有关。创新投入通过创新的人力财力投入情况、研发机构的建设情况、创新主体的合作情况以体现创新体系中各主体的作用和关系。研发投入是实现科学创新的关键环节，本章选取每万人 R&D 人员数、R&D 内部经费支出占 GDP 比重反映创新投入。

（2）创新产出一体化。创新产出水平和效率可以通过论文、专利、技术市场成交额等反映，本章选取每万人发明专利授权数、每万人发明专利申请数、突破式创新程度三个评价指标反映创新产出结果。

（3）创新环境一体化。创新是一个非常复杂的系统，除了需要财政的保障支持，也需要一定的经济环境作为发展支撑。作为科技创新的重要基础因素，"投入—产出—环境"环节步调是否一致、衔接是否畅通直接关系到能否在经济社会发展中发挥示范引领作用。为此本章选取科技支出占GDP比重、区域"双一流"高校数量占比、每万人科技机构数三个评价指标，反映了推动创新能力发展所必需的人力、财力等基本资源的支持情况。

二、数据来源

本章基于长三角城市群的规划范围，对长三角区域41个城市的一体化水平进行评价，具体见表2-2。为了保证数据的准确度与选取的科学性，本章所用数据来源于2012—2020年的《中国城市统计年鉴》《中国城市建设统计年鉴》以及长三角各地级及以上城市的统计年鉴，考虑到数据可得性及合理性，同时利用各城市年度《国民经济和社会发展统计公报》及其官方统计信息网站发布的相关数据作为补充。对其他个别缺失的数据，采用插值法进行填补处理；为充分体现区域内一体化程度，除非特别说明，本章选取的三级指标使用的均为地区差距数据。

表2-2 长三角规划范围

省份	规划范围
上海	上海市全域
江苏	南京市、无锡市、徐州市、常州市、苏州市、南通市、连云港市、淮安市、盐城市、扬州市、镇江市、泰州市、宿迁市
浙江	杭州市、宁波市、温州市、绍兴市、湖州市、嘉兴市、金华市、衢州市、舟山市、台州市、丽水市
安徽	合肥市、芜湖市、马鞍山市、铜陵市、池州市、安庆市、宣城市、滁州市、蚌埠市、淮北市、淮南市、宿州市、阜阳市、亳州市、六安市、黄山市

三、长三角一体化评价指标体系的构建

（一）评价模型的选择和思路

参考刘志彪和江静（2021），使用熵值法构建综合评价指标。赋权是指

按照某一指标对评价体系中的重要性，赋予其相对应的权重系数。目前，指标确定权重的方法主要有主观赋值法和客观赋值法。主观因素影响较大，且不易量化；而客观赋值法能够有效地克服这种主观性强的缺陷。主观评价方法主要包括层次分析法和德尔菲法等，该类方法是建立在各项指标重要性主观感知水平之上的，不可避免地存在着某种主观随意性；客观赋值法以熵值法为主，还有变异系数法等，该类方法是通过选取的指标值所反映的客观信息来确定权重的一种方法。两种方法都具有各自优缺点。为了消除主观因素在权重中所起的作用，采用熵值法来确定各个指标的权重，作出客观评价。

（二）熵值法的赋权步骤

（1）对各个指标进行无量纲化处理。

假设给定 m 个指标：X_1，X_2，$\cdots$，X_m。

其中，$X_i = \{x_1, x_2, \cdots, x_n\}$。

假设对各指标数据标准后的值为 Y_1，Y_2，$\cdots$，Y_m，那么

正向指标：

$$Y_{ij} = \frac{X_{ij} - \min(X_i)}{\max(X_i) - \min(X_i)} \tag{2.1}$$

负向指标：

$$Y_{ij} = \frac{\max(X_i) - X_{ij}}{\max(X_i) - \min(X_i)} \tag{2.2}$$

（2）计算第 j 项指标下第 i 个指标占该指标的比重，也就是为了计算该指标的变异大小。

$$P_{ij} = \frac{Y_{ij}}{\sum_{i=1}^{n} Y_{ij}}, \quad i = 1, 2, \cdots, n, \quad j = 1, 2, \cdots, m \tag{2.3}$$

（3）计算各指标的信息熵。

根据信息熵的定义，一组数据的信息熵为 $E_i = -k \sum_{i=1}^{n} P_{ij} \ln P_{ij}$，$k = 1/\ln(n)$。其中，$E_i \geq 0$，若 $P_{ij} = 0$，则定义 $E_i = 0$。

（4）确定各指标的权重。

根据信息熵的计算公式，计算各指标的信息熵为 E_1，E_2，$\cdots$，E_m。

通过信息熵计算各指标的权重：

$$W_j = \frac{1 - E_j}{k - \sum E_j} , \quad j = 1, 2, \cdots, m \qquad (2.4)$$

其中，k 是指标个数，即 $k = m$。

也可以通过计算信息冗余度来计算权重：$D_j = 1 - E_j$。

然后计算指标权值：

$$W_j = \frac{D_j}{\sum\limits_{j=1}^{n} D_j} , \quad 1 \leqslant j \leqslant n \qquad (2.5)$$

（5）计算各指标的综合得分：

$$S_i = \sum_{j=1}^{m} w_j P_{ij}, \quad i = 1, 2, \cdots, n \qquad (2.6)$$

S_i 的分值越大，区域一体化水平越高。

（6）基于熵值法的得分综合评价。

（三）一体化水平综合指标

本章参考已有文献，选取以下变量构建长三角一体化水平综合指标体系，具体见表 2–3。

表 2–3　　　　　　　　　长三角一体化水平综合指标体系

一级指标	二级指标	三级指标
经济一体化	产业一体化	GDP 增长率
		产业结构高级化
		产业结构合理化
	市场一体化	存贷款比 = 存贷款总额/GDP 总和
		人均工资水平
		就业人数比重 = 二三产业就业人数/总就业人数
	对外开放一体化	外商直接投资占比 = 各地区实际外商投资/GDP
		货物进出口总额占比 = 进出口总额/GDP

续表

一级指标	二级指标	三级指标
绿色发展一体化	节能减排一体化	工业废水排放强度
		工业烟尘排放强度
		地区绿色全要素生产率
		$PM_{2.5}$ 排放强度
	环境治理一体化	生活垃圾无害化处理率
		污水处理厂集中处理率
		一般工业固体废物综合利用率
		环境保护投资比
		人均绿地面积
公共服务一体化	社会保障一体化	城镇常住人口基本养老保险覆盖率
		城镇常住人口基本医疗保险覆盖率
	教育服务一体化	生均小学教师数
		生均中学教师数
	医疗服务一体化	每万人医生数
		每万人医疗机构床位数
	公共文化一体化	人均拥有公共图书馆藏书量
	基础设施一体化	人均道路面积
		人均邮电业务量
创新一体化	创新投入一体化	每万人中 R&D 人员数
		R&D 内部经费支出占 GDP 的比重
	创新产出一体化	每万人发明专利授权数
		每万人发明专利申请数
		突破式创新程度＝发明专利/总专利授权
	创新环境一体化	科技支出占 GDP 比重
		区域"双一流"高校数量占比
		每万人科技机构数

四、长三角一体化水平测算结果

2012—2020 年长三角一体化水平见表 2-4。由表 2-4 可知，上海、南京、杭州、宁波、合肥这五个城市中，上海市由 2012 年的 0.494 上升至 2020 年的 0.679，南京市由 2012 年的 0.435 上升至 2020 年的 0.566，杭州市由 2012 年的 0.300 上升至 2020 年的 0.446，表明三座城市在长三角一体化过程中发挥了很好的带头作用，区域一体化程度不断加深，宁波市由 2012 年的 0.243 上升至 2020 年的 0.272，合肥市由 2012 年的 0.217 上升至 2020 年的 0.295，说明虽然宁波市和合肥市的融入程度在不断提升，但较其他三个城市的一体化水平而言，仍有一定的差距。同时，除淮南市、淮北市、铜陵市、苏州市、无锡市、宿迁市和淮安市外，江苏省、浙江省和安徽省的其余城市 2020 年的一体化综合得分均大于 2012 年的测算数据，说明就整体而言，长三角地区一体化正在稳定地逐步推进，长三角一体化水平越来越高。

表 2-4　　　　　　　　**2012—2020 年长三角一体化水平**

城市	2012 年	2013 年	2014 年	2015 年	2016 年	2017 年	2018 年	2019 年	2020 年
安庆	0.086	0.103	0.096	0.100	0.105	0.083	0.102	0.083	0.119
蚌埠	0.133	0.160	0.156	0.148	0.136	0.128	0.120	0.115	0.142
亳州	0.090	0.097	0.091	0.076	0.088	0.073	0.082	0.074	0.098
常州	0.198	0.207	0.197	0.227	0.223	0.234	0.213	0.199	0.232
池州	0.105	0.125	0.116	0.102	0.094	0.096	0.100	0.087	0.109
滁州	0.116	0.139	0.125	0.116	0.117	0.115	0.118	0.096	0.136
阜阳	0.079	0.102	0.088	0.074	0.076	0.076	0.083	0.076	0.104
杭州	0.300	0.326	0.313	0.374	0.393	0.360	0.345	0.348	0.446
合肥	0.217	0.231	0.235	0.231	0.254	0.276	0.257	0.243	0.295
湖州	0.160	0.190	0.215	0.223	0.198	0.204	0.205	0.173	0.207
淮安	0.112	0.107	0.108	0.101	0.097	0.094	0.096	0.094	0.106
淮北	0.121	0.125	0.116	0.108	0.106	0.101	0.101	0.096	0.118
淮南	0.125	0.133	0.119	0.100	0.091	0.087	0.091	0.083	0.109

续表

城市	2012 年	2013 年	2014 年	2015 年	2016 年	2017 年	2018 年	2019 年	2020 年
黄山	0.122	0.144	0.124	0.122	0.112	0.108	0.115	0.104	0.135
嘉兴	0.187	0.216	0.210	0.249	0.231	0.215	0.212	0.186	0.245
金华	0.137	0.155	0.156	0.199	0.205	0.201	0.214	0.154	0.263
丽水	0.097	0.124	0.111	0.119	0.114	0.105	0.120	0.110	0.144
连云港	0.116	0.124	0.117	0.127	0.116	0.101	0.109	0.107	0.122
六安	0.078	0.095	0.095	0.080	0.098	0.092	0.096	0.080	0.109
马鞍山	0.148	0.159	0.163	0.153	0.160	0.163	0.149	0.137	0.183
南京	0.435	0.466	0.454	0.541	0.533	0.497	0.479	0.485	0.566
南通	0.153	0.164	0.162	0.184	0.167	0.165	0.162	0.144	0.166
宁波	0.243	0.261	0.262	0.292	0.275	0.262	0.249	0.233	0.272
衢州	0.101	0.140	0.126	0.137	0.119	0.122	0.123	0.129	0.152
上海	0.494	0.505	0.495	0.618	0.620	0.606	0.601	0.583	0.679
绍兴	0.165	0.173	0.170	0.177	0.170	0.168	0.163	0.156	0.198
苏州	0.367	0.386	0.384	0.392	0.433	0.400	0.405	0.340	0.347
宿迁	0.088	0.099	0.096	0.090	0.081	0.080	0.078	0.089	0.088
宿州	0.074	0.083	0.085	0.072	0.074	0.075	0.082	0.070	0.106
台州	0.128	0.135	0.132	0.129	0.134	0.123	0.126	0.132	0.171
泰州	0.131	0.142	0.134	0.132	0.124	0.122	0.118	0.117	0.131
铜陵	0.191	0.238	0.202	0.186	0.148	0.135	0.123	0.124	0.162
温州	0.136	0.145	0.143	0.144	0.144	0.138	0.146	0.133	0.202
无锡	0.266	0.287	0.277	0.279	0.280	0.244	0.224	0.210	0.252
芜湖	0.168	0.179	0.193	0.186	0.187	0.186	0.172	0.142	0.195
徐州	0.117	0.133	0.117	0.149	0.153	0.151	0.151	0.146	0.213
宣城	0.105	0.123	0.136	0.124	0.126	0.115	0.122	0.106	0.140
盐城	0.110	0.118	0.111	0.140	0.119	0.109	0.113	0.103	0.127
扬州	0.144	0.146	0.137	0.190	0.161	0.152	0.150	0.155	0.164
镇江	0.191	0.217	0.198	0.239	0.217	0.204	0.195	0.163	0.218
舟山	0.194	0.209	0.200	0.204	0.199	0.190	0.207	0.198	0.251

2012—2020 年长三角一体化分维度趋势见表 2-5。从一级指标看，除了绿色发展一体化外，其他三项一级指标指数均呈现波动上升趋势。以此具体探讨长三角区域在经济一体化、绿色发展一体化、公共服务一体化、创新一体化 4 个方面的发展情况、特征以及可能原因。2012—2020 年长三角地区的经济一体化、公共服务一体化和创新一体化水平总体上保持增长态势，但增幅不同，其中，创新一体化发展水平增速最大，近年来长三角地区凭借做强汽车制造、装备制造产业和发展光伏、集成电路等新兴产业不断提升自身经济规模和创新能力，与此同时长三角地区聚焦信息、能源、健康、环境等重点领域，各省市之间持续合作共建科技创新平台，联合开展科技攻关，在推动科技成果转移转化、加快创新能力建设、促进人才交流培养等领域不断深化合作。公共服务一体化水平也显著提升，表明公共服务一体化建设成为长三角区域一体化的重要内容。而经济一体化发展水平提升速度较慢，可能是因为存在产能过剩和投资过剩的情况，在产业由第一产业和第二产业向第三产业转型升级的过程中，经济发展速度减缓，稳定性提高。绿色发展一体化水平总体上保持下降趋势，可能是长三角区域绿色发展体系建设覆盖范围较窄，区域内各城市难以形成有效合作，导致绿色发展一体化发展能力仍显不足。

表 2-5　　　　　　　　2012—2020 年长三角一体化分维度趋势

年份	经济一体化	绿色发展一体化	公共服务一体化	创新一体化
2012	1.3055	2.2566	1.0978	0.4299
2013	1.2963	2.2567	1.2966	0.4997
2014	1.2810	2.1716	1.2076	0.4955
2015	1.2726	2.1048	1.3040	0.5659
2016	1.2660	2.2333	1.2538	0.5402
2017	1.3131	1.9733	1.1479	0.5306
2018	1.3009	2.0203	1.3111	0.4586
2019	1.3243	1.9471	1.1757	0.4041
2020	1.3671	2.1114	1.3550	0.6468

第五节　长三角一体化水平分析

一、长三角区域总体水平比较

表 2 - 6 显示长三角区域一体化程度整体上呈现不断提升的趋势,上海市在长三角区域中一体化水平最高,表明上海市在长三角区域一体化发展过程中发挥了绝对的引领作用,在长三角一体化发展进程中处于"领头羊"地位;江苏省一体化水平从 2012 年的 0.1866 上升至 2020 年的 0.2102,浙江省一体化水平由 2012 年的 0.1679 上升至 2020 年的 0.2318,江苏省与浙江省一体化水平基本一致,浙江省稍占优势,但两者差距很小,表明这两个省一体化发展较为和谐与协调的,而安徽省一体化水平由 2012 年的 0.1224 上升至 2020 年的 0.1412,一体化水平在区域内最低,已成为长三角一体化发展进程中的薄弱环节。因此,要继续顺利推进长三角一体化发展,补齐安徽省这块突出"短板",缩小安徽省与其他省市之间的发展差距迫在眉睫。

表 2 - 6　　　　　2012—2020 年长三角区域一体化水平

省份	2012 年	2013 年	2014 年	2015 年	2016 年	2017 年	2018 年	2019 年	2020 年
上海	0.4940	0.5045	0.4950	0.6180	0.6197	0.6057	0.6008	0.5831	0.6787
江苏	0.1866	0.1996	0.1916	0.2146	0.2079	0.1963	0.1918	0.1808	0.2102
浙江	0.1679	0.1886	0.1852	0.2042	0.1984	0.1898	0.1918	0.1774	0.2318
安徽	0.1224	0.1396	0.1338	0.1235	0.1232	0.1193	0.1195	0.1071	0.1412
总得分	0.1640	0.1807	0.1747	0.1861	0.1824	0.1745	0.1736	0.1609	0.2005

二、长三角区域分维度比较

由表 2 - 7 可知,尽管长三角区域经济一体化水平整体上呈现增长态势,经济发展势头强劲。但从地区来看,内部经济一体化存在明显的差距。上海市的经济一体化水平最高，浙江省经济发展水平次之，浙江省和江苏省的经济一体化水平比较接近；虽然安徽省经济一体化水平呈现稳中有升的态势，但安徽省经济一体化水平与其他三个省市存在较大差距。

表 2 – 7　　　　　　2012—2020 年长三角经济一体化水平

年份	上海市	江苏省	浙江省	安徽省
2012	0.6045	0.2655	0.2992	0.1935
2013	0.6074	0.2587	0.3040	0.1991
2014	0.5915	0.2582	0.3035	0.2013
2015	0.6066	0.2540	0.3080	0.1965
2016	0.5841	0.2401	0.3011	0.2025
2017	0.5838	0.2531	0.3160	0.2053
2018	0.5875	0.2650	0.3190	0.2034
2019	0.5524	0.2729	0.3322	0.2019
2020	0.5935	0.2766	0.3446	0.2173

表 2 – 8 显示上海市在 2012 年后绿色发展一体化水平呈现稳步上升趋势，说明上海市重视生态环境的保护和绿色可持续发展，而江苏省绿色发展一体化水平未发生明显变化，浙江省、安徽省绿色发展一体化水平表现下降趋势，说明虽然目前长三角区域内虽有生态文明建设示范区，并对生态发展进行了规划，但是缺少覆盖长三角区域相关统一的生态保护与治理方案，在跨区域生态保护与治理方面缺少很好的协同和配合，这造成区域内各省市之间存在显著的政策差异，制约了以全局的眼光来思考绿色发展问题，进而影响了长三角整体生态一体化水平的提升。

表 2 – 8　　　　　　2012—2020 年长三角绿色发展一体化水平

年份	上海市	江苏省	浙江省	安徽省
2012	0.4425	0.5184	0.4716	0.4963
2013	0.3983	0.5439	0.4224	0.5122
2014	0.4197	0.4971	0.4438	0.4863

续表

年份	上海市	江苏省	浙江省	安徽省
2015	0.4391	0.4666	0.4287	0.4827
2016	0.4002	0.4784	0.4843	0.5095
2017	0.4149	0.4461	0.4071	0.4661
2018	0.4632	0.4412	0.4365	0.4489
2019	0.5461	0.4660	0.4093	0.4455
2020	0.6058	0.5028	0.4583	0.4443

从公共服务维度来看，长三角区域公共服务一体化水平均呈现不断提高的状态，但各省市的公共服务一体化水平存在较大差距。表 2 - 9 显示上海市的公共服务一体化水平最高，浙江省公共服务一体化水平次之，2012年浙江省和江苏省的公共服务一体化水平相当，浙江略占优势，之后浙江省稳步上升，江苏省公共服务一体化水平虽然也在上升，但与浙江省之间的差距不断加大；安徽省公共服务一体化水平最低，且与其他省市差距较大。近年来，长三角区域公共服务总体得到了较快发展，国家出台政策文件促进区域内公共资源共享，如探索建立长三角跨区域联合实验室，搭建教育协调发展平台，推动教育资源共享；实行"一卡通"交通便利服务，促进公共交通互通；规划城际铁路和跨城市轨道建设，促进基础设施互联和"同城化发展"；加大政府购买公共服务的力度等，以提升居民满意度，多头并进推动长三角公共服务一体化发展。

表 2 - 9　　　　　　　2012—2020 年长三角公共服务一体化水平

年份	上海市	江苏省	浙江省	安徽省
2012	0.4410	0.2866	0.3096	0.1442
2013	0.4837	0.3193	0.3895	0.1719
2014	0.4776	0.3082	0.3525	0.1567
2015	0.4962	0.3227	0.3928	0.1703
2016	0.5152	0.3202	0.3696	0.1588
2017	0.5196	0.2898	0.3356	0.1471

年份	上海市	江苏省	浙江省	安徽省
2018	0.5627	0.3182	0.3686	0.1903
2019	0.5593	0.2889	0.3679	0.1661
2020	0.5851	0.3007	0.3742	0.2241

表 2 - 10 报告了长三角创新一体化的发展状况，2012—2020 年长三角区域的创新能力不断提升，这主要得益于政府对研发活动投入力度加大以及创新主体间互动机制进一步完善，促进技术创新与制度改革深度融合。上海市的创新一体化水平始终遥遥领先于其他省市，2012 年江苏省的创新一体化水平领先于浙江省，之后浙江省加快推进创新一体化，不断缩小和江苏省的差距，安徽省创新一体化水平与其他省市差距明显。

表 2 - 10　　　　　　**2012—2020 年长三角创新一体化水平**

年份	上海市	江苏省	浙江省	安徽省
2012	0.4907	0.1015	0.0592	0.0511
2013	0.4975	0.1137	0.0708	0.0578
2014	0.4854	0.1113	0.0755	0.0651
2015	0.6792	0.1489	0.0941	0.0649
2016	0.6849	0.1383	0.0984	0.0642
2017	0.6587	0.1322	0.1025	0.0652
2018	0.6304	0.1145	0.1181	0.0632
2019	0.6021	0.1045	0.1272	0.0674
2020	0.7374	0.1456	0.1349	0.0764

第六节　本 章 小 结

本章基于经济一体化、绿色发展一体化、公共服务一体化和创新一体化四个维度构建长三角一体化综合评价指标体系，采用熵值法得到的测算结果显示：第一，长三角一体化水平呈现不断上升的态势，上海市是长三角一体化发展的"排头兵"，在长三角一体化发展中持续处于领先地位，在长三角区域一体化发展中起到了举足轻重的引领作用；第二，从二级指标来看，不论从区域总体还是分省市来看，长三角创新一体化水平都普遍较低，反映出当前在长三角区域一体化发展中推进创新一体化的重要性；第三，除了上海市，其他省市绿色发展一体化水平并未显著提升，甚至有下降趋势，体现出促进长三角区域内绿色发展一体化的紧迫性，同时，随着经济社会的进一步发展，各地区之间也出现不同程度的不平衡不协调；第四，安徽省与区域内其他省市在各个指标上都存在较为显著的差距，尤其是在经济一体化、公共服务一体化、创新一体化方面。面向"十四五"，长三角区域明确提出持续推动高水平改革开放、强化科技创新策源功能、扎实推进区域一体化高质量发展等一系列新目标、新任务、新举措的提出，充分彰显长三角地区乘势而上的底气和共创辉煌的决心。

第三章　长三角数字经济发展演进

第一节　数字经济测度方法综述

一、数字经济的概念

国外"数字经济"一词是由加拿大商业策略大师塔普斯科特（Tapscott）于 1996 年出版的《数字经济》中首次提出。随后，学者们开始从不同视角探究数字经济的概念与本质。MIT 媒体实验室创立者内格罗蓬特（Negroponte，1996）在其著作《数字化生存》中描绘了数字时代的宏伟蓝图，认为"数字经济是利用比特而非原子的经济"，这一思想在早期产生了广泛的影响。克林和拉姆（Kling & Lamb，1999）将数字经济定义为使用数字化的技术进行商品和服务的制造、销售和供给等过程的经济部门。齐默尔曼（Zimmermann，2001）通过理论分析和实践调研相结合，将数字经济视为改变经济发展和社会生活的互联网革命、改变创新发展和技术进步的新动力、运用数字化技术减少地球生态环境污染的可持续发展方式，突破了信息技术和电子商务的局限性。2009 年，澳大利亚政府将数字经济定义为以 ICT 为核心的社会活动网络和全球性经济；2016 年，加拿大政府给出定义，数字经济是利用数字技术重构产品生产、分配与销售的一种经济活动，并从根本上决定产品的质量。经济合作与发展组织（OECD，2014）认为，数字经济具有成本低、数据驱动化、应用范围广、流动速度快、规模大、数据所有权和使用权分离化等特征，应采取新的方法和手段，通过交易的性质来界定一项经济活动是否属于数字经济，判断依据是该经济活动是否是通过电子订购或者电子交付的方式实现。美国商务部经济分析局（BEA）基于生产角度定义了窄口径的数字经济，根据信息和通信技术特点，认为"数字经济包含主要基于互联网及相关信息通信技术（ICT）的经济活动"。

　　从2010年开始，国内学者就开始了对数字经济的研究。蔡昉（2013）在分析数字经济的发展趋势及各国数字经济发展战略的基础上，探讨了数字经济时代的商业化规律，阐述了数字技术如何实现商业化应用。2016年G20杭州峰会通过的《二十国集团数字经济发展和合作倡议》将数字经济定义为"以使用数字化的知识和信息作为关键生产要素、以现代信息网络作为重要载体、以信息通信技术的有效使用作为效率提升和经济结构优化的重要推动力的一系列经济活动"，以上定义对数字经济的本质和特征进行了总结式概括，引起了广泛共识。2017年，中国信息通信研究院（以下简称中国信通院）指出，数字经济的关键生产要素是数字化的知识和信息，核心驱动力是数字技术创新，将数字经济分为数字经济基础部分和数字经济融合部分，这种分类方法得到许多学者和研究机构的认同。张鹏（2019）提出数字经济的本质是一种结合经济技术、组织以及制度的交互作用的协调与演化而不断发展的经济范畴。崔保国和刘金河（2020）认为数字经济是由信息与通信技术（Information and Communication Technology，ICT）产业、数字传媒产业与网络平台产业构成，并在其融合进程中会伴随有溢出效应。熊励和蔡雪莲（2020）从区域创新能力的视角出发，指出数字经济赋能区域创新和经济高质量发展，且对于技术创新的作用更为显著。蒋金荷（2021）从数字经济与绿色经济融合发展角度，定义数字经济的核心特征是新兴数字科技，其关键生产要素则为数字信息，伴随数字经济高速发展而来的是能源消耗的不断增加，享受数字化生活智能便利的同时也必须高度重视技术对环境造成的破坏污染问题，数字经济与绿色经济融合发展是我国高质量发展阶段的必然选择。

　　在综合现有文献对数字经济研究的基础上，数字经济内涵是指以数据为关键要素，网络化数字设施为基础，以信息通信技术的创新为主导，促进传统产业与数字化融合并形成数字化产业的新经济形态。

数字经济是在新技术的应用和变迁下应运而生的一种新经济形态，由数字产业化和产业数字化两大部分组成。数字产业化是数字经济的基础部分，包括电子制造、软件服务以及信息通信等信息产业；而产业数字化则是数字经济融合部分，传统第一、第二、第三产业通过与互联网、大数据、人工智能等新一代数字技术的广泛融合，能够加速智能化生产模式的发展，以平台化模式实现全新经济业态的发展，包括工业互联网、两化融合、智能制造、平台经济等融合性新产业新模式新业态。发展数字经济还需要高素质创新人才，在数字技术渗透的领域，具有创新能力的专业技术劳动者会更受青睐，有利于数字经济化生产，而具有较高数字素养的消费者会更充分地利用数字化产品，实现数字应用最大化，拉动数字消费，这是发展数字经济的必备条件。

二、数字经济的测算方法综述

经济合作与发展组织（OECD，2014）构建数字经济卫星账户框架体系，将数字经济划分为智能基础设施投资、社会推进、创新性释放、增长和就业四个类别，依据上述四个类别设定相关具体指标来衡量数字经济，并对各指标作出具体解析。在设定指标体系后，OECD还从经济社会发展和已有核算方案的局限性等角度出发，尝试设计新指标，如改善网络安全和隐私、儿童信息化、医疗信息化、微观数据统计、通信服务质量测度等，以更全面地反映数字经济发展状况及影响。

欧盟从宽带接入、人力资本、互联网应用、数字技术应用和公共服务数字化程度五个方面对数字经济发展程度的合成指数进行测算。

美国经济分析局（BEA，2018）基于数字经济的定义将其划分为数字使能基础设施、电子商务、数字媒体三个维度。数字使能基础设施是数字经济存在和应用的基础，具体包括计算机硬件、软件、通信设备和服务、建筑、物联网、支持服务；电子商务是借助互联网或其他电子方式购买和销售商品与服务的行为，具体包括企业和企业或消费者之间以计算机网络为媒介进行的电子下单和电子交付活动、消费者之间借助网络平台进行的共享旅游、共享住宿、共享充电、消费品租赁等服务交换；数字媒体是指大众通过网络途径利用电子设备提供、访问、获取、存储资源，具体包括直接销售的数字媒体、免费数字媒体、大数据。BEA首先对上述三类数字产品和服务分别进行计算，然后采用一定方法测算出数字经济总产出。

中国信通院（2017）认为数字经济包括数字产业化和产业数字化两大部分。对于数字产业化部分，中国信通院将电子信息业制造业、信息通信业和软件服务业及包括云计算、物联网、大数据等在内的与数字技术深度相关的新兴行业纳入其中，按照这些行业的增加值直接加总进行测算。对于产业数字化部分，中国信通院利用增长核算账户框架对各个传统行业中由于应用数字技术所带来的生产数量和生产效率的提升进行测算，主要将生产要素分为ICT资本和非ICT资本，把各个传统产业产出中数字技术的增量部分剥离出来，最后将此部分加总即可得到传统产业中的数字经济总量。这种方法测度了传统产业产出中数字技术的贡献部分。根据中国信通院数字经济测算结果显示，2016年、2017年、2018年我国数字经济增加值分别为22.6万亿元（占GDP比重为30.3%）、27.2万亿元（占GDP比重为32.9%）、31.3万亿元（占GDP比重为34.8%）。

许宪春（2020）系统性地分析了数字经济的内涵、形成要素和测算的理论框架，并基于国内外数字经济规模测算，从数字经济的产业内容着手，借鉴投入产出的计算方法，测算2007—2017年数字经济增加值。测算步骤主要包括：界定数字活动范围、甄别数字产品及相关产业、确定核算方法、测算数字规模。其中，数字活动范围主要包括数字化赋权基础设施、数字媒体、电子商务、数字经济交易产品四类。

第二节　长三角数字经济发展指标体系构建及测算

一、长三角数字经济发展指标体系构建

借鉴现有关于数字经济指标体系构建的研究，基于我国数字经济发展的现状与特征，并结合长三角地区数据的可得性、连续性和真实性，本章

从数字基础设施、数字产业化、产业数字化三个维度共 15 个基础指标构建数字经济发展指标体系，最终构建的数字经济发展指数不仅有助于更加科学与全面地评估长三角城市群的数字经济发展水平，也能够进一步为实现数字经济的普惠包容性发展提供借鉴与启示。具体指标体系见表 3-1。

表 3-1 数字经济测度指标体系

一级指标	二级指标	指标含义
数字经济	数字基础设施	互联网宽带接入用户数/万户
		每百人互联网用户数/万个
		移动电话基站/万个
		每百人移动电话数量/万个
	数字产业化	电信业务总量/亿元
		第三产业增加值/亿元
		信息传输、计算机服务和软件业就业人员/万人
		计算机、通信和其他电子设备制造上市公司数量/个
		广播、电视、电影和影视录音制作业上市公司数量/个
		软件和信息技术服务业上市公司数量/个
	产业数字化	数字基础设施建设状况/词频
		数字化应用/词频
		高新技术上市公司及其下属公司数量/个
		数字普惠金融
		智能化业务上市公司数量/个

1. 数字基础设施

数字基础设施是数字经济存在和运用的必要条件，其他数字经济活动都必须依靠这一产业提供的设备及硬件进行，包括互联网宽带接入用户数、每百人互联网用户数、移动电话基站和每百人移动电话数量。

2. 数字产业化

数字产业化是指与数字技术研发、推广和应用密切相关的行业，能够为产业数字化发展提供技术支持，是数字经济增加生产数量和提升生产效率的核心驱动力，包括电信业务总量，第三产业增加值，信息传输、计算机服务和软件业就业人员，计算机、通信和其他电子设备制造上市公司数量，广播、电视、电影和影视录音制作业上市公司数量，软件和信息技术服务业上市公司数量。

3. 产业数字化

产业数字化是指传统产业部门应用数字技术所带来的产出增加和效率提升，可以看成是数字技术与传统产业的深度融合，是数字经济实现飞速发展和广泛应用的内生动力，包括数字基础设施建设状况、数字化应用、高新技术上市公司及其下属公司数量、数字普惠金融、智能化业务上市公司数量。

二、长三角数字经济发展水平测算

（一）测算方法

为获取最终数字经济发展指数，本章采取熵值法对指标进行客观赋权，具体包括以下步骤。

（1）假设有 m 个城市，n 个指标，r 个年份，X_{ijt} 则表示第 t 年第 i 个城市的第 j 个指标。

（2）各个指标的单位量纲不同，需对指标数据进行标准化处理。对于正向指标：$\dot{X}_{ij} = \dfrac{X_{ijt} - X_{\min}}{X_{\max} - X_{\min}}$，对于负向指标：$\dot{X}_{ij} = \dfrac{X_{\max} - X_{ijt}}{X_{\max} - X_{\min}}$，其中 $X_{\max}$ 为第 j 个指标的最大值，$X_{\min}$ 为第 j 个指标的最小值。

（3）计算第 t 年第 i 个城市的第 j 个指标的特征比重 f_{ijt}。

$$f_{ijt} = \frac{X'_{ijt}}{\sum\limits_i \sum\limits_j X'_{ijt}} \tag{3.1}$$

（4）计算第 j 项指标的熵值。

$$e_j = -\frac{1}{\ln(rm)} \sum_{i=1}^{r} \sum_{i=1}^{m} f_{ij} \ln(f_{ijt}) \tag{3.2}$$

（5）计算第 j 个指标的熵权权重：

$$\omega_j = \frac{1 - e_j}{\sum\limits_{j=1}^{n}(1 - e_j)} \tag{3.3}$$

对指标及其权重进行加权，最终得到数字经济发展水平指数（ $dige$ ）。

（二）主要指标解释说明

1. 数字基础设施

互联网宽带接入用户数是有宽带接入的家庭数，可以反映网络普及应用能力。每百人互联网用户数能够较为全面、客观地反映互联网行业发展情况。移动电话基站指为小区服务的无线收发信设备，处理基站与移动台之间的无线通信，在移动交换机与移动台之间起中继作用，监视无线传输质量的全套设备数。每百人移动电话数量指每百人中通过移动电话交换机进入移动电话网，占用移动电话号码的各类电话用户数。

2. 数字产业化

电信企业通过提供各类电信服务，为社会提供总数量，以货币形式表示的电信业务总量，可以通过将各类业务的实物量分别乘以相应的不变单价，求出各类业务的货量加总求得（出租代维及其他业务按业务收入直接相加）。第三产业增加值则是衡量除农业、工业和建筑业以外的其他产业活动最终结果的重要指标，为生产和人民生活等活动提供各种服务，具体包括：运输、仓储和邮政服务，信息传输、计算机服务和软件行业，批发和零售行业，住宿和餐饮行业，金融行业，房地产产业，租赁和商业服务；科学研究、技术服务和地质勘探、水利，环境和公共设施管理、住宅服务和其他服务，教育、卫生、社会保障和社会福利、文化、体育和娱乐，公共行政和社会组织、国际组织等。计算机、通信和其他电子设备制造上市公司数量。广播、电视、电影和影视录音制作业上市公司数量。软件和信息技术服务业上市公司数量。

3. 产业数字化

产业数字化主要包括数字基础设施建设状况、数字化应用、高新技术上市公司及其下属公司数量、数字普惠金融和智能化业务上市公司。数字普惠金融是一种数字化途径，通过借助计算机的信息处理、数据通信、大数据分析、云计算等一系列技术，以及大数据、云计算、人工智能技术构建的基于数据的风险控制体系，使得互联网技术在金融领域得到了应用，促进了信息的共享，有效地降低了交易成本和金融服务门槛，扩大了金融服务的范围和覆盖面，让长期被现代金融服务业排斥的人群也能享受到正规金融服务，从而全面提升了金融的风险控制能力，实现了金融科技的初衷和目标。智能化业务上市公司数量是依托计算机网络、大数据、物联网和人工智能等技术的支持完成满足人的各种需求的公司的数量。

（三）数据来源

本章选取长三角地区 41 个城市为研究对象。指标体系中大部分数据来源于 2012—2020 年国家统计局官网、中国信通院以及工业和信息化部相关研究报告和公布数据、中国电子商务发展指数报告、各地市历年统计年鉴、历年中国数字经济发展报告，以及《中国统计年鉴》《中国信息年鉴》《中国第三产业统计年鉴》《中国信息产业年鉴》《中国科技统计年鉴》《中国文化及相关产业统计年鉴》《中国环境统计年鉴》《高新技术产业统计年鉴》，个别缺失数据由插值法补齐。

第三节 长三角数字经济发展现状分析

根据第二节构建的数字经济发展指标体系和赋权方法，测算了长三角地区 41 个城市 2012—2020 年的数字经济发展指数及各行业发展指数。以下对长三角地区数字经济发展进行具体分析和考察。

一、长三角数字经济发展的总体分析

表 3-2 为根据上述熵值法测算的 2012—2020 年数字经济发展水平综合指数（$dige$），从结果可以看出，数字经济发展水平在时空上具有显著的异质性。整体上来说，长三角地区数字经济发展水平从 0.0692 增长至

0.1865，增长率达到 13.19%。具体地，2020 年上海、杭州、苏州、南京、无锡和金华的数字经济发展水平处于领先行列，此外，宿州、亳州、阜阳、池州和淮南的年均增长率居于前列，均超过了 20%，发展势头迅猛，处于数字经济发展的追赶行列。但不可否认的是地区差距依旧较为凸显，例如，2020 年上海的数字经济指数（0.0199）是宿州数字经济指数（0.0022）的 9.26 倍，说明地区数字经济水平差距依然巨大，但具有明显的追赶趋势。就长三角区域而言，其数字经济指数呈逐年递增之趋势，其中安徽年均增长率最快，江苏次之，浙江处于第三，上海最末。但从数字经济发展水平来看，2020 年上海最高，浙江次之，紧接着是江苏，安徽较低。由于上海、浙江及江苏的数字经济水平存量大，而安徽本身就较低，即使高增长率也难以在较短的时间内弥补差距。因此，提高相对落后地区的数字经济发展水平、缩小区域之间数字经济发展水平的差距及避免"数字鸿沟"的扩大仍是当务之急。

表 3 – 2　　2012—2020 年长三角地区数字经济发展水平综合指数测度结果

城市	2012 年	2013 年	2014 年	2015 年	2016 年	2017 年	2018 年	2019 年	2020 年
上海	0.0086	0.0113	0.0109	0.0118	0.0135	0.0152	0.0168	0.0188	0.0199
杭州	0.0058	0.0072	0.0069	0.0078	0.0098	0.0108	0.0114	0.0124	0.0135
金华	0.0031	0.0039	0.0037	0.0040	0.0041	0.0048	0.0056	0.0052	0.0062
宁波	0.0031	0.0042	0.0040	0.0042	0.0046	0.0050	0.0054	0.0056	0.0055
湖州	0.0017	0.0024	0.0025	0.0032	0.0032	0.0038	0.0045	0.0045	0.0052
绍兴	0.0024	0.0028	0.0029	0.0032	0.0037	0.0043	0.0042	0.0042	0.0045
台州	0.0022	0.0025	0.0027	0.0030	0.0034	0.0038	0.0042	0.0044	0.0043
丽水	0.0017	0.0019	0.0022	0.0025	0.0028	0.0029	0.0034	0.0034	0.0042
温州	0.0022	0.0029	0.0028	0.0031	0.0035	0.0043	0.0044	0.0044	0.0042
嘉兴	0.0019	0.0027	0.0026	0.0031	0.0034	0.0037	0.0040	0.0041	0.0040
衢州	0.0011	0.0014	0.0018	0.0023	0.0027	0.0027	0.0030	0.0031	0.0037
舟山	0.0019	0.0023	0.0024	0.0038	0.0026	0.0029	0.0030	0.0031	0.0034
南京	0.0036	0.0045	0.0045	0.0051	0.0068	0.0076	0.0082	0.0088	0.0091
苏州	0.0040	0.0055	0.0050	0.0054	0.0064	0.0076	0.0082	0.0092	0.0100

续表

城市	2012 年	2013 年	2014 年	2015 年	2016 年	2017 年	2018 年	2019 年	2020 年
无锡	0.0026	0.0034	0.0032	0.0033	0.0041	0.0051	0.0056	0.0063	0.0067
常州	0.0018	0.0026	0.0024	0.0026	0.0033	0.0040	0.0044	0.0047	0.0052
南通	0.0020	0.0020	0.0022	0.0026	0.0031	0.0037	0.0041	0.0046	0.0048
徐州	0.0014	0.0015	0.0018	0.0020	0.0027	0.0031	0.0036	0.0039	0.0041
盐城	0.0010	0.0012	0.0014	0.0021	0.0026	0.0031	0.0033	0.0037	0.0037
扬州	0.0014	0.0016	0.0018	0.0021	0.0026	0.0030	0.0033	0.0034	0.0037
镇江	0.0014	0.0018	0.0018	0.0020	0.0025	0.0029	0.0031	0.0034	0.0035
泰州	0.0012	0.0013	0.0015	0.0017	0.0023	0.0027	0.0029	0.0032	0.0034
连云港	0.0010	0.0012	0.0013	0.0016	0.0021	0.0024	0.0027	0.0030	0.0031
淮安	0.0007	0.0010	0.0012	0.0014	0.0019	0.0024	0.0026	0.0029	0.0031
宿迁	0.0008	0.0009	0.0011	0.0015	0.0019	0.0023	0.0025	0.0029	0.0030
合肥	0.0015	0.0020	0.0023	0.0027	0.0033	0.0039	0.0046	0.0050	0.0051
芜湖	0.0009	0.0013	0.0016	0.0019	0.0022	0.0026	0.0029	0.0032	0.0036
铜陵	0.0013	0.0017	0.0019	0.0016	0.0018	0.0027	0.0023	0.0025	0.0034
马鞍山	0.0009	0.0012	0.0013	0.0016	0.0018	0.0021	0.0025	0.0027	0.0030
宣城	0.0006	0.0010	0.0012	0.0013	0.0016	0.0020	0.0023	0.0025	0.0027
蚌埠	0.0006	0.0009	0.0011	0.0013	0.0016	0.0019	0.0022	0.0024	0.0027
黄山	0.0006	0.0010	0.0011	0.0013	0.0015	0.0019	0.0022	0.0024	0.0026
六安	0.0005	0.0006	0.0008	0.0012	0.0014	0.0017	0.0020	0.0022	0.0025
滁州	0.0005	0.0008	0.0011	0.0013	0.0016	0.0019	0.0023	0.0023	0.0025
淮北	0.0006	0.0009	0.0011	0.0013	0.0017	0.0018	0.0020	0.0022	0.0024
安庆	0.0005	0.0008	0.0011	0.0013	0.0015	0.0018	0.0021	0.0022	0.0024
淮南	0.0006	0.0008	0.0010	0.0011	0.0014	0.0017	0.0019	0.0020	0.0023
池州	0.0005	0.0007	0.0009	0.0011	0.0014	0.0017	0.0020	0.0022	0.0023
亳州	0.0003	0.0005	0.0008	0.0010	0.0013	0.0016	0.0019	0.0021	0.0023
阜阳	0.0003	0.0010	0.0008	0.0009	0.0013	0.0017	0.0020	0.0023	0.0022
宿州	0.0003	0.0006	0.0011	0.0015	0.0014	0.0016	0.0019	0.0021	0.0022

二、长三角数字经济发展的横向分析

数字经济的测度是从数字基础设施、数字产业化、产业数字化三大部分综合而来。表3－3反映2012—2020年长三角数字经济三大维度测算结果，从结果可知，每个部分都是逐年递增，其中产业数字化的年均增长率最高为24.38%，数字基础设施为8.59%，而数字产业化的年均增速最低为8.56%。由于三大部分年均增速不同，致使三大部分的发展水平不尽相同。数字基础设施的水平最高，其均值0.0584，产业数字化次之，为0.0465，数字产业化为0.0209。这说明数字产业化水平是制约长三角数字经济发展的主要"短板"，亟须制定政策促使其快速提升。可见，数字经济发展中将数字经济与传统产业相互融合是首要之义，也是数字经济发展的落脚点，同时数字基础设施对数字经济融合的广度和深度有着重要的作用，加之数字化产业的发展和数字经济发展环境的提高，均有利于达成数字经济深度应用之目的。

表3－3　　　　　　2012—2020年长三角数字经济分维度指数

年份	数字基础设施	数字产业化	产业数字化
2012	0.0406	0.0144	0.0133
2013	0.0473	0.0172	0.0240
2014	0.0466	0.0171	0.0290
2015	0.0487	0.0183	0.0385
2016	0.0547	0.0210	0.0473
2017	0.0637	0.0225	0.0573
2018	0.0707	0.0239	0.0632
2019	0.0748	0.0255	0.0698
2020	0.0786	0.0278	0.0763
均值	0.0584	0.0209	0.0465
年均增速	0.0859	0.0856	0.2438

此外，以 2020 年长三角数字经济各维度数据为依据，对长三角区域的空间分布特征进行剖析发现，长三角数字经济呈现出上海、浙江、江苏、安徽依次递减趋势，沿海地区的数字经济处于相对较高的水平，内陆地区发展水平相对滞后，各维度指数见表 3－4。首先，数字基础设施差距显著。2020 年上海、杭州、苏州位居前三，而宿州、阜阳、淮南的发展水平在 2012—2020 年都是最后三名，且差距持续扩大，说明区域的经济发展水平会对数字基础设施的发展水平产生重要的影响。其次，就数字化产业发展而言，上海、杭州、南京、苏州、无锡、金华处于第一梯队，淮北、池州、黄山的数字化产业水平处于末端，且 2012—2020 年基本没变，与第一梯队的差距愈加扩大。最后，产业数字化发展水平较高的地区始终是上海、杭州、苏州、南京和无锡，而淮南、阜阳、亳州和宿州的产业数字化水平低，进一步凸显数字经济发展呈"上海—浙江—江苏—安徽"递减之势。对三大部分的分析表明，囿于地区的经济发展水平、科技水平、资源禀赋等因素，进而导致数字经济三大部分呈现上海高、安徽低的态势。

表 3－4　　　　　　　　2020 年长三角城市数字经济各维度指数

城市	数字基础设施	数字产业化	产业数字化	数字经济
上海	0.00459	0.00776	0.00701	0.01995
杭州	0.00373	0.00385	0.00514	0.01353
苏州	0.00393	0.00230	0.00362	0.00998
南京	0.00337	0.00233	0.00328	0.00910
无锡	0.00279	0.00130	0.00253	0.00670
金华	0.00336	0.00104	0.00173	0.00621
宁波	0.00232	0.00079	0.00229	0.00546
常州	0.00239	0.00079	0.00200	0.00524
湖州	0.00305	0.00031	0.00177	0.00520
合肥	0.00163	0.00102	0.00236	0.00507
南通	0.00227	0.00052	0.00197	0.00482

续表

城市	数字基础设施	数字产业化	产业数字化	数字经济
绍兴	0.00211	0.00028	0.00202	0.00447
台州	0.00179	0.00053	0.00195	0.00433
丽水	0.00270	0.00007	0.00143	0.00424
温州	0.00195	0.00044	0.00179	0.00423
徐州	0.00213	0.00031	0.00164	0.00412
嘉兴	0.00155	0.00069	0.00169	0.00398
盐城	0.00183	0.00023	0.00143	0.00384
衢州	0.00219	0.00008	0.00142	0.00374
扬州	0.00180	0.00031	0.00152	0.00368
芜湖	0.00151	0.00032	0.00173	0.00361
镇江	0.00170	0.00021	0.00154	0.00349
泰州	0.00172	0.00022	0.00145	0.00343
舟山	0.00187	0.00008	0.00142	0.00340
铜陵	0.00178	0.00016	0.00139	0.00338
连云港	0.00157	0.00014	0.00139	0.00314
淮安	0.00155	0.00018	0.00134	0.00311
马鞍山	0.00152	0.00008	0.00140	0.00304
宿迁	0.00150	0.00014	0.00135	0.00303
宣城	0.00131	0.00006	0.00130	0.00270
蚌埠	0.00113	0.00021	0.00129	0.00265
黄山	0.00130	0.00002	0.00129	0.00264
六安	0.00101	0.00019	0.00129	0.00252
滁州	0.00097	0.00022	0.00127	0.00248
淮北	0.00112	0.00006	0.00123	0.00243
安庆	0.00100	0.00010	0.00122	0.00235
淮南	0.00073	0.00009	0.00119	0.00235

续表

城市	数字基础设施	数字产业化	产业数字化	数字经济
池州	0.00104	0.00004	0.00121	0.00232
亳州	0.00103	0.00009	0.00114	0.00228
阜阳	0.00088	0.00011	0.00116	0.00218
宿州	0.00090	0.00012	0.00110	0.00215

（一）数字基础设施

从图3-1来看，2012—2020年长三角地区数字基础建设呈现上升的趋势，年均增长率达到8.5%，排名变化不大，总体差距在缩小。具体结果见表3-5，上海、杭州、苏州、南京位居前列，这些城市的快速经济发展和高度开放使其网络基础和电信基础建设处于国内领先地位；宁波和常州近年来一直位列前十，整体实力偏上；合肥、常州、南通、台州、丽水和温州数字基础建设实力相近，处于中游水平；淮南、池州、阜阳、亳州和宿州在数字化基础建设中处于后五位，这些城市由于设施投入较少、政府扶持力度不足等因素，阻碍了数字基础建设和发展。因此，数字基础建设较差的城市应当加大投入，扩大网络基础和电信设施的交互量，进一步夯实数字经济发展基础。

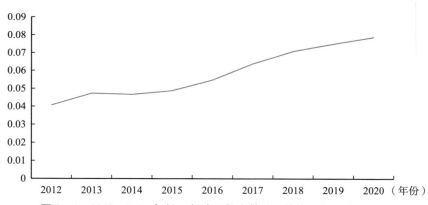

图3-1　2012—2020年长三角地区数字基础设施发展指数变化趋势

表 3 – 5 部分年份长三角地区数字基础设施测度结果及排序

城市	2012 年		2016 年		2020 年	
	评价值	排序	评价值	排序	评价值	排序
上海	0.0033	1	0.0034	1	0.0046	1
杭州	0.0024	2	0.0033	2	0.0037	3
苏州	0.0022	3	0.0025	4	0.0039	2
南京	0.0019	5	0.0028	3	0.0034	4
无锡	0.0020	4	0.0023	6	0.0028	7
金华	0.0018	6	0.0023	5	0.0034	5
宁波	0.0016	8	0.0020	9	0.0023	10
常州	0.0017	7	0.0020	7	0.0024	9
湖州	0.0014	11	0.0019	10	0.0031	6
合肥	0.0013	12	0.0015	14	0.0016	23
南通	0.0012	14	0.0016	13	0.0023	11
绍兴	0.0015	9	0.0013	18	0.0021	14
台州	0.0012	15	0.0017	12	0.0018	19
丽水	0.0012	16	0.0020	8	0.0027	8
温州	0.0014	10	0.0015	16	0.0019	15
徐州	0.0013	13	0.0018	11	0.0021	13
嘉兴	0.0006	25	0.0014	17	0.0016	25
盐城	0.0010	17	0.0011	22	0.0018	17
衢州	0.0010	18	0.0013	19	0.0022	12
扬州	0.0009	19	0.0015	15	0.0018	18
芜湖	0.0009	20	0.0012	21	0.0015	28
镇江	0.0008	21	0.0011	23	0.0017	22
泰州	0.0008	22	0.0009	25	0.0017	21
舟山	0.0007	23	0.0012	20	0.0019	16
铜陵	0.0007	24	0.0010	24	0.0018	20
连云港	0.0005	28	0.0009	26	0.0016	24
淮安	0.0006	26	0.0008	27	0.0015	26

续表

城市	2012 年		2016 年		2020 年	
	评价值	排序	评价值	排序	评价值	排序
马鞍山	0.0006	27	0.0008	28	0.0015	27
宿迁	0.0004	30	0.0008	29	0.0015	29
宣城	0.0004	35	0.0006	33	0.0013	30
蚌埠	0.0004	31	0.0007	31	0.0011	32
黄山	0.0004	32	0.0006	32	0.0013	31
六安	0.0004	33	0.0007	30	0.0010	36
滁州	0.0004	29	0.0006	34	0.0010	38
淮北	0.0004	34	0.0006	35	0.0011	33
安庆	0.0003	37	0.0005	37	0.0010	37
淮南	0.0003	38	0.0005	36	0.0007	41
池州	0.0003	36	0.0005	41	0.0010	34
亳州	0.0002	41	0.0005	39	0.0010	35
阜阳	0.0002	39	0.0005	40	0.0009	40
宿州	0.0002	40	0.0005	38	0.0009	39

（二）数字产业化

长三角地区数字产业化发展呈现递增趋势，年均增长率为9.1%，如图3-2所示。见表3-6，上海以绝对优势占据数字技术发展的第一位，杭州接力第二位，苏州与南京一直位居第三、第四；无锡、金华、宁波一直在第五到第八位徘徊；嘉兴、盐城、扬州、芜湖和镇江数字产业化水平属于中下游水平；淮南、池州、阜阳、亳州和宿州一直处于数字产业化发展最后位置。长三角地区作为新兴产业集聚地，作为对外开放窗口，其与国外先进技术具有高关联度，借助该地区经济发展一体化，奠定了其数字技术发展的雄厚的基础实力。但是，由于科研意识偏低，没有足够的科研投入，以及政府扶持力度不足，资金支撑力度不足，发展速度较为缓慢，使得部分城市难以在短时间内赶超。

图3-2 2012—2020年长三角地区数字产业化发展指数变化

表3-6 部分年份长三角地区数字产业化测度结果及排序

城市	2012 年		2016 年		2020 年	
	评价值	排序	评价值	排序	评价值	排序
上海	0.0036	1	0.0058	1	0.0078	1
杭州	0.0023	2	0.0029	2	0.0039	2
苏州	0.0012	3	0.0019	3	0.0023	4
南京	0.0008	4	0.0017	4	0.0023	3
无锡	0.0006	6	0.0008	5	0.0013	5
金华	0.0007	5	0.0007	7	0.0010	6
宁波	0.0005	7	0.0006	9	0.0008	8
常州	0.0002	14	0.0003	15	0.0008	9
湖州	0.0004	10	0.0004	11	0.0003	15
合肥	0.0005	8	0.0007	6	0.0010	7
南通	0.0003	11	0.0005	10	0.0005	12
绍兴	0.0001	32	0.0006	8	0.0003	18
台州	0.0003	12	0.0004	13	0.0005	11
丽水	0.0003	13	0.0001	27	0.0001	37
温州	0.0001	33	0.0004	12	0.0004	13

城市	2012 年		2016 年		2020 年	
	评价值	排序	评价值	排序	评价值	排序
徐州	0.0001	21	0.0001	36	0.0003	16
嘉兴	0.0004	9	0.0003	17	0.0007	10
盐城	0.0002	16	0.0002	19	0.0002	19
衢州	0.0002	17	0.0003	16	0.0001	35
扬州	0.0002	15	0.0001	32	0.0003	17
芜湖	0.0001	25	0.0002	18	0.0003	14
镇江	0.0001	20	0.0002	21	0.0002	23
泰州	0.0000	37	0.0003	14	0.0002	21
舟山	0.0001	22	0.0001	35	0.0001	36
铜陵	0.0002	18	0.0001	26	0.0002	26
连云港	0.0001	19	0.0001	23	0.0001	28
淮安	0.0000	38	0.0001	28	0.0002	25
马鞍山	0.0001	27	0.0001	34	0.0001	34
宿迁	0.0001	23	0.0002	20	0.0001	27
宣城	0.0001	31	0.0000	38	0.0001	38
蚌埠	0.0001	35	0.0001	25	0.0002	22
黄山	0.0000	39	0.0001	22	0.0000	41
六安	0.0001	36	0.0001	37	0.0002	24
滁州	0.0000	40	0.0000	41	0.0002	20
淮北	0.0001	26	0.0001	33	0.0001	39
安庆	0.0000	41	0.0000	40	0.0001	31
淮南	0.0001	28	0.0001	29	0.0001	32
池州	0.0001	30	0.0001	31	0.0000	40
亳州	0.0001	24	0.0001	30	0.0001	33
阜阳	0.0001	29	0.0001	24	0.0001	30
宿州	0.0001	34	0.0000	39	0.0001	30

（三）产业数字化

从图 3-3 来看，长三角城市数字产业发展整体呈现上升趋势，年均增长率为 24.7%，整体发展呈直线上升。具体结果见表 3-7，按照各省市数字产业发展水平，可以将其分为四个梯队：第一梯队的评价值为 0.001 以上，其中上海和杭州以绝对优势占据前两位；第二梯队的评价值为 0.0005 ~ 0.001，2020 年苏州超过南京成为第三位，得益于电子信息通信软件服务业的发展；第三梯队的评价值为 0.0001 ~ 0.0005，大多数城市介于此区间，处于产业发展中下游水平；最后一个梯队的评价值为 0.0001 以下，池州、亳州、阜阳和宿州的数字产业化发展水平处于长三角区域居后位置，相比其他城市，电子商务、数字传媒与电子信息通信产业发展仍有较大差距。

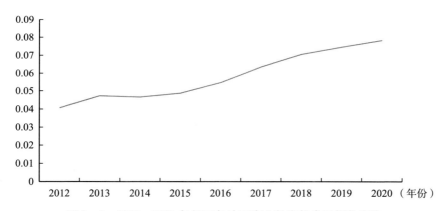

图 3-3　2012—2020 年长三角地区产业数字化发展指数变化

表 3-7　　　　　部分年份长三角地区产业数字化测度结果及排序

城市	2012 年		2016 年		2020 年	
	评价值	排序	评价值	排序	评价值	排序
上海	0.0016	1	0.0038	1	0.0070	1
杭州	0.0011	2	0.0028	2	0.0051	2
苏州	0.0006	5	0.0024	3	0.0036	3
南京	0.0008	3	0.0019	4	0.0033	4

续表

城市	2012 年		2016 年		2020 年	
	评价值	排序	评价值	排序	评价值	排序
无锡	0.0004	9	0.0014	6	0.0025	5
金华	0.0006	4	0.0011	14	0.0017	15
宁波	0.0004	8	0.0014	5	0.0023	7
常州	0.0004	6	0.0013	8	0.0020	9
湖州	0.0004	10	0.0012	12	0.0018	13
合肥	0.0004	7	0.0011	13	0.0024	6
南通	0.0004	14	0.0012	11	0.0020	10
绍兴	0.0003	17	0.0014	7	0.0020	8
台州	0.0004	12	0.0012	10	0.0020	11
丽水	0.0004	13	0.0010	18	0.0014	21
温州	0.0003	18	0.0013	9	0.0018	12
徐州	0.0003	15	0.0009	25	0.0016	17
嘉兴	0.0004	11	0.0011	16	0.0017	16
盐城	0.0002	23	0.0010	20	0.0014	22
衢州	0.0003	19	0.0010	17	0.0014	23
扬州	0.0002	26	0.0010	21	0.0015	19
芜湖	0.0003	16	0.0011	15	0.0017	14
镇江	0.0002	24	0.0010	23	0.0015	18
泰州	0.0002	22	0.0010	22	0.0015	20
舟山	0.0002	27	0.0009	27	0.0014	24
铜陵	0.0002	29	0.0009	24	0.0014	27
连云港	0.0003	20	0.0009	29	0.0014	26
淮安	0.0003	21	0.0009	28	0.0013	29
马鞍山	0.0001	34	0.0009	26	0.0014	25
宿迁	0.0002	31	0.0009	30	0.0013	28
宣城	0.0002	25	0.0010	19	0.0013	30
蚌埠	0.0002	30	0.0008	35	0.0013	31

城市	2012 年		2016 年		2020 年	
	评价值	排序	评价值	排序	评价值	排序
黄山	0.0002	28	0.0008	34	0.0013	33
六安	0.0002	32	0.0008	32	0.0013	32
滁州	0.0001	36	0.0008	31	0.0013	34
淮北	0.0001	37	0.0008	36	0.0012	35
安庆	0.0001	33	0.0008	33	0.0012	36
淮南	0.0001	35	0.0007	40	0.0012	38
池州	0.0001	39	0.0008	37	0.0012	37
亳州	0.0001	38	0.0008	38	0.0011	40
阜阳	0.0001	40	0.0007	41	0.0012	39
宿州	0.0000	41	0.0007	39	0.0011	41

三、长三角数字经济发展的纵向分析

长三角地区数字经济发展水平不尽相同，从表 3-2 可以看出，上海遥遥领先，浙江第二，江苏位列第三，而安徽则相对落后。从各个区域的数字经济指数呈递增态势及增长率来看，安徽较高，江苏次之，而上海的增长率相对低于其他三大区域，而且上海、浙江、江苏及安徽之间并没有表现出趋同之势，说明"虹吸效应"存在，上海数字经济发展水平明显高于其他三大区域，安徽长期处于相对低发展水平。为了实现区域协调尤其是区域数字经济协同发展，长三角地区相继建设多个跨省高新技术开发区，提升创新策源能力，同时，伴随着互联网、物联网、区块链、人工智能和大数据的深入应用，数字经济成为经济高质量发展的重要引擎。因此，应继续推进精准化的区域数字经济发展举措，逐步缩小区域差异，以提升各地的经济发展水平。

近年来，随着中国经济进入新常态，经济增速逐步放缓，高质量发展成为时代主题。因此，强调区域高质量发展，通过区域发展以带动各点的发展尤为重要。长三角一体化发展成为经济高质量发展的重要增长极，依托国家战略和相关政策，加之资源禀赋、区域位置等原因，各地区经济发展水平不尽相同，从而也导致数字经济发展水平呈现差异。由表 3-2 可知，长三角区域的数字经济发展水平在研究的样本期内都有一个显著提升，从平均数字经济指数来看，上海处于首要位置，其数字经济指数均值为 0.0199，杭州的均值为 0.0135 位列第二，苏州的均值为 0.01 位列第三。也能直观地看出，2012—2020 年，上海数字经济发展水平始终处于第一位，杭州稳居第二位，南京、苏州、无锡、金华发展水平相近。但是，从年均增长率来看，却与数字经济指数截然不同，宿州以 30.3% 的增长率名列第一，亳州、阜阳分别为 26.6%、26.3% 处于第二、第三位，金华、宁波和无锡处于末端，其增长率分别为 9.1%、9.5% 和 10%。这充分说明数字经济发展水平较落后地区具有明显追赶效应，正在逐渐缩小与数字经济发展水平较高城市之间的差距。同时也体现出国家相关的区域性扶持政策对缩小数字经济不平衡、避免区域"数字鸿沟"出现起到了积极作用。

根据自然间断点分级法，中国数字经济发展水平可划分为低水平（0，0.002）、中低水平（0.002，0.005）、中高水平（0.005，0.01）和高水平（0.01，0.02）四个阶段。从表 3-8 可以看出，2012 年长三角地区数字经济发展均处于低水平阶段，其中有 2 个地区处于中高水平，8 个地区处于中低水平。2020 年，2 个地区处于高水平，31 个地区处于中高水平，8 个地区处于中低水平，没有地区处于低水平阶段。总体而言，长三角地区数字经济发展水平正从低、中低水平向着中高、高水平发展演变，同时也呈现出时间上的发展不充分和空间上的发展不平衡的特征。

表 3-8　　　　　　2012—2020 年长三角数字经济发展水平空间分布

年份	低水平	中低水平	中高水平	高水平
2012	南通、舟山、嘉兴、常州、丽水、湖州、合肥、扬州、镇江、徐州、铜陵、泰州、衢州、连云港、盐城、芜湖、马鞍山、宿迁、淮安、黄山、宣城、淮南、蚌埠、淮北、安庆、池州、滁州、六安、阜阳、宿州、亳州	苏州、南京、金华、宁波、无锡、绍兴、温州、台州	上海、杭州	

续表

年份	低水平	中低水平	中高水平	高水平
2013	合肥、丽水、镇江、铜陵、扬州、徐州、衢州、泰州、芜湖、盐城、连云港、马鞍山、阜阳、黄山、淮安、宣城、淮北、宿迁、蚌埠、淮南、安庆、滁州、池州、六安、宿州、亳州	南京、宁波、金华、无锡、绍兴、温州、嘉兴、常州、台州、湖州、舟山、南通	杭州、苏州	上海
2014	铜陵、镇江、扬州、衢州、徐州、芜湖、泰州、盐城、连云港、马鞍山、淮安、宣城、淮北、宿州、宿迁、黄山、安庆、蚌埠、滁州、淮南、池州、阜阳、六安、亳州	南京、宁波、金华、无锡、绍兴、温州、台州、嘉兴、湖州、舟山、常州、合肥、南通、丽水	杭州、苏州	上海
2015	镇江、芜湖、泰州、铜陵、连云港、马鞍山、宿迁、宿州、淮安、宣城、黄山、滁州、安庆、蚌埠、淮北、六安、池州、淮南、亳州、阜阳	宁波、金华、舟山、无锡、湖州、绍兴、嘉兴、温州、台州、合肥、常州、南通、丽水、衢州、扬州、盐城、徐州	杭州、苏州、南京	上海
2016	淮安、宿迁、马鞍山、铜陵、淮北、蚌埠、滁州、宣城、黄山、安庆、池州、宿州、六安、淮南、亳州、阜阳	宁波、金华、无锡、绍兴、温州、嘉兴、台州、合肥、常州、湖州、南通、丽水、徐州、盐城、扬州、舟山、镇江、泰州、芜湖、衢州、连云港	杭州、南京、苏州	上海
2017	滁州、蚌埠、黄山、淮北、安庆、阜阳、池州、六安、淮南、亳州、宿州	金华、绍兴、常州、合肥、湖州、温州、台州、南通、嘉兴、徐州、盐城、扬州、丽水、舟山、镇江、衢州、泰州、铜陵、芜湖、连云港、淮安、宿迁、马鞍山、宣城	苏州、南京、无锡、宁波	上海、杭州
2018	池州、宿州、亳州、淮南	合肥、湖州、常州、温州、台州、绍兴、南通、嘉兴、徐州、盐城、扬州、丽水、镇江、舟山、衢州、芜湖、泰州、连云港、淮安、宿迁、马鞍山、铜陵、滁州、宣城、黄山、蚌埠、安庆、阜阳、淮北、六安	苏州、南京、无锡、金华、宁波	上海、杭州

续表

年份	低水平	中低水平	中高水平	高水平
2019		合肥、常州、南通、湖州、台州、温州、绍兴、嘉兴、徐州、盐城、扬州、镇江、丽水、泰州、芜湖、舟山、衢州、连云港、淮安、宿迁、马鞍山、铜陵、宣城、黄山、蚌埠、阜阳、滁州、安庆、淮北、六安、池州、宿州、亳州、淮南	苏州、南京、无锡、宁波、金华	上海、杭州
2020		南通、绍兴、台州、丽水、温州、徐州、嘉兴、衢州、盐城、扬州、芜湖、镇江、泰州、舟山、铜陵、连云港、淮安、宿迁、马鞍山、宣城、蚌埠、黄山、六安、滁州、淮北、安庆、淮南、池州、亳州、阜阳、宿州	苏州、南京、无锡、金华、宁波、常州、湖州、合肥	上海、杭州

1. 发展不充分

2012—2020 年，各地区的数字经济发展水平各不相同，且差距悬殊。具体来看，上海、杭州、南京、苏州的发展水平始终名列前茅，而相对而言，宿州、亳州、阜阳、池州和淮南的数字经济发展一直处于低水平和低增速阶段。

图 3-4 反映了每年数字经济发展水平的最大值、最小值及二者之差，可知极大值和极小值都在不断提高，这表明数字经济发展水平处于不断提升之中，佐证了以上观点。但极大值的增值速度明显快于极小值，二者之间的差值不断增大，这表明长三角区域间数字经济发展水平依然存在明显的差异，且在短时间内难以缩小，这表明无论从整体还是分区域来看，长三角的数字经济发展不充分问题都较为严重，低水平发展的地区，譬如亳州、阜阳、宿州等仍具有很大的提升空间。

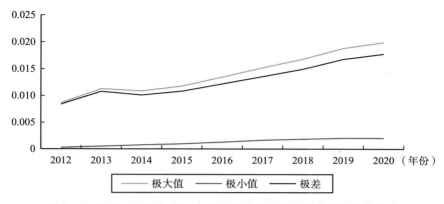

图 3-4 2012—2020 年长三角数字经济发展水平综合指数离散程度

2. 发展不平衡

上海、杭州、南京和苏州等依托资源禀赋优势，率先步入数字经济高水平阶段，而其他地区则截至 2020 年仍处于低水平或中低水平阶段。合肥作为综合性国家科学中心，数字经济发展趋于中高水平阶段；而宿州、亳州、阜阳、池州和淮南等由于缺乏数字经济发展的先决条件，加之经济发展水平相对落后，导致数字经济发展始终处于低水平阶段。各种因素的不同导致各地数字经济发展不平衡。此外，区域间和区域内部的不平衡同样严峻，上海、杭州等城市处于领先地位，与其他区域的水平差距较大；皖北地区发展处于较低水平，与其他区域的发展水平差距显著，而其本身经济发展水平较低，难以吸引符合时代发展要求的创新科技人才；江苏地区也有淮安、宿迁等发展水平较低。因此，区域之间的数字经济发展不平衡问题需引起高度重视，如何有效地解决长三角数字经济发展的不平衡问题已经成为当务之急。

第四节 本章小结

本章以长三角 41 个城市群为研究对象，通过分析国内外学者和研究机构对数字经济的内涵、特征以及已有研究成果，在借鉴现有研究的基础上，构建长三角地区数字化水平的评价指标体系，以此计算长三角地区 2012—2020 年各城市数字化水平的综合得分，对长三角地区数字经济总体发展水平进行剖析。随后将各个城市数字经济发展水平划分为四个维度进行比较分析。最后根据测算出的数字经济综合指数，通过自然点段分级法及极差法讨论长三角数字经济水平的时间演化趋势。主要得出以下主要结论。

（1）通过计算得出长三角地区数字化水平综合得分，可知 2012—2020 年长三角地区各城市数字化水平随着时间的演进在快速发展，区域内数字发展持续深入，41 个城市数字化水平建设均实现了增长，其中增速最快的为宿州，增长率为 30.3%。上海数字化水平在研究期间一直处于"领头羊"地位，2020 年达到 0.01995，这得益于上海良好的数字化建设基础和领先的信息化与智能化水平；排在第二位的是杭州，这主要是由于杭州拥有雄厚的资本积累和人才积累，为数字经济的发展提供了坚实的资金支持和人才支持；得分第三高的苏州为 0.00998，得益于其临近上海市，能够及时学习和借鉴最为先进的数字化战略和信息化技术，进而推动自身数字经济发展。

（2）从各个维度来看，数字基础设施发展整体呈现上升趋势，数字产业化同样呈上升趋势，形成了依次由安徽到江苏、浙江再到上海递增格局。

（3）通过自然间断点分级法及极差法分析可知，长三角地区数字经济发展水平正在从低、中低水平向着中高、高水平发展演变且呈现出时间上的发展不充分和空间上的发展不平衡两个特征。

第四章　数字经济赋能区域一体化
理论机制分析

作为社会经济发展新动能，数字经济必将以一种全新的内在作用机制驱动区域一体化发展，因此，本章基于数字经济驱动区域一体化发展内在逻辑，基于其高创新性、强渗透性、广覆盖性，探讨数字经济如何在将促进区域经济协同、资源共享、生态共治等方面推进区域一体化发展。

第一节　直　接　机　制

一、数字经济促进区域经济协同

数字经济作为网络经济的延伸，相对于传统农业经济和传统工业经济，更是一种新兴经济形式，数字经济是依托 5G 通信、物联网、云计算、区块链等新技术发展起来的新业态；同时，数字技术和传统的实体经济有着密切联系，如数字政府、数字农业、数字物流、数字货币等，这些都是通过数字化升级的方式来实现新的实体经济格局。数字经济并非与实体经济分离，而是在发展的过程中与实体经济高度融合，推动传统产业转型升级，改变城市群内部传统产业布局并以此影响人们的生产生活方式，提升社会服务水平以及社会治理水平。

由于环境等因素，数字经济围绕数字信息技术，并通过以下途径推进区域一体化。

一是数字经济可以促进工业的分散化。通过数据要素，数字经济得以提高跨地区的数据转换速度，降低产业链的地区集聚程度，使得产业链由扁平化转变为垂直化，从而分散地区产业结构，这对于提升区域经济一体化水平起着积极作用；同时，数字经济能够减少区域间地理和历史因素的影响，通过数字经济网络平台，快速连接和匹配生产者与消费者。产业链的数字化使得生产者能够快速及时了解消费者的需求，生产出符合消费者需求的产品并提供有效的服务，加大消费行为的刺激，使得生产变得分布化和柔性化，进一步倒逼出更多的消费和生产中心。

二是数字经济有利于协同区域内数字经济基础设施发展。利用大数据、5G等新一代信息技术，促进传统基础设施转型升级，使其变得更为数字化和智能化，从而保证了"最后一公里"的畅通，为进一步建设数字信息高速公路夯实技术和信息基础。数字经济作为新时代产业转型升级的重要引擎力量，对推进区域内数字化设施建设，打造多空间互联网信息平台，加强内部城市创新融合，进而有利于新时代新型城镇化建设。与此同时，数字经济对于区域内各城市各行业均有推进作用，对于农业信息化、在线教育、数字化医疗等城市中关乎民生的基础设施，缩小落后城市和发达城市之间的发展差距。

三是数字经济有利于推进建立区域统一大市场，缩小地区信息产业发展差距，打破区域内行政划分产生的约束和垄断，打破行业壁垒，降低各行各业的准入门槛，使得市场中存在更多民营企业，营造更高更好更有效率的市场融资环境。建立统一的线上交易市场，不断优化营商环境，最终实现国内统一大市场的构建，推进区域经济协同发展。

二、数字经济促进资源共享

数字技术通过其连接、智能匹配和塑造信贷的能力，提供了更多基于市场、广泛覆盖和可持续共享的机会。数字经济的核心在于创新，这需要大量的资源投入。然而，数字经济落后地区可以直接从发达地区引进技术和设备，从而节省研发时间和精力，实现经济快速增长。但数字经济发达地区发展到一定程度后，会进入一定长度的停滞期，区域经济之间的差距会在一定程度上缩小。同时，在区域内，核心城市的数字产业发展到一定程度后，将向周边地区转移。数字经济具有强渗透性，与劳动力要素和资本等传统产业要素结合，赋能要素流向更广阔的发展空间。

通过数字经济的应用，带动互联网电子商务和直播，产生了一种低成本、无限制的新型商品销售模式，带动了劳动力和资本回流到欠发达地区。此外，通过数据共享，数字经济可以有效地削弱区域和部门之间资本和创新要素方面的信息不对称，减少空间区域流动壁垒。当数据和信息等先进要素投入到实体经济中时，要素投入的比例也随之发生变化，导致过剩的生产要素从高效部门和中心城市流出，回流到其他城市，提高传统要素的效率（王玉和张占斌，2021）。

在经济价值方面，交易和行为数据可以充分反馈消费者的习惯、偏好和其他差异，使得企业能够根据消费者的个人需求生产产品，发展新的产业和新的商业模式，使商业更有效率、成本更低，促进供应方的结构改革。数字经济有利于解决产能过剩、提高产能利用率、降低间接成本等问题。在社会价值方面，大数据、物联网使得交易数据可视化，降低交易不确定性，增加信任，降低交易成本。数据与企业管理结合，打破企业分散治理格局、推动资源流动和共享、降低管理成本。通过数字数据管理机制，降低企业制度成本、交易成本，从而进一步降低社会成本（任保平和李培伟，2022）。

三、数字经济促进生态共治

推进生态环境协调发展对推动区域一体化发展有重要作用，数字经济作为驱动我国区域一体化发展的重要引擎，必将影响生态环境发展，数字经济影响生态共治，从以下三个方面推进环境资源协调发展。

一是数字经济推动供给侧节能减排。我国经济发展模式由经济快速发展转变为高质量发展模式，由高能耗、要素驱动转变为低能耗、创新驱动，数字经济通过大数据、网络算法实现能源动态平衡发展，数字经济平台激发绿色消费需求，推进环境资源由生产侧转型为供给侧，推进企业生产绿色产品和绿色服务，实现节能减排。

二是数字经济推进生态保护和生态治理。数字经济与生态资源保护的应用与融合是利用数字技术完善自然环境领域的跟踪、检测与警报系统，加大预防生态风险，全面提高生态环境建设体系和管理水平的数字化、智能化和现代化，坚持绿色资源开放共享，打破生态环境数据的信息获取屏障，推进新兴产业和生态资源一体化发展，进一步实现美丽中国建设。

三是数字经济加深金融市场和绿色经济发展融合。数字经济的发展能够提升金融效率，吸收多方金融投资，应用数字经济数字技术场景，优化产业链中数字金融产品的创新，加速绿色金融产品服务和金融数字技术设计与创新，导入金融投资至低碳零碳领域，优化绿色产业金融市场的资源配置效率。同时，数字经济可以通过改善碳排放市场机制，创新碳市场绿色资源共享平台，创新众包众筹等绿色发展模式，建设绿色经济资源节约型社会，推进区域向绿色、低能耗、低碳排放方向发展。

第二节　间接机制

本节在直接机制基础上，进一步分析数字经济对经济一体化、创新一体化、公共服务一体化和绿色发展一体化的影响机制。

一、数字经济对经济一体化的影响

数字经济是我国经济高质量发展的重要引擎之一。数字经济的发展，有利于推动区域内技术变革，推动产生新业态、新动能，进一步促进传统产业数字化转型升级。数字经济的发展促进信息共享，提高区域内各经济体的交流效率，通过规模效应增加单位投入产出，加快区域经济的一体化进程。数字经济的发展降低区域间沟通交流障碍，数字经济同实体经济相结合作为广泛应用的资源整合方式，正不断成为各个传统企业经济转型的重要抓手，提升区域经济的竞争力，促进区域经济的发展。数字经济的发展还有助于改善区域经济的结构，数字经济同实体经济相结合的过程中，势必会促进产业结构升级，提高区域经济的效率，促进区域经济的一体化。

其机制主要包括以下几个方面。

一是数字经济通过降低边际成本，形成经济效应。数据作为一种新的生产要素，不同于传统的资本、劳动和土地生产要素。数据与劳动、资本等生产要素相比，具有易复制、无损失、非排他性等优点。存储数据的成本相对较低，从而降低产品边际成本。同时，数据要素和数据价值的增加，提高产品的边际效益（杨汝岱和朱诗娥，2018）。数字经济具有信息化特征，网络是数字经济传递信息的载体。梅特卡夫法则认为，网络价值为网络节点数的平方。网络总价值提高，网络的用户数也相应提高，产生正外部性和正反馈效应（Stiroh，2002）。用户数量超出阈值时，网络越具有价值，越能吸引用户加入（石良平和王素云，2018；裴长洪等，2018）。

二是数字经济通过提高匹配效率和生产协调性，降低企业生产供应成本。数字技术发展迅速，因而编码数据通常被用作社会信息生产和生活的表达载体。这可以大大提高传播速度，减少信息获得成本，降低信息不对称。一方面，数字经济帮助生产者了解消费者需求，利用大数据整合预判消费者行为习惯，帮助其及时有效地获取消费者需求信息，更好地处理生产和管理需求，减少库存风险，降低生产和管理制度成本。另一方面，数字经济通过促进生产者合作，建立数字研发生产者平台，集中研发资源，有效调整产品研发策略，提高不同部门沟通效率，加快高科技产品转型。

三是数字经济可以打破区域内地域限制，实现信息规模化、范围化。居民利用网络手段突破原有的区域限制，让全国各地的用户形成一个非常方便的整体。通过网络平台，数字经济能够缩短物理距离，解决市场细分的困难，推动范围经济。

一体化被划分为三个子系统，具体为产业一体化、市场一体化和对外开放一体化，逐个探究数字经济发展对区域经济一体化三个子系统的影响和内在的影响机制。

（一）数字经济与产业一体化

数字经济突破各个地区物理距离的限制，推进产业转型升级，建立国内统一大市场，满足消费者需求。与此同时，生产也快速跟进，提高区域内各城市收入水平，若其他城市产品数量和质量无改变，本地区由于市场规模扩大而产出增加，那么本地区人均收入在数字经济作用下将上升。

数字经济通过构建虚拟空间，在虚拟空间聚集各种生产企业，降低企业间信息不对称，加深企业挖掘信息与合作。企业通过数字经济实现模块化分工，降低交易成本与生产成本，提高知识、技术在企业间的传播效率。由此可见，数字经济发达的地区会拥有更强的模块化分工能力，以更低的成本进行生产交易与分工协作。

数字经济发展所激发的消费者需求分为线上与线下两部分，消费者线上需求和线下需求产生的是互补效应，消费者线上的需求提高，线下的需求也会提高。因此，互联网的蓬勃发展激发出消费者更深层次的需求将会使生产者地理集聚不断加强，新经济地理学认为，产业集聚主要受交易成本，尤其是交通运输成本所影响，利用大数据进行分析和计算，尽可能降低运输成本，加速货物运输，使企业间更容易寻求最优的区位条件，因此，数字经济有利于集聚经济的形成。

（二）数字经济与市场一体化

中国存在市场分割问题，数字经济发展所产生出的大数据、物联网技术可以打通各个地区间的交易壁垒，扩大市场规模，促进生产要素市场化，降低行业垄断度，缩小行业间差距，提升市场一体化程度。数字经济具备的及时沟通性能有效减少信息不对称，增加市场信息交流，使消费价格信号传导路径更加通畅，良好顺畅的信息沟通是市场一体化的重要支撑。此外，数字经济发展过程中所衍生的线上购物方式提高消费者对价格变动的感知，有助于抑制价格在地区间的波动。如果两地数字经济发展程度较高，一个地区商品价格的变动可以快速地传导到另一地区，两地相对价格波动会较小，区域市场一体化程度就较高。综上所述，数字经济有效打破市场分割，降低信息不对称，同时精准感知消费者个性化需求，抑制不同区域间相对价格的变动。

（三）数字经济与对外开放一体化

首先，数字经济对推动国民经济增长发挥重要作用，在数字经济的推动中，对外贸易不断提升，实现突破性增长，运用数字经济、线上跨境电商、智慧服务等新业态极大提高跨境电商贸易效率。海关等部门建立协调联动一体化平台,依法简化贸易流程,对外贸易通过数字经济不同模块技术等贯通、连接和集成,对其贸易环节和组织过程有明显改善作用,扣除中间贸易环节,进一步缩短整体贸易环节,从而有利于加快推动对外开放一体化。其次,数字经济发展中推动建设数字基础设施,其智能化、数字化、信息化服务提高对外贸易产业创新效率和速度,加快数字贸易一体化和绿色贸易等形成和发展,优化对外贸易竞争力,有效促进对外贸易转型升级,极大推进对外开放一体化。

二、数字经济对创新一体化的影响

知识生产的过程是对人类目前已掌握知识的重组和再探索革新的过程(张其仔和贺俊,2021),对不同区域知识的整合有利于创新活动开展,多种互补性知识的获得有利于提高创新水平和绩效(Wuyts & Dutta,2014)。数字化技术在企业研发端、生产端到销售端的应用加深,也会刺激企业增加研发投入以学习和利用获取的知识等有效资源来提高自身竞争力。数字信息多元化程度和数字技术的应用程度,会对企业生产经营与各类主体之间的关系产生影响,进而影响企业创新能力和效率。数字经济中的智能制造、物联网等技术,有利于促进生产的智能化,提高企业生产效率,推动城市互联互通,加快数字技术的传播速度和辐射范围,促进区域内各城市科技资源上的共享,有利于推动边缘城市的产业创新和经济发展,缩小中心城市和周边城市的创新发展差距,推动创新一体化(王玉和张占斌,2021)。

(一)数字经济影响地区创新能力的作用机理

数字经济通过提高企业生产智能化水平,提高企业创新能力,从而提高地区创新一体化水平。数字经济有利于获得多种知识来源和技术机会,开发新市场、新产品、新技术,但这需要企业同时深化自身研发设计、生产制造、经营管理、市场服务等环节的数字化应用,促进数据要素转化为企业运营中的关键产品或服务,搭建数字化网络平台,促进自身的生产、营销、管理、物流等全系统的创新。融合广度的提高意味着企业生产的数字化应用水平提高。结构复杂的零部件生产往往受到传统生产技术的制约，而基于数字技术与工程软件的增材制造技术弥补了传统技术的缺陷。与此同时，工业机器人的逐渐普及也代替大量重复简单的人工劳动（陈晓东，2021），实现生产的精确化、信息化和智能化。制造业企业利用引进的这些数字技术，改造升级原有生产技术，并将数字技术更好地融入生产过程，打造更适应企业生产力的融合型新生产工艺和生产工具，从而激发制造业企业内部的创新活力。

数字经济有利于促进知识和技术溢出，提高地区创新一体化程度。创新不能脱离外部环境独自运行，信息可得性被认为是创新成功与否的关键因素（Kong et al.，2022）。由于有价值的资源知识、人才和市场等在不同区域间分布，不容易从别的城市得到（Iwasa & Odagiri，2004），同外界交换信息的频率以及获取、学习和吸收外界知识与经验的能力对于地区创新而言尤为重要。数字经济的发展，尤其是以互联网、大数据、云计算等新技术为基础的数字化平台发展，可实现高效精准海量的信息搜索与匹配，显著降低信息搜索与学习的成本，提高知识与经验的获取能力，从而提高地区企业的创新效率（Akcigit et al.，2018）。数字经济发展使得企业与外界的信息交换不受时间和空间限制，由于信息和资源汇集，企业获取多样知识的渠道增加，有价值的知识等资源传递可以实时进行，地区企业不仅与高校等科研机构的交流合作更加便捷，而且与产业链上各类主体的沟通协作与资源匹配更加畅通，实现研发端、供给端、需求端和设备产品的联网，搭建人、机、物对话的框架（陈晓东，2021），知识和技术的溢出效应加强，推动地区创新能力提高，促进地区创新一体化。

数字经济通过促进地区间的协同合作，形成创新网络，促进地区创新一体化水平提升。在传统的产业链组织结构下，产业链整体分布空间较大，研发决策、制造生产、运输销售等环节较为分散，阻碍企业的分工协作（李春发等，2020）。科学技术和知识的溢出是本地化的过程，同样受制于地理空间的约束，区域以外的企业难以享受到知识和技术外溢的福利（Simmie，2004），因此作为劳动分工和技术创新的主体，企业往往受制于地理空间的约束，而数字经济发展使得区域内企业的交流更加便捷，各企业突破距离对生产分工的硬性约束，通过建立正式联系促进生产发展的机会和可能性大大提高，即产业集群内企业订立正式的交易合同，建立集群企业间的专利授权、战略联盟等形式的创新联系（Ahuja，2000；刘炜等，2013），形成创新网络，跳跃性知识和技术扩散的可能性增加，创新技术溢出效应成倍加强，地区创新一体化水平持续提高。不同企业之间的知识进行交流共享，通过搭建数字化、网络化的协同研发平台进行技术创新的协同合作，将研发资源集聚在网络云端，不同科研人员可以共同参与到同一个创新项目（赵西三，2017），推动创新性思维的生产和碰撞，引致产业内产生新的知识，激发创新可能性，促进新技术产生，实现技术的突破式创新，为整个产业发展注入创新活力，提高地区创新一体化水平。

数字经济通过增强竞争效应，促进企业不断自我革新，从而促进地区创新能力提高，提高创新一体化水平。信息多元化引致企业在不同领域开拓新市场，实现从单项业务向多项业务综合集成的转变，企业在增强产业横向化多元布局的过程中会不断创造新产品。企业在多个市场经营必然接触到不同创新环境以及竞争者，加强模仿竞争者的商业行为，不断学习消费者需求，加强获取新知识和不断学习推进企业的创新产品（Castellani et al.，2017）。通过了解不同企业的生产方式、经营模式和成长之路，企业掌握不同的创新路径，进而形成并完善自身的创新系统。在企业间相互竞争中，先行企业利用融合式新知识、新技术提高生产能力和效率，率先获得高额利润，市场中的后发企业将竞相涌入，为了使自身获得竞争优势，企业会进一步创新发展战略或加大新产品研发力度。这一良性市场竞争的过程加快创新要素流动，释放创新红利，地区整体的创新水平得以提高（姜博等，2019）。此外，在区域一体化发展过程中，企业间存在的竞争关系会使企业及时调整策略来规避"搭便车"等机会主义行为的风险，正确处理与合作企业的关系以有效利用外部资源，激励企业把握创新的方向，并灵活应对外部市场变化，降低路径依赖（Bengtsson & Kock，2000；Dorn et al.，2016；杨震宁和赵红，2020），促进企业创新绩效的提升，从而提高地区产业创新水平。

（二）数字经济影响地区创新环境的作用机理

数字经济通过促进创新数据开放，实现多领域数据共享，从而提高地区创新一体化水平。大数据分析技术可以实现市场数据与客户需求的可视化，助力企业精准挖掘用户偏好，企业得以精准定位目标群体，有针对性地对不同用户群体提供差别化产品组合。借助数字化的开放式平台和互联网的发展，消费领域的数据逐步与产业领域数据打通（李晓华，2021），企业可以通过网络平台便捷地获取消费者的使用评价和用户体验建议等，可以对市场需求变化快速作出反应，逐步提升产品性能，完善产品设计，及时推出二代系列、三代系列等产品版本（赵西三，2017）。消费领域数据的可得性和向研发端传递的便利性提高，有助于为产品创新提供针对性的信息支持，参与市场竞争，理解创新系统，提高在相同市场的持续性学习收益，弥补自身创新环节中的不足，激发企业创新活力。数据技术也为智慧城市、城市互联互通提供可能，促进区域内各城市科技资源上的共享，缩小区域内各城市在技术开发数据等科技资源方面的差距，大大增进城市间交流，加快数字技术的传播速度和辐射范围，推动区域创新一体化。

数字经济通过数字金融技术等改善地区金融环境，提高地区创新一体化水平。合适的金融条件等地方化的制度环境，能促进区域内企业的创新活动（Martin，2000）。但由于传统金融体系存在银企之间信息不对称、跨区域业务受限、运营成本高等缺陷，企业面临较大的外部融资约束，融资难度和融资成本较高（陈中飞和江康奇，2021）。对于企业尤其是知识和技术密集型的高新企业而言，研发等创新活动前期需要巨额资金投入，并且收益率不稳定，回报周期长，投资风险较高。融资约束使得企业难以承担研发所需的巨额投入，导致企业参与高风险的创新项目的积极性降低，R&D 投入严重不足，长远来看将制约企业技术创新水平的提高（Hall & Lerner，2010；张杰等，2012；江红莉和蒋鹏程，2021）。数字经济通过积极探索数字金融的服务形式，在一定程度上弥补传统金融体系的缺陷，完善科技金融服务体系，为企业开展创新活动提供全过程全产业链的资金支持，降低企业创新投资的风险，使企业得以灵活调整投资策略和长期发展战略，从而缓解金融限制带来的影响，激发企业创新动力（赵春明等，2015），提高地区创新一体化水平。数字金融的发展有助于提高长三角地区资金周转速度，缓解城市间的金融资源供需矛盾，优化长三角地区金融结构，促进整体资本配置效率提高，有力推动长三角区域经济一体化进程（王山等，2022）。

数字经济通过完善创新服务体系，吸引人才流动，提高地区创新一体化水平。基于人员流动等所产生的技术与知识的溢出效应，促进区域创新发展（刘炜等，2013）。数字经济建设通过制定数字技术人才引进工程、搭建青年创新创业平台等措施，创新人才工作管理机制，吸引国内外创新创业人才集聚，促进企业高素质人力资本积累，从而使企业可以充分学习、吸收和掌握外溢的知识和技术，促进创新资源积累，维持和加快企业创新进程（Bahemia & Squire，2010；Chiambaretto et al.，2019），促进知识和技术溢出。数字经济发展通过加强数字基础设施建设和数字服务体系建设，深化地区企业与高校院所的创新合作，支持多方主体参与创业平台建设，整合科技资源，赋能地区企业进行关键技术研发和科技成果转化，并逐渐形成以企业、大学、科研院所、政府金融机构以及中介机构等创新主体为基础的、以价值创造为导向的获取资金、技术、产品的开放稳定的创新网络关系，加大长三角城市群内经济发展联合，加大知识信息和技术外溢，增强经济辐射作用，从而带动区域创新一体化发展。

数字经济通过改变地区创新模式，由垂直化整合的创新模式转变为横向的技术协作开发的创新模式，从而实现地区创新一体化的提高。原有生态系统中数字技术的深度嵌入使得参与数字化创新的企业的价值创造路径区别于传统创新。随着数字经济不断加深，企业数字化转型升级逐渐完成，标准化的数字基础设施建设更加完善，数字化技术应用贯穿研发设计、生产销售、管理服务等整个组织和价值链的各个环节，知识、技术、能力以及创新思想自生的数字平台建立，使企业内各部门间、不同企业间及不同行业间的边界概念变得越来越模糊（Faraj et al.，2016；Nambisan et al.，2019）。在新的企业创新生态系统中，企业跨越组织边界来共享更多数据和程序，开放的外部合同和技术协作开发的模式，逐渐取代传统封闭的垂直化整合的创新模式，企业的价值创造的路径从企业内部转移到外部（Parker et al.，2017）。这种横向的创新活动实现技术创新接力，打破企业独自进行技术创新时面临的知识与技术等能力限制，提高企业技术创新的成功可能性，并且有效推动创新端和供给端的紧密对接。地区企业间的技术协作开发的创新模式提高地区间的技术开发等创新活动的关联程度，进一步促进知识和技术外溢，促进区域创新一体化发展。

三、数字经济对公共服务一体化的影响

数字经济赋能公共服务有助于降低公共服务供需匹配的交易成本。随着经济社会的发展，公众对高质量和高供给效率的公共服务的需求愈加强烈，而大数据的运用可以及时感知和识别公众需求，准确高效地作出回应，从而降低公共服务供需匹配过程中的交易成本（周瑜，2020）。数字经济融入使公共服务实现智能化发展，从公共服务需求侧和供给侧两个维度降低交易成本，进而实现公共服务在公平和效率上的统一（夏杰长和王鹏飞，2021）。具体表现为，数字经济一方面可以有效利用社会数据使快速回应公共服务诉求得以实现；另一方面通过减少交易中的机会主义和不确定性，降低公共服务的交易成本。此外，为满足优化公共服务供给需求，良好的网络基础设施可提供技术保障，为满足不同群体差异化的需求提供精准化、多元化公共服务。因此，数字经济可以打破信息孤岛，通过精准配置来降低公共服务一体化供求双方匹配的交易成本。

数字经济有利于减少信息不对称。数字经济有利于减少公共服务信息不对称问题。信息不对称使公共服务供需无法有效匹配。一是无论是"以手投票"还是"用脚投票"或其他方法，都无法让提供者掌握准确的公共需求；二是公共服务供给方往往掌握更多的信息，相对于需求方具有较大的信息不对称优势，这可能对公共服务供给的公平与效率产生很大的负面影响（张序，2017）。数字经济具有跨时空信息传播的特点，可以为公共服务部门提供有效的市场信息，消费者可以实时查询信息并予以反馈交流，打破传统经济模式下消费端与供给端完全割裂的情形，改善交易双方信息不对称的局面。此外，互联网数据披露具备公开透明的特征，有效保证其公布的信息数据具有较高的公信力，为深度分析与科学决策提供保障。同

时，大数据背景下也激发多元化数字金融服务的萌生，如推进"互联网＋"益民服务，加快在线教育、互联网、智慧养老、公共卫生健康等信息平台建设，推动居民生活中教育、医疗与养老等公共服务平台的互联互通、共享共用，进而使居民生活便捷度得以提高，有助于推进人民公平共享公共服务一体化高质量发展成果。

数字经济能够改善资源配置。数字经济在公共服务的运用对改善资源配置，提高供给效率具有积极影响。首先，大数据技术具有流程化、巨量性、高速性的特征，解决传统数据采集技术的缺陷，可以广泛有效地收集各个生产要素的实时信息（唐跟利和陈立泰，2021）。同时，数字经济与公共服务业融合打破传统地域限制的壁垒，让不同地域的资源有机会整合到一起，实现更高效的要素配置方式，促进各地区各类生产资源的互联互通。其次，公共服务数字化也促进企业间通过合作，实现知识产权和技术资源共享，利用公共平台，共享低研发成本和低交易成本带来的效率提升成果。最后，数字经济对劳动力资源配置也存在积极作用，具备数字化技能的高素质劳动者可以通过技能提升向更高技能就业岗位和更具弹性的工作条件转移。这不仅提高劳动者择业灵活性，同时对劳动者工作时间配置也产生长尾效应，进而提高劳动力资源配置效率。因此，数字经济可以为公共服务构建更加贴合市场的供应链体系提供信息支撑，有效缓解资源浪费、供需不平衡问题，提高公共服务供需匹配效率，进而实现公共服务一体化高质量发展。

公共服务供给和技术驱动下的均等化。结果导向、数据导向、需求导向的数字生态下技术驱动的公共服务合作供给也同样深刻影响着公共服务均等化的评价和实现方式（Xu & Tang，2020）。通过数字技术实现供需匹配的迭代。在传统的公共服务提供中，公众被动地接受公共服务，政府以抽象的群体特征来管理个人（张毅和贺欣萌，2021）。数字政府的合作以需求为导向，数字技术可以识别并关注较小的兴趣点，如政府热线可以识别并连接到一个感知公民需求的系统。最终，数据共享平台可以实现资源分配和精确的政策执行。因此，公共服务的公平性并不局限于比较人均服务支出水平，而是着眼于更小的口径，以准确匹配服务的供给和需求。

服务公平的评估所依据的公平价值也是由技术推动的，在提供相关公共服务时，根据服务对象的特点、资源配置和能力因素，从群体公平转向个人公平（马亮等，2021）。技术平台和整体界面促进资源的依赖和整合。将界面与数据和算法并列为数字治理的三要素之一（孙志建，2011），不同的界面和不同的治理领域形式被转化为同一界面（李文钊，2020），形成互联治理，这是政府内部跨越部门界限的横向联系，也是中央政府和地方政府之间的纵向联系，这与互操作性有关。在数字技术的驱动下协同创新。公共服务的协同供给是以结果为导向的，服务的平等化应从资源投入和平等支出转变为平等结果（Sjödin et al.，2020）。当需求可以创建时，合作过程将通过数字授权满足更具体、更个性化的需求，并在微观层面引发大量有利于价值创造和价值提升的创新行为。在整合资源的基础上创造共享价值。

数字经济作用于公共服务一体化发展，主要通过以下途径进行。

（一）技术创新效应

数字经济能够通过激发技术创新，进而助推公共服务一体化发展。一方面，信息技术等数字媒介的广泛运用可提高创新效率，为公共服务高质量发展注入动力源泉。数字经济提高开发和应用数据。数据只是一组数字，当它被开发并转化为有用的信息时，才能发挥其最大价值。因此，数据开发和应用是国家数字化转型不可或缺的能力，对发展高质量的国家公共服务起着重要作用。现代数字技术，如互联网、数据挖掘、大数据、云计算和人工智能，有助于数据的发展和转化。例如，互联网是原始数据产生的聚集地，可以收集和存储各种信息；大数据可以对大量原始数据进行分布式挖掘，搜索必要的数据并进行相关处理和分析；人工智能可以对外部数据进行系统和准确的解释，并从中学习，以实现特定的目标和任务。传统公共服务部门运用数字技术可以优化传统冗杂流程，调整资源配置结构，减少无谓损失与缓解资源浪费，降低创新主体的交易成本，最终提高生产资源利用率。数字经济所赋予传统公共服务部门的知识信息共享，使信息具备高质量和透明的特性，这些数字化信息在很大程度上可淡化产业边界、降低行业进入壁垒、加快要素流通速度，进而有助于提高生产效率与创新水平（肖旭和戚聿东，2019）。另一方面，数字经济的运用激发创新思维，为公共服务新模式的创新发展提供平台。随着大数据、物联网的运用，"互联网＋公共服务"等新模式的探索逐渐出现在大众视野，数字经济与教育、交通、医疗、政务、就业等领域广泛融合，有效地促进为人民群众提供更加优质智能的公共服务。此外，传统的公共服务决策模式往往以政府为主导，存在公共服务供需不匹配的问题，数字经济蓬勃发展推动着政府公共服务模式的创新。政府可以根据当前社会公众对公共服务的需求及反馈，通过大数据及时筛选出合适的数据信息，深入研究其影响因素，从而分析出更科学、更精准的公共服务决策，以满足社会公众的需求（马志敏，2020）。

（二）人力资本效应

数字经济有助于推动人力资本水平的提升，进而为公共服务一体化发展赋能。数据治理进入深度变革调整期。随着海量数据在全球范围内的爆发式增长，政府公共服务优质发展过程中，数据管理能力凸显重要，对人力资本的要求更高。在提供公共服务过程中，"人"起着不可或缺的核心作用。一方面，从"量"来看，随着数字经济蓬勃发展，对数字型人才的需求日益增加，因此数字经济发展为公共服务一体化发展储备大量数字化人才奠定了基础。数字经济推动新就业形态形成，衍生多样就业形式与社会分工方式，为灵活就业与创业的人才提供多种择业机会，进而也激发了数字型人才的涌现。另一方面，从"质"来看，老龄化发展使人口数量红利逐渐消失，高质量人力资本对实现公共服务一体化发展的作用日益凸显。数字技术不断普及，数字化带来市场扩张不仅提供新的就业机会、增大就业规模、加大对公共服务数字化创造性人才需求，同时对工作岗位的需求种类也发生变化，具体体现为对高技能、高学历数字化人才需求增加，对低技能、低学历的劳动者需求降低（方建国和尹丽波，2012）。各类在线教育平台在数字技术的支持下应运而生，员工培训、实习等活动不受时间、空间、经济等外部因素的束缚，可根据员工自身实际情况有选择地接受再教育，区域内人力资本层次显著提升。各地区大力开展公共服务人力资源建设，重点实施数字化职业技能培训，持续推进公共服务高技能数字化人才培养，这不仅壮大高素质公共服务数字型人才队伍，也增强劳动者教育程度、职业技能水平等综合就业能力（戚聿东等，2020），有效提高人力资本质量。在社会整体素质提高的情况下，不仅公众的数据安全意识逐步增强，而且政府机构工作人员管理和处理数据的能力也得到有效提高，政府公共服务和治理的质量得到明显提升，进一步促进公共服务一体化形成。

（三）就业结构效应

数字经济发展改变传统劳动力就业结构，对实现公共服务的协调发展具有积极意义。就业是民生之本，就业结构优化升级是促进公共服务一体化的重要渠道之一。一方面，数字经济催生出大量新产业、新业态、新商业模式，创造大量新就业形态。数字经济所衍生出的新模式、新业态，例如线上直播、网络带货等为待业或失业者提供新就业渠道。以共享经济为例，其快速发展产生了大量新就业岗位。如网络医生、网约车司机等，这些传统职业和岗位在数字化的环境下不断升级更新，被赋予更多内涵。数字经济不仅促使传统公共服务职业和就业岗位的增加，同时也极大地提升了劳动者的选择自由度，为不同群体实现就业提供更多的可能性。数字浪潮下新兴就业岗位的兴起，大量第三产业就业人员被吸纳（杨伟国等，2018）。智能资本的引入对劳动就业既有替代效应，又有补偿效应，中低技能水平的岗位往往会产生技术就业替代效应，进而导致劳动极化，就业结构呈现出"中部坍塌"现象（叶胥等，2021），但中低技能岗位也会因技术进步而受益，但受益程度不及高技能就业岗位（Acemoglu & Autor，2011）。另一方面，数字经济发展也会引致就业结构中性别结构改变，有效缩小就业性别鸿沟。在获取社会资源、教育、就业机会等方面，与女性相比，男性往往更具优势，但随着数字技术的发展与日益普及会有效减小这种差距，进而使女性扩大就业机会和增加薪资水平（Wasserman & Marie，2005）。具体表现为，数字经济时代，数字平台提供丰富的就业创业资源，有助于拓展女性职业发展路径与促进灵活就业。数字经济对于体力需求的弱化，使职场中的部分传统工作岗位需求转变，女性的隐形天花板和职业壁垒也逐渐得到突破并且消失。此外，数字赋能的企业提供的就业岗位往往具有价值创造高、工资收入高的特点，有助于降低地区间、城乡间的收入差距，也可以充分调动人民积极性、主动性，为实现公共服务一体化发展提供动力支撑。

四、数字经济对绿色发展一体化的影响

数字经济在新一代数字技术的赋能下，内涵不断发展，特别是在大数据、物联网、人工智能、云计算等新技术和新业态的促进下，影响到的产业从新兴的信息产业延展至传统的第一产业、第二产业和服务业。在需求方面，数字经济的发展有效地激发消费者对产品的多样化和先进需求（郭家堂和骆品亮，2016）。新出现的产品和商业模式，降低消费者的资本和时间成本，激发新消费需求，市场规模得以扩大。为满足不同消费群体的需求提供更多的机会（邹宝玲和李华忠，2016）。初创企业带着探索精神和相对较强的风险承受能力，在数字经济发展迅速的时代，技术和产品同质化严重，只有快速掌握市场信息，通过创新独特技术、产品才能在如此激烈的竞争中生存（蔡俊亚和党兴华，2015）。当今时代，绿色经济发展是我国高质量发展的重要要求，指导企业进行绿色创新发展。为实现新时代经济发展和绿水青山的重要目标，企业给用户提供绿色产品和服务，增加市场地位和市场竞争力。鼓励初创企业开发和创新绿色产品，通过满足绿色一体化市场要求，立足企业本身优势项目，更重要的是抓住机遇，来提高企业绩效。同时，利用数字经济，企业快速拥有更多的用户，加强企业与消费者之间的互动交流，及时收集有效市场信息，为企业的创新活动提供源泉，奠定信息知识基础（林琳和陈万明，2018），提高区域内企业创新新颖度。降低创业成本，加大与其他创新企业的交流，提高企业的用户和信息吸收能力。数字经济带来的互联网发展也可以提高创新能力（Mario，2006）。

在数字经济发展初期，信息产业的发展主要依托人力资本投入和技术投入，但是信息产业极其依赖硬件设施，而硬件设备的生产仍属于高污染、高耗能环节。为促进数字经济的发展，要大力建设数字经济基础设施，而基础设施的建设会增加污染物排放，可能给绿色发展一体化带来负面效应。在初期，数字经济产业主要还是围绕着互联网、电信、软件和信息技术等产业，这些产业主要以消耗电能为主（Hittinger & Jaramillop，2019）。特别

需要关注的是，数字经济的核心要素是数据，而数据的储存、传输和处理均需要通过大型的数据处理中心或者超级计算机等，而这些设备的正常运行同样需要消耗大量电能。综上所述，在数字经济发展初期，由于基础设施的建设和产业发展以及数据处理全过程中的高耗电特征，在技术没有明显进步的前提下，能源结构与能源效率没有得到改善，数字经济的发展可能不利于绿色发展一体化。

在数字经济的快速发展期，随着数字技术的不断进步，大数据云计算、物联网、区块链、人工智能、5G 通信等新技术逐渐淘汰落后产业，催生出新兴产业。此外，大数据、人工智能等信息技术改变了现有的商业模式，利用数字化平台，优化企业的运营和决策行为，改变传统的信息交流方式，实现线上线下共同办理业务。特别是数字技术与能源和环境领域的深度融合，打破以往的能源检测系统，重塑能源系统，降低污染物排放。数字经济在绿色发展的各个领域均大有作为，从能源行业的监测开始，规划行业发展，提高能源效率，对排放量进行预测和计量，促进城市绿色发展（巢清尘，2021）。

随着数字经济在传统行业和新兴行业的不断深入发展，企业将会逐渐降低生产成本、排污成本，提高利润率，刺激企业内部加大数字技术创新投入，进行数字化转型。当技术创新水平达到一定程度，会使得能源效率得到大幅度提升，能源结构得到大幅度改变，降低污染物排放，促进绿色发展。同时，数字经济的发展为绿色发展提供新动力、新模式，减少能源消耗，提高能源效率，减少污染物排放。这种数字经济发展的前中后期的循环往复和螺旋式上升使得数字经济对绿色发展的影响呈现"U"型关系。从数理角度来看，在索洛增长模型中将数字经济作为一种技术进步加入进来，会得到与以上分析一样的结论，在发展初期，企业会对资源进行重新配置，以便增加企业产量，实现利润最大化，从而使得企业的污染排放量增加，降低当地的绿色水平。然而当经济发展到一定水平，资源配置达到最优，产量稳定，数字经济会降低污染治理费用，减少污染排放量，增加当地的绿色水平（Li et al.，2021）。

一是数字经济通过资源共享产生规模效应。通过数字经济推动建设的数字基础设施，提高社会整体的数字经济水平，破除信息壁垒，增加信息获取渠道。另外，数字经济发展极大推进数字资源共享，减少信息不对称，避免资源浪费，对绿色经济发展有积极的促进作用。数字经济规模扩大增加资产投资，为绿色投资和企业研发提供物质基础和创新环境。首先，作为数字经济重要基础设施，宽带网络可以大大增加一个城市的吸引力，提高该地区的竞争优势，以鼓励当地投资向邻近城市地区集聚。其次，数字经济发展降低企业的生产成本（Gruber et al.，2014），扩大业务量，提高经营业绩，推动数字经济的发展，并吸引企业落户，进一步促进投资集聚。最后，数字经济发展带来的网络效应，不仅可以降低信息搜索、时间和沟通成本，还可以使信息传递的速度提高，减少人力、信息等的流动成本，聚集各种生产和研发要素。聚集将创造一个有利于绿色研发的信息和技术环境。在这样的环境下，知识和技术的转让与传播将更加有效。作为信息和技术扩散与普及的结果，可以直接提高城市企业的创新能力，还可以进一步促进城市和企业共同创新发展。此外，换一种角度看，以新型网络为代表的数字经济发展则有助于拓宽市场，降低创新企业的研发成本，增加创新收入，提高城市整体的创新水平。

二是推动城市间要素流动，提高资本利用效率。数字经济的发展有助于提高城市的人力资本发展水平，最终促进城市在绿色经济背景下的绿色创新。内生增长理论表明，人力资本会对创新产生正向影响。研发要想促进创新（Li et al.，2022），投资需要与人力资源相结合。人力资本的特点是边际效益不断增加，因此，人力资本成为城市绿色创新的关键（Edward et al.，2014）。城市人才集聚可以提升城市人力资本结构构成，实现城市创新的高层次化，激励城市创新水平。发展人力资本离不开教育和学习。通信传输技术在获取实时信息、提供更多学习经验、探索新的学习方法方面有更多的形式，并最终提高教育学习水平和质量。虽然互联网具有两面性，但对于学习、教育机会的正向影响不可忽视。将其与传统教育进行互补，线上学习在人力资本形成的初期阶段发挥着不可忽视的作用。信息的高效、快速传播受益于数字经济的发展，增加知识在传播过程中的形式以及内容，更改知识获取的过程，不再受到时间、空间和形式的限制。通过网络平台，高效地获取新信息内容，学习新技能，积累新知识，促进人力资本的进一步发展。数字经济的发展通过提供更快、更有成本效益的沟通手段，促进研发人员和研发部门之间的广泛沟通（Mario，2006）。特别是，先进的网络基础建设和先进的数字经济发展，对新型技术性高密度性企业和部门具有非常强的诱惑（Mack，2014）。研发过程中的交流，不仅促进知识的传播，而且有效地促进新想法的产生。从而促进人力资本的改进过程，最终提高绿色创新的水平。

三是数字技术创新优化生产要素投入，增加环境保护，改善环境治理。数字技术创新可以限制企业生产节能环保产品的最大数量，从而促进生产模式的改变和可持续发展。数字经济的发展可以通过减少信息不对称，扩大融资渠道，影响市场规模和消费模式，刺激创业机会，增强城市创业活动。在供给方面，以网络为特点的数字经济的发展，有着极大的开发性、连续性和强烈的交互性。数字经济丰富信息的内容和格式，而且提高信息传递的速度，为创业者提供更多的市场信息或资讯，从而增加创业的可能性（Janson & Wrycza，1999；Steininger，2019）。互联网的传播和沟通特性可以加强和传播创业成功的示范作用，进一步影响其他创业行为。数字经济可以扩大创业者的融资渠道。由于大多数创业者会面临融资限制的情况，数字经济可以通过互联网信息交流使资本需求者与供应者之间的信息互通，进而产生一种互联网的新型融资方式，为创业者提供必要的风险资本。同时，上网的成本降低，更多的网上交流，从而使资源共享，增加社会资本积累，更有利于创业（Batjargal，2007）。互联网资产专用性的鲜明特点也相对降低创业风险（蔡跃洲，2016），推进区域整体进行绿色创新，提高绿色创新一体化水平。

第三节　本章小结

本章基于数字经济驱动区域一体化发展内在逻辑，分析数字经济赋能区域一体化的直接机制和间接机制。基于数字经济的高创新性、强渗透性、广覆盖性，理论研究数字经济直接促进区域经济协同、资源共享、生态共治等方面推进区域一体化发展；在研究直接机制基础上，进一步具体分析数字经济通过影响经济一体化、创新一体化、公共服务一体化和绿色发展一体化方面推动区域一体化的理论机制。具体来说，数字经济通过产业一体化、市场一体化和对外开放一体化影响经济一体化发展；通过影响地区创新能力和地区创新环境推动创新一体化发展；从政府公共服务、农村公共服务及共创社区服务方面研究数字经济对公共服务一体化的影响；数字经济通过绿色资源共享、优化生产要素投入，增加环境保护和改善环境治理推动绿色发展一体化。

第五章　数字经济促进长三角经济一体化分析

当前，我国区域经济分布不平衡、不充分问题集中体现为区域发展不协调，推进区域协调发展是我国"十四五"规划的重大战略之一，实施区域一体化战略已成为促进区域协调发展、实现共同富裕的重要路径。新时代背景下，区域经济一体化正在向着更高层次深入推进，各区域亟须进一步通过产业合作升级、统一市场形成和对外贸易合作等方式加速要素重组，在区域内实现高效分工、协同一体的新格局（吉富星和樊轶侠，2021）。区域经济一体化是区域一体化战略的重要组成部分，本章对区域经济一体化内涵进行界定，既考虑各地区经济增长和产业布局，亦将市场一体化、对外贸易一体化纳入分析框架内，更为全面综合地反映区域一体化协调发展水平。随着数字经济日益发展，生产生活、经营管理等活动陆续实现数字化（任晓刚等，2022），可以预见未来数字经济发展将对经济社会产生重大影响，那么，按照数字经济当前的发展方式能否促进区域经济一体化发展？数字经济的发展将对区域经济一体化产生何种影响？长三角地区在自身发展的进程中不断推动现代化建设、构建全面对外开放格局，是我国区域一体化发展的先行试点区域（王山等，2022）。本章以长三角地区内 41 个地级市作为研究样本，探究数字经济对区域经济一体化发展的影响。

第一节　文献综述

一、数字经济与区域经济一体化

区域经济一体化是国内外学者持续关注和研究的重要内容。廷伯根

（Tinbergen，1954）将区域一体化的本质定义为将各成员待遇一视同仁的过程，也是一种各成员之间差别待遇消失的状态，弗里茨（Fritz，1977）将研究视角锁定在一国某区域内，验证了经济一体化理论不仅可以用于国际贸易政策的研究，也可以作为一国内部不同区域间关系的研究。梳理以往学者对区域经济一体化的研究可以看出，经济一体化只以区域为经济界限划分，不仅可以发生在国家与国家之间，同一国家内不同区域间也存在经济一体化现象，其实质上是区域内商品和生产要素可以相对自由流动，以比较优势为基础促进区域分工，最终的结果则表现为各地区生产率、要素收益、商品售价和人民收入逐步统一（千慧雄，2010）。区域经济一体化表现形式是两个或多个经济体在产品、要素、资源等方面的合作互助，各个经济一体化成员间可以充分利用自身比较优势生产效率更高的产品，同时扩大自身市场规模，达到互利共赢的目的。总之，当前阶段的经济一体化可理解为地区之间通过协商和政策制定等方式削减壁垒，使要素跨域流动更加自由、范围更大的区域经济空间现象（曾群华，2013）。经济一体化不仅是区域发展的基石，更有着无可替代的现实价值，日益成为区域一体化最重要的引擎和动力，不断带动政治、社会、文化等其他领域的一体化发展（陈婉玲等，2021）。研究区域经济一体化进程，不仅可以为区域协调发展提供理论支撑，更是实现共同富裕的必经之路。

以往对区域经济一体化的研究中，普遍认为产业一体化、市场一体化和对外开放一体化是经济一体化中的核心组成要素（李瑞林和骆华松，2007）。产业一体化是以要素重组、互助合作为桥梁，联通不同区域各产业主体，使产业向更合理的区位转移并打破区域内各种阻碍生产要素流动的屏障（王安平，2014）。产业一体化进程加快有利于促进区域市场整合以及集约化发展并提升区域创新能力（Peng Hui，2021），区域一体化下的跨界合作与产业协同是推动区域高质量发展、实现共同富裕的重要路径（冯琰玮等，2022）；市场一体化是经济一体化的主要表现，市场一体化有助于提升区域内贸易往来频率，促进区域内要素集聚，推动各区域间协同互助，从而将资源配置到最有效的区域内，以整个区域为视角来看，市场一体化提升了整体的竞争实力（张馨月和吴昊，2021）；对外开放一体化有助于促进金融发展，本国产品同国外进口产品竞争过程中会倒逼产业结构优化提升，有利于新兴产业孵化，提升区域整体竞争力（谢非等，2021）。综上所述，产业一体化、市场一体化、对外开放一体化是经济一体化的重要组成部分，只有三者协调发展、全面促进，才是符合新时代要求的高质量的一体化。

对于区域经济一体化的影响因素，曹吉云和佟家栋（2017）梳理以往研究文献，将区域经济一体化的影响因素划分为经济地理因素与社会政治因素两类，证明社会政治因素对区域经济一体化具有显著影响；丁杰（2022）认为外商直接投资对东盟经济一体化具有显著的促进作用，不同区域的生产技术、资源禀赋与发展阶段差异性会导致外商直接投资经济效应不同，尤其是产业内分工机制对东盟经济一体化产生重要影响；王雨和张京祥（2022）将新制度经济学中的"制度距离"概念引入区域空间经济研究中，认为由于地方之间的制度环境和制度安排差异导致的"制度距离"，为区域空间经济分析提供新的理论视角与测度方法；王娟（2015）将视角集中到丝绸之路经济带区域，研究结果证明基础设施建设有效地促进了丝绸之路经济带的一体化发展，不同基础设施对区域一体化影响不同；石林等（2018）研究发现高铁开通及高铁车次对区域经济一体化起到了明显的促进作用，高铁对经济发展梯度效应具有促进作用。以往文献对于区域经济一体化的研究已较多，但对于数字经济发展对区域经济一体化的影响仍较少涉及。已有研究成果均展现信息传递效率是经济一体化的重要影响因素，而高效的信息传递正是数字经济的具体表现形式，因此本节后续将理论分析和实证检验相结合，重点探讨数字经济对区域经济一体化的影响。

相比于传统的农业经济和工业经济发展模式，数字经济有许多新特点，数字经济发展可以产生规模经济、长尾效应和范围经济等（裴长洪等，2018）。总体来看，数字经济的发展会加速区域经济一体化进程。首先，数字经济的发展促进信息共享，提高区域内各经济体的交流效率，通过规模效应增加单位投入产出，对区域经济一体化产生积极影响。其次，数字经济的发展降低区域间沟通交流障碍，数字经济同实体经济相融合成为广泛应用的资源整合方式，正不断成为各个传统经济转型的重要抓手，提升区域经济的竞争力，促进区域经济的发展。以数字经济驱动生产的方式具有非排他性和空间开放性，平台经济等基于互联网产生的新型经济有助于将各个城市整合集中，扩大产品和要素流动范围。同时数字经济赋能实体经济后，以线上线下相结合的方式加速跨区域合作深入发展，以信息通信技术为支撑缩短彼此间物理距离，加强区域间互助合作的地理范围和协作内容（李清华和何爱平，2022）。数字经济的发展还有助于改善区域经济的结构，数字经济有着高融合、高渗透、高参与特性，如区块链、云计算、大数据等技术具有广泛的适用性，可以赋能经济中各类产业，并且通过信息通信和数据技术重塑各产业链，激发创新活力。数字经济与实体经济相结合的过程中，对产业组织框架、产业布局都具有优化作用，最终促进产业结构升级。数字技术的广泛应用推动不同技术和知识之间相互支撑渗透，并且不断压缩产业间时空界限，技术和知识的跨行业、跨区域运用可以打通新的技术创新路径，推动区域内技术变革，提高区域经济的效率，促进区域经济的一体化。

将经济一体化划分为产业一体化、市场一体化和对外开放一体化三个子系统，由于经济一体化由三个维度组成，因此数字经济对不同子系统可能会产生异质性影响，因此将分别论述数字经济对三个子系统的影响和产生作用的原因，深入探究数字经济对区域经济一体化产生的影响。

二、数字经济与产业一体化

数字经济突破各个地区物理距离的限制，从而使不同地区的产品需求辐射到整个区域内，各企业在生产符合消费者需求的产品过程中势必会延伸本地区产业链，数字经济所打造的互联网空间提供了各地不同生产者沟通交流或发布信息的便利，减少生产者之间信息不对称的问题，增强生产者信息整合和协作能力（徐康宁和韩剑，2005）。企业通过数字经济实现模块化分工，降低交易成本与生产成本，提高知识、技术在企业间的传播效率，由此可见，数字经济发达的地区会拥有更强的模块化分工能力，以更低的成本完成生产交易与分工协作，从而促进区域产业一体化发展。同时，数字经济发展所激发的消费者需求分为线上与线下两部分，消费者的线上与线下需求是互补效应，消费者出现更多的线上需求的过程中也会不断激发线下需求（胡鞍钢和周绍杰，2014）。因此，数字经济发展可以激发出消费者更深层次的需求，将会使生产者地理集聚不断加强。新经济地理学认为，产业集聚主要受交易成本，尤其是交通运输成本所影响，在数字经济的背景下，以大数据技术为基础，通过硬件和软件结合的方式计算最优运输方式可以提升货物运输效率，使企业间更容易寻求最优区位，因此，数字经济有利于集聚经济的形成，促进区域产业一体化发展。但考虑到空间因素后，若本地区数字经济发达，则会产生上述数字经济与新经济地理学"中心—外围"模型的区位分布，以本城市为中心发展企业价值链中的管理、研发、销售等部门，城市周边集聚生产制造部门。如果周边地区数字经济发展状况领先较多，中心城市产生的极化效应或大于扩散效应，更多资源将向中心城市倾斜，而无法对边缘城市产生有效带动，对本城市的功能分工产生"挤占效应"，在城市分工中将本城市边缘化，承担"外围"地区的生产制造功能，对区域经济一体化产生抑制作用。

三、数字经济与市场一体化

由于市场分割问题，长三角区域存在着行政体制的障碍，在一定程度上阻碍了商品、劳动力、资本等生产要素自由流动。数字经济发展所产生出的大数据、物联网技术可以打通各个地区间的交易壁垒，扩大市场规模，促进生产要素市场化，降低行业垄断度，缩小行业间差距，生产者可以更精准地捕获不同消费者的差异化需求，从而形成动态的柔性生产，提升市场一体化程度（李海舰等，2014）。数字经济具备的及时沟通性能有效减少信息不对称，增加市场信息交流，使消费价格信号传导路径更加通畅，良好顺畅的信息沟通是市场一体化的重要支撑（王伟和孔繁利，2020）。此外，数字经济发展过程中所衍生的线上购物方式提高了消费者对价格变动的感知，有助于平抑价格在地区间的波动，如果两地数字经济发展程度较高，一地商品价格的变动可以快速地传导到另一地区，两地相对价格波动会较小，从而提升区域市场一体化程度（陶颖等，2022）。综上所述，数字经济能有效打破市场分割，提高信息传输效率，打破交易壁垒，降低信息不对称，同时精准感知消费者个性化需求，抑制不同区域间相对价格的变动，从而促进区域经济一体化发展。

四、数字经济与对外开放一体化

城市间协同开放是区域经济一体化的重要抓手，随着城市间协同一体化开放程度提升，不同企业间准入门槛会逐渐降低，大量资本进入区域内形成跨区域集团，各城市的经济联动随着跨区域公司间业务往来而得到增强。此外，提升对外开放程度可以促进区域间商品、服务贸易，区域间贸易往来增加会推动区域整体经济发展，为一体化进程提供助力。具体来看，数字经济在国民经济增长过程中发挥着越来越重要的作用，对外贸易作为经济增长的重要引擎也随着数字经济发展表现出新的动能，跨境电子商务、智慧物流等新业态加速了外贸效率，海关、商检、税汇结算一体化平台建设，极大简化了进出口贸易流程（栾淞婷和杨晓龙，2022），数字经济将对外贸易中不同模块有机结合，有助于优化对外贸易的贸易环节和组织过程，减少贸易中间环节（李佳和靳向宇，2019），同时，在数字经济发展过程中，数字产业化的迭代更新所提供的智能化、便捷化服务，不仅激发了外贸产业的创新效率和速度，而且有利于数字商品贸易和环境友好型贸易发展，优化了外贸竞争条件，有利于促进对外贸易升级（钞小静等，2020）。综上所述，数字经济发展可以优化营商环境，促进企业间跨区域联动，提升企业经营效率，有助于将不同城市打造成对外开放一体化地区。

第二节　模型设定、变量选取与数据说明

一、模型设定

为了探究数字经济发展对长三角区域经济一体化的影响，构建以下基准计量模型：

$$dex_{it} = \alpha_0 + \alpha_1 \, dige_{it} + \alpha_2 X_{it} + \mu_i + \delta_i + \varepsilon_{it} \qquad (5.1)$$

其中，dex_{it} 表示区域经济一体化发展指数，$dige_{it}$ 表示数字经济发展指数，X_{it}

表示控制变量，μ_i 表示个体固定效应，δ_i 表示年份固定效应，ε_{it} 表示随机扰动项（下标 i 表示城市，t 表示时间），α_i 表示待估参数。

此外，当年经济一体化发展水平是不断在以往发展水平上累积的过程，当前经济一体化发展会受到往年影响，因此在模型（5.1）中加入被解释变量的滞后项，采用动态面板方法处理模型的内生性。

二、变量选取

（一）被解释变量：区域经济一体化发展指数（dex）

根据新时代区域经济一体化发展的内涵与理论分析结果，从产业一体化、市场一体化、对外开放一体化三方面构建指标体系，通过熵值法综合测度区域协调发展水平。熵值法是一种基于数据结构的客观赋权方法，能根据指标间离散程度确定权重，因此可以克服主观性对指标权重设定的干扰。具体构成见表 5 - 1。

表 5 - 1　　　　　　区域经济一体化综合评价指标体系

一级指标	二级指标	三级指标	属性
经济一体化	产业一体化	GDP 增长率	+
		产业结构高级化	+
		产业结构合理化	+
	市场一体化	存贷款比＝存贷款总额/GDP 总和	+
		人均工资水平	+
		就业人数比重＝二三产业就业人数/总就业人数	+
	对外开放一体化	外商直接投资占比＝各地区实际外商投资/GDP	+
		货物进出口总额占比＝进出口总额/GDP	+

（二）核心解释变量：数字经济发展指数（dige）

基于数字经济驱动区域一体化发展内在逻辑，结合数字经济的高创新性、强渗透性、广覆盖性的特点，全面构建数字经济发展指数，详细指标体系构成见表5－2。

表5－2　　　　　　　　　数字经济发展综合评价指标体系

一级指标	二级指标	基础指标
数字经济	数字基础设施	互联网宽带接入用户数/万户
		每百人互联网用户数/万个
		移动电话基站/万个
		每百人移动电话数量/万个
	数字产业化	电信业务总量/亿元
		第三产业增加值/亿元
		信息传输、计算机服务和软件业就业人员/万人
		计算机、通信和其他电子设备制造上市公司数量/个
		广播、电视、电影和影视录音制作业上市公司数量/个
		软件和信息技术服务业上市公司数量/个
	产业数字化	数字基础设施建设状况词频/次
		数字化应用词频/次
		高新技术上市公司及其下属公司数量/个
		数字普惠金融
		智能化业务上市公司数量/个

（三）控制变量

控制变量的选取结合区域经济一体化的理论内涵与影响因素，将基础设施、政府干预、研发投入、基础医疗、教育水平作为控制变量纳入模型中，增强模型稳健性。

（1）基础设施（rode）：基础设施水平是一个城市经济发展的基本保障，良好的基础设施建设具有外部性，是促进区域经济一体化的动力，兼顾数据的有效性与可获得性，以人均拥有道路面积衡量基础设施水平。

（2）政府干预（gov）：政府可以用投资、补贴、减税等方式引导经济资源流动，促进区域经济一体化发展，采用一般财政预算支出占 GDP 比重进行衡量。

（3）研发投入（rd）：研发投入是科技创新的动力，科技创新是实现区域经济一体化的重要抓手，研发投入可依靠间接形式对区域经济一体化产生影响。以 R&D 经费占 GDP 比重进行衡量。

（4）基础医疗（med）：基础医疗水平作为城市基础设施中重要组成部分，是人才跨区域流动的重要考虑因素，以每万人医疗人员数进行衡量。

（5）教育水平（hc）：人力资本质量同样是区域经济一体化进程中不可忽视的重要影响因素，高素质的人力资本可作为经济一体化的推进器，以生均中学教师人数进行衡量。

三、数据来源与描述性统计

本章研究样本为 2012—2020 年长三角区域 41 个地级及以上城市，数据来源于《中国城市统计年鉴》、中经网城市数据库、EPS 数据库以及各城市统计年鉴，鉴于各地区数据公布时效性不同，将少量缺失数据用插值法补齐，各变量描述性统计结果见表 5－3。可以看出，区域经济一体化指数均值为 0.254，最大值为 0.607，最小值为 0.100，长三角区域内各地区间经济一体化发展水平存在一定的差距，亟须缩小差距，提升区域内经济协调发展水平。

表 5－3　　　　　　　各变量描述性统计

变量名称	样本数量	均值	标准差	最小值	最大值
dex	369	0.254	0.099	0.100	0.607
rode	369	6.898	4.159	1.459	22.837
gov	369	0.168	0.064	0.076	0.356
rd	369	0.018	0.009	0.000	0.041
med	369	25.706	9.662	7.155	60.061
hc	369	0.084	0.012	0.052	0.118

第三节 实 证 分 析

一、基 准 回 归 分 析

基准模型中 Hausman 检验结果中强烈拒绝原假设，因此使用固定效应模型回归分析，为了降低变量多重共线性，本节将所有数据加 1 后作对数化处理。见表 5 - 4，第（1）~（6）列是逐步加入控制变量的回归结果，以此保障稳健性。可以看到，随着控制变量不断添加到模型中，核心解释变量数字经济发展指数（lndex）的回归系数始终为正，拟合优度 R^2 从第（1）列中的 0.4636 上升为第（6）列中的 0.5429，证明了模型中添加控制变量的有效性。第（1）~（6）列中数字经济指数（lndex）的回归系数始终显著，证明数字经济发展可以促进区域经济一体化水平提升；第（6）列为基准回归，可以看出数字经济发展指数（lndex）每提高 1 个百分点，会使区域经济一体化水平提高 0.1311 个百分点。

表 5 - 4   基准回归结果

变量	（1）	（2）	（3）	（4）	（5）	（6）
	lndex	lndex	lndex	lndex	lndex	lndex
lndige	0.1239 * (0.0726)	0.1662 ** (0.0778)	0.1302 * (0.0731)	0.1241 * (0.0727)	0.1327 ** (0.0662)	0.1311 ** (0.0654)
lngov		0.2182 *** (0.0723)	0.1903 ** (0.0753)	0.1716 ** (0.0697)	0.1702 ** (0.0676)	0.1714 ** (0.0680)
lnrode			0.0989 ** (0.0425)	0.0803 * (0.0462)	0.1008 * (0.0525)	0.0956 * (0.0511)
lnrd				0.0639 ** (0.0315)	0.0687 ** (0.0314)	0.0697 ** (0.0319)
lnmed					- 0.0827 (0.1173)	- 0.0864 (0.1183)

变量	（1）	（2）	（3）	（4）	（5）	（6）
	lnindex	lnindex	lnindex	lnindex	lnindex	lnindex
lnhc						0.1032 （0.1063）
常数项	− 0.7400 （0.5099）	− 0.0522 （0.5858）	− 0.4896 （0.5717）	− 0.2439 （0.6267）	0.0333 （0.5743）	0.3173 （0.6142）
个体固定效应	是	是	是	是	是	是
年份固定效应	是	是	是	是	是	是
观测值	369	369	369	369	369	369
R^2	0.4636	0.4911	0.5450	0.5552	0.5533	0.5429

注：* 、** 、*** 分别表示在 10% 、5% 、1% 水平上显著，括号内数值为 t 值。

此外，政府干预（lngov）、基础设施（lnrode）和研发投入（lnrd）均对区域经济一体化发展具有促进作用。具体来看，政府通过财政支出引导经济资源流动，不断优化市场环境，提高了整个社会运行效率；基础设施水平提高可以缩短各个地区间的物理距离限制，从而更容易接受来自统一市场的需求端衍射，促进生产要素市场化，降低行业垄断度，缩小地区间差距；研发投入是科技创新的动力，科创成果同实体产业结合后会促进产业结构升级，提升生产效率，为区域经济一体化提供支撑。

二、稳健性检验

为使研究结论更具说服力，对基准回归进行稳健性检验。首先，运用系统 GMM 模型将被解释变量滞后二期纳入模型中，以缓解遗漏变量、反向因果等内生性问题（王静田等，2021）。此外，由于混合 OLS 对滞后项系数估计会产生向上的偏误，固定效应对滞后项估计系数会产生向下的偏误，将 GMM 滞后项估计值与固定效应以及混合 OLS 滞后项估计值进行比较，可判断 GMM 估计是否有效可信（饶华春，2009），估计结果见表 5 – 5 中第（1）~（3）列。使用混合效应回归用作对比分析，估计结果见表 5 – 5 第（4）列。

表 5 – 5 稳健性检验（1）

变量	（1） lndex	（2） lndex	（3） lndex	（4） lndex
L. lndex	0. 6285 *** (0. 0596)	0. 2932 *** (0. 0716)	0. 5112 *** (0. 1526)	
L2. lndex	0. 2805 *** (0. 0596)	0. 1614 ** (0. 0678)	0. 3570 *** (0. 1594)	
lndige	0. 0390 (0. 0245)	0. 0628 (0. 0604)	0. 0612 * (0. 0339)	0. 3142 *** (0. 0516)
lngov	0. 0450 *** (0. 0165)	0. 2446 *** (0. 0606)	0. 0672 ** (0. 0155)	− 0. 0856 ** (0. 0343)
lnrode	− 0. 0158 (0. 0157)	0. 0414 (0. 0347)	− 0. 0003 (0. 0188)	0. 2351 *** (0. 0405)
lnrd	0. 0005 (0. 0139)	− 0. 0601 (0. 0451)	0. 0150 (0. 0150)	− 0. 0426 (0. 0304)
lnmed	0. 0122 (0. 0379)	− 0. 1140 (0. 0762)	− 0. 0192 (0. 0570)	− 0. 0789 (0. 0983)
lnhc	0. 0185 (0. 0515)	0. 1005 (0. 0884)	0. 0373 (0. 0658)	− 0. 1411 (0. 1042)
常数项	0. 2259 (0. 3146)	0. 7443 (0. 5262)	—	− 0. 1899 (0. 6628)
AR（1）	—	—	0. 056 *	
AR（2）	—	—	0. 615	
Hansen – text	—	—	0. 314	
观测值	287	287	287	369
R^2	0. 9314	0. 9497	—	0. 7111

注：* 、** 、*** 分别表示在 10% 、5% 、1% 水平上显著，括号内数值为 t 值。

回归结果可以看出，第（1）列中混合 OLS 滞后项回归系数为 0. 6285，第（2）列中固定效应滞后项回归系数为 0. 2932，第（3）列中系统 GMM 滞后回归系数为 0. 5112，三种回归模型系数均在 1% 水平上显著为正，GMM 滞后项回归系数介于混合 OLS 与固定效应之间，模型序列相关性 AR（1）

在 10% 水平上显著，证明模型存在一阶序列相关性，AR（2）强烈拒绝原假设，证明模型不存在二阶序列相关性，同时工具变量有效性 Hansen – test 通过检验，说明稳健性检验模型设计合理，核心解释变量 lndex 在系统 GMM 模型第（3）列仍然显著为正，被解释变量区域经济一体化指数 lndex 在第（4）列中同样显著为正，改变计量方法与基准回归结果相符。由基准回归和稳健性检验可知，数字经济会促进区域经济一体化发展，首先，数字经济的发展促进了信息的共享，提高了区域经济的交流效率，降低企业间沟通交流成本，加快区域经济的一体化进程。其次，数字经济的发展推动区域经济的创新，数字经济高速发展可以有效地使各企业间受到统一市场需求的衍射，有利于最前沿的知识、技术等在区域内传播，提升区域经济的竞争力。此外，数字经济的发展还有助于改善区域经济的结构，提高区域经济的效率，数字经济发展会产生更多新型经济模式和优化经济结构，传统实体产业同数字经济结合将迸发出新的经济活力，促进区域经济的一体化。通过上述方式，数字经济的发展对区域经济一体化将产生积极的影响。

三、异质性分析

区域经济一体化指数由三个子系统组成，数字经济发展对于各部分的影响可能具有异质性。对此，本节从产业一体化、对外开放一体化、市场一体化三个方面，构建区域协调发展的子系统指数，将三个子系统纳入模型中进行回归，分析数字经济发展对区域经济一体化的异质性影响，结果见表 5 – 6。

表 5 – 6 　　　　　　　　　　　异质性结果

变量	产业一体化	对外开放一体化	市场一体化
ln$dige$	− 0. 2699 *** （0. 0925）	0. 3013 *** （0. 0920）	0. 3863 *** （0. 0718）
lngov	− 0. 0012 （0. 0929）	0. 2981 *** （0. 1081）	0. 1695 ** （0. 0674）

续表

变量	产业一体化	对外开放一体化	市场一体化
ln*rode*	0.0508 (0.0640)	0.0789 (0.0818)	0.0446 (0.0454)
ln*rd*	− 0.0939 (0.0665)	0.1639 *** (0.0589)	0.0695 (0.0462)
ln*med*	− 0.0826 (0.1402)	− 0.2341 (0.1593)	0.2501 ** (0.1103)
ln*hc*	− 0.0360 (0.1579)	0.0975 (0.2161)	− 0.0061 (0.1193)
常数项	− 3.7255 *** (0.9740)	2.4498 ** (1.0447)	0.9458 (0.8199)
个体固定效应	是	是	是
年份固定效应	是	是	是
观测值	369	369	369
R^2	0.1631	0.3717	0.8153

注：**、*** 分别表示在5%、1%水平上显著，括号内数值为 t 值。

实证结果显示，数字经济发展（ln*dige*）对于对外开放一体化系统、市场一体化系统具有显著促进作用，数字经济发展可以打破区域间物理距离限制，降低各个地区间的交易壁垒，扩大自身市场，缓解各地区间的市场分割问题，通过发展数字经济，可使企业更容易接收全球范围内市场的需求端衍射，提升市场一体化、对外开放水平，促进区域经济一体化发展，同时区域内各企业市场规模的扩大可以倒逼企业提升自身生产规模，产生规模经济效益，并且从整体上促进区域经济发展，为区域经济一体化进程提供助力。数字经济发展对产业一体化系统的影响为负，可能的原因是，当前长三角地区数字经济的发展阶段仍处于头部城市极化效应引领阶段，扩散效应不明显，数字经济不平衡发展会产生"中心—外围"模型的区位分布，处于中心的城市会对外围城市的产业产生挤占效应，在城市分工中随着数字经济发展差距不断扩大从而不断被边缘化，对产业一体化发展产生抑制作用。

四、空间相关性检验

从以上理论与实证分析结果来看，数字经济具有很强的外部性，数字经济可能会通过空间溢出效应对区域经济一体化发展产生驱动作用。本节进行空间计量回归，借助空间面板模型进一步分析该效应是否存在。

全局莫兰指数可以分析区域内有无空间相关性，衡量空间自相关程度，其表示方法为

$$I = \frac{\sum\limits_{i=1}^{n} \sum\limits_{j=1}^{n} w_{ij}(x_i - \bar{x})(x_j - \bar{x})}{S^2 \sum\limits_{i=1}^{n} \sum\limits_{j=1}^{n} w_{ij}} \tag{5.2}$$

局部莫兰指数表示某地区 i 周边的空间集聚情况，表示方法为

$$I_i = \frac{(x_i - \bar{x})}{S^2} \sum\limits_{j=1}^{n} \boldsymbol{w}_{ij}(x_j - \bar{x}) \tag{5.3}$$

其中，S^2 表示样本方差，$\boldsymbol{w}_{ij}$ 表示空间权重矩阵，莫兰指数的值为 $[-1, 1]$，绝对值越大表示空间相关性越强。

根据地理学第一定律，事物之间的关联性与空间距离正相关，尤其是在一体化区域内联系密切的城市之间尤为显著。空间计量可以分析事物之间的空间联系，其一般形式为

$$Y_{it} = \tau Y_{i,t-1} + \rho W Y_{it} + X_{it}\beta + W X_{it}\theta + \mu_i + \gamma_t + \varepsilon_{it}$$

$$\varepsilon_{it} = \lambda W \varepsilon_{it} + \nu_{it} \tag{5.4}$$

其中，Y_{it} 表示因变量，X_{it} 表示自变量，W 表示空间权重矩阵，本节采用邻接矩阵，$\rho W Y_{it}$ 表示因变量的空间滞后，$W X_{it}\theta$ 表示自变量的空间滞后，$\lambda W \varepsilon_{it}$ 表示扰动项的空间滞后（下标 i 表示城市，t 表示时间）。$\tau = 0$ 时为静态面板模型，$\lambda = 0$ 时为空间杜宾模型（SDM），$\lambda = 0$ 且 $\theta = 0$ 时为空间自回归模型（SAR），$\tau = \rho = \theta = 0$ 时为空间误差模型（SEM）。

五、空间效应检验

进行空间计量实证前首先进行空间效应检验，分析数字经济（ln*dex*）、

区域经济一体化（ln*dige*）的空间自相关性，本节以莫兰指数法（Moran's I）进行检验，结果见表5－7。ln*dex*、ln*dige* 在2011—2020年均存在显著的负相关，证明二者在空间中存在离散趋势，应当以空间计量模型进行实证研究，分析数字经济和区域经济一体化所具有的空间特征。

表5－7　　　　　　　　　　　　空间自相关性检验

年份	ln*dex*		ln*dige*	
	Moran's I	Z 值	Moran's I	Z 值
2012	− 0. 145 ***	− 8. 873	− 0. 204 ***	− 13. 201
2013	− 0. 159 ***	− 9. 941	− 0. 196 ***	− 12. 613
2014	− 0. 143 ***	− 8. 786	− 0. 187 ***	− 12. 011
2015	− 0. 160 ***	− 9. 988	− 0. 195 ***	− 12. 631
2016	− 0. 147 ***	− 8. 975	− 0. 161 ***	− 10. 142
2017	− 0. 162 ***	− 10. 107	− 0. 140 ***	− 8. 647
2018	− 0. 163 ***	− 10. 148	− 0. 149 ***	− 9. 339
2019	− 0. 171 ***	− 10. 760	− 0. 139 ***	− 8. 579
2020	− 0. 169 ***	− 10. 691	− 0. 139 ***	− 8. 575

注：***表示在1%水平上显著，括号内数值为 t 值。

最优空间回归模型以 LR 检验结果确定，见表5－8。LR 检验强烈拒绝模型可以退化的原假设，因此空间杜宾模型（SDM）无法退化为空间滞后模型（SAR）或空间误差模型（SEM），本节以空间杜宾模型（SDM）进行空间计量分析。

表5－8　　　　　　　　　　　　空间模型检验结果

检验值	检验方法	SEM	SAR
P 值	LR	0. 000	0. 000

空间回归结果见表 5 – 9，空间杜宾模型中区域经济一体化发展的空间自回归系数显著为负，数字经济（lndige）的回归系数显著为正，数字经济（lndige）的空间交互项系数同样显著为正，证明我国长三角地区数字经济对区域经济一体化具有正向的空间溢出效应，其他区域提高数字经济水平会驱动整个地区的经济一体化发展。

表 5 – 9 空间回归结果

变量	SDM
ln*dige*	0. 1722 *** （0. 0336）
ρ	– 1. 10788 *** （0. 3091）
W × ln*dige*	0. 1800 * （0. 0931）
控制变量	是
固定效应	Both
观测值	369
R^2	0. 5344

注：*、*** 分别表示在 10%、1% 水平上显著，括号内数值为 t 值。

可能的原因是，数字经济凭借方便快捷的信息通信技术拉近了各个区域间的距离，提升了彼此间沟通交流频次，使知识或技术在区域间流通速度更快，范围更广，以此为基础促进区域间知识的空间溢出。具体来看，数字经济的发展不断打破地理范围限制，不仅有利于知识技术的传播，各个学习主体的沟通成本、交通成本也极大地下降，在跨区域分工协作中提升决策效率，增加彼此间交流频次，从而产生空间溢出效应（白俊红和陈新，2022）。数字经济通过空间溢出效应，改变传统的经济模式，促进跨境贸易和投资的增加，打破市场分割，引领企业转型升级，提升生产效率，推动经济一体化的进程。

第四节　本　章　小　结

本章以 2011—2020 年长三角地区面板数据为研究样本，数据来源于历年《中国城市统计年鉴》、EPS 数据库、中经网数据库和各城市统计年鉴，理论和实证相结合，分析数字经济发展对区域经济一体化的影响，以产业一体化、市场一体化、对外开放一体化为研究视角，得出以下结论。

（1）数字经济发展可以有效提升长三角区域内经济一体化水平，数字经济对经济一体化具有正向推动作用，经过内生性检验和稳健性检验后结论仍然成立。

（2）异质性分析显示，数字经济主要通过市场一体化系统与对外开放系统驱动区域经济一体化，对产业一体化有抑制作用，可能的原因是，数字经济不平衡会产生"中心—外围"模型的区位分布，由于"数字鸿沟"的存在，中心的城市依靠挤占效应不断强化自身发展，而边缘城市陷入负向的循环累积效应，难以深入参与信息时代的城市分工，随着数字经济发展差距不断扩大从而不断被边缘化，由此对区域产业一体化发展产生抑制作用。

（3）空间回归结果证明，数字经济对区域经济一体化有正外部性，随着区域内数字经济水平上升，整个区域的经济一体化进程都会被不断推进，数字经济的正向空间溢出效应促进了区域经济一体化发展。

第六章 数字经济促进长三角创新一体化分析

第四章理论分析了具有高创新性、强渗透性、广覆盖性等特点的数字经济在促进区域经济协同、资源共享、生态共治等方面推进区域一体化的作用，并具体分析了数字经济对经济一体化、创新一体化、公共服务一体化和绿色发展一体化的理论机制。在此基础上，本章进一步对数字经济促进创新一体化进行理论分析与实证检验。

目前建立在互联网、新材料、新能源等基础上的新科技革命蓄势待发，以创新生态系统为核心的综合能力逐渐成为各国和地区之间的竞争焦点。在我国经济进入新常态的背景下，依靠劳动力、土地等初级生产要素的旧动能难以为继，创新正逐渐成为我国新时期发展的根本动力。因此，只有充分发挥自主创新的重要作用，抢占新的经济和科技发展的制高点，才能促进经济的高质量发展，才能在国际竞争中把握先机和未来。2016年《国家创新驱动发展战略纲要》提出，到2050年建成世界科技创新强国；《"十四五"规划和2035年远景目标纲要》把科技自立自强作为国家发展的战略支撑；党的二十大报告明确提出，必须坚持科技是第一生产力、人才是第一资源、创新是第一动力。由此可见，坚持创新在我国现代化建设全局中的核心地位。

长三角地区作为我国经济发展最活跃、创新能力最强的区域之一，在国家创新驱动发展战略布局和高质量发展中具有举足轻重的战略地位。2020年长三角地区专利申请数达442695件，企业R&D内部经费支出达5945亿元，占全国比重分别为35.59%和32.39%，高新技术企业数量达12492个，占全国高新技术企业数量的 31.08%，高技术产业全年实现营业收入 50202 亿元，占全国高技术产业营业收入的 28.75%。[①] 由此可见，长三角地区的创新发展对于我国自主创新能力提高和经济高质量运行的意义重大。但长三角地区还存在产业创新升级艰难、创新合作机制不健全、创新协同发展程度低等问题。

与此同时，以物联网、云计算、大数据等新一代信息技术引领的新一轮技术革命正深刻改变经济发展。新兴数字信息技术与工业技术的深度融合催生工业互联网、数字孪生、智能制造等一系列新的概念、技术和范式，给制造业带来前所未有的冲击和变革。在新一轮信息技术革命的推动下，数据要素逐渐转化为企业运营中的关键产品或服务，通过构建数字化网络平台，制造业的生产制造过程及产品的生命周期管理变得越来越智能，传统产业的边界日益模糊，数字技术设备制造、集成电路和关键电子材料制造、互联网信息服务等新产业蓬勃发展，5G、互联网金融、工业互联网、在线教育等新业态逐渐兴起，农村电商、短视频娱乐、在线影院、云办公等新模式不断涌现。因此，促进数字经济的发展，对于整合区域创新资源，赋能传统产业转型升级，提高制造业的创新效率，实现经济发展新旧动能转换，促进区域创新一体化协调发展，打造长三角地区创新开放高地，推进制造强国和质量强国建设有着重大且长远的意义。

第一节 文献综述

一、创新的含义与水平研究

经济学家熊彼特在研究资本主义经济周期时，指出创新是生产要素和生产条件的重新组合对原有生产体系产生的震荡效应。创新具体表现为产

[①] 国家统计局社会科技和文化产业统计司科学技术部战略规划司. 中国科技统计年鉴 2021 [M]. 北京：中国统计出版社，2021.

品的更新换代，生产技术和手段的革新、新市场的开发、新供应渠道的拓展以及企业组织形式的重组变迁。布莱恩约弗森和麦卡菲（2014）指出，在数字经济时代，创新具体表现为通用目的技术应用于生产，并继续创造新技术的果实类创新，以及价值创造持续升级的重组式创新。在数字经济时代，数字化、网络化、智能化的新型信息化使技术架构的模块化范围和深度得到扩展，从而使创新范式能够实现从前者到后者的变革，实现价值创造的持续升级。

关于创新水平的研究，学者主要从企业、产业和国家三个层面进行研究。在企业层面，赵树宽等（2013）在对吉林省高技术企业的创新活动进行效率和规模收益的测算和评价后，发现科技人员短缺以及科研经费投入不足降低高技术企业的规模效率，是企业创新综合效率较低的主要原因。启松信等（Kisoon Shin et al.，2018）认为研发效率是公司生存的核心，企业必须实施开放创新等战略，最大限度地利用外部资源，调整结构，实施新的商业模式，从企业创新战略出发，衡量和比较美国 701 家制药公司的研发创新效率。在产业层面，吴丹和王娅莉（2006）从行业全要素生产率、技术效率和技术进步这三个方面测算中国制造业各行业的创新能力，发现技术效率增加越快，越容易推进技术进步和创新扩散。冯志军和陈伟（2014）将企业创新活动分为技术开发阶段和经济转化阶段，以此为出发点分析产业研发创新效率，研究发现我国高技术产业创新效率的行业特征明显。在国家层面，大多数学者发现我国制造业创新能力和创新效率存在地区异质性。肖仁桥等（2018）在测算我国高技术制造业的创新效率后，发现中国高技术制造业研发投入与科技产出不匹配，且存在区域间技术异质性，东中西部地区创新效率呈现梯级差异。谭晓东和陈玉文（2016）运用随机前沿分析方法测算我国医药制造业的创新效率，发现其整体创新效率波动上升，R&D 经费投入极大拉动创新产出增加，并且发现地区间差距较大。杨浩昌等（2021）采用灰色关联投影综合评价模型和基尼系数衡量制造业创新驱动力及其区域差异，结果显示我国制造业创新驱动力总体上不断上升，但由于技术或制度创新能力的差异，东部与中、西部区域制造业创新驱动力的差距逐渐拉大。

二、创新一体化研究

区域一体化是地区之间构建合作框架，促进区域内要素自由流动，缩小区域发展差异，促进共同发展，最终形成区域发展联合体（曾刚和王丰龙，2018）。其实质是通过组织机构在区域间实现政策一体化，不同区域内的各分工主体参与合作，促进区域内生产要素和商品自由流动，从而达到生产要素最优配置的过程（刘乃全和胡羽琦，2022）。区域创新一体化是指区域内由企业、政府、科研机构、大学及中介机构等各创新主体组成的创新生态系统和创新网络，其以稳定的契约关系为基础，通过知识共享与互补、促进创新生产要素自由流动、推动制度创新等方式促进区域内整体创新水平的提升（张贵和温科，2017）。汉森和伯金肖（Hansen & Birkinshaw，2007）从创新价值链的角度指出，创新系统内部是一个包含创新知识的产生、选择、转化、传播等多环节和多要素的价值链传递的过程。创新系统不同环节的相互作用实现价值链的溢出效应，因此协同创新表现为价值链不同环节之间的外部性。此外，不同创新空间之间也存在创新外溢效应，因此协同创新效应是价值链溢出效应和空间溢出效应共同作用的结果。

现有文献关于区域一体化的研究很多，但单独关注创新一体化的文献较少。与创新一体化相关的研究大多集中于协同创新。针对协同创新的研究，学者主要从协同创新的模式、协同创新水平的评价以及协同创新的影响等方面进行探讨。就协同创新模式而言，何郁冰（2012）提出"战略—知识—组织"三重互动的产学研协同创新模式，初步构建产学研协同创新的理论框架。解学梅和刘丝雨（2015）将中小企业的协同创新模式分为战略联盟模式、专利合作模式、研发外包模式和要素转移模式这四种。就协同创新水平的评价而言，王雅洁和张嘉颖（2022）从创新参与、主体协同、资源配置和协同共享四个方面构建城市群协同创新评价指标体系，对中国城市群的协同创新能力进行测度，研究发现珠三角城市群协同创新能力最强，长三角城市群协同创新水平稳步提升，京津冀城市群协同创新发展速度放缓。吴康敏等（2022）从技术创新、知识生产、创新资本三个维度构建协同创新指标体系，研究发现粤港澳大湾区创新空间结构呈现出显著的极化特征，深圳、香港和广州占据绝对核心地位，呈现为穗深港三核心并立的城市群协同创新网络结构。就协同创新的影响而言，白俊红和蒋伏心（2015）构建协同创新指标体系，实证分析发现政府、企业、金融机构、高校等科研机构等创新主体之间联结的协同创新体系对区域创新绩效有显著的正向影响，并且区域间创新要素的动态流动增强了知识的空间溢出效应，提升了区域创新绩效。解学梅和刘丝雨（2015）运用结构方程模型，探讨长三角都市圈的中小型制造业企业的协同创新模式对创新绩效的影响，实证研究发现企业协同创新模式能增强企业间的协同效应，进而提升企业创新绩效。邓晶等（2022）运用空间杜宾模型对京津冀、珠三角、长三角及成渝城市群进行实证分析，研究发现区域协同创新可以提升城市群绿色经济发展水平。

三、数字经济对创新的影响效应

数字经济的概念由塔普斯科特（Tapscott，1995）首次提出。刘军等（2020）将数字经济定义为一种新型经济形态，与传统经济形态不同的是数字化信息是生产及交易活动中的关键因素，生产者提供产品和服务以及消费者进行消费，均利用互联网和数字化技术以数字化方式进行。数字经济由于以数据为生产要素，具有强大的扩散能力和渗透能力，跨越产业系统边界，从而对创新有强大的推动作用。

关于数字经济对创新能力的影响，目前的研究大多从宏观和微观企业层面展开。就宏观层面而言，赵涛等（2020）发现数字经济通过激发大众创业有效推动经济的高质量发展，且大众创业的社会效应会在地区间扩散，带动其他地区的创新创业活动。师博（2020）提出数字产业化能够有效提升产业的全要素生产率，提升产业创新能力，推动产业高质量发展，而数字基础设施的建设会发挥数字信息技术的创新效应，提升城市的智能化水平。王燕灵（2020）发现互联网的接入提高区域内各主体间创新网络的连通性，对创新绩效的提高产生积极影响，而数字基础设施建设、互联网普及和应用水平、企业信息化服务平台建设对创新绩效的影响均呈现先促进后抑制的倒 U 型关系。就微观企业层面而言，杜传忠和张远（2021）指出数字经济通过数字金融技术缓解企业创新融资约束，通过数字化研发管理系统转变企业的创新模式，从而提高企业创新能力。张晴和于津平（2020）指出，企业生产投入的数字化显著增加新产品的产出，优化生产要素的组合，促进企业创新系统的整合完善，为企业向全球价值链高端迈进提供了创新活力。马塔拉佐·米凯拉等（Matarazzo Michela et al.，2021）指出数字经济改变企业的传统商业模式，企业利用数字化的社交平台与消费者进行产品升级、服务改进、系统开发等方面的互动，促成消费者需求与企业产品和服务创新相匹配，从而提高企业创新能力。

从目前的研究成果来看，关于创新的理论研究十分丰富，区域间协同创新的理论也较为丰富，然而单独研究创新一体化的文献较少。首先，创新一体化作为整体性全局性的战略规划，要求共建创新链产业链深度融合、"内聚外合"的开放性创新网络和创新驱动的良好生态环境，因而用以合作为基础的协同创新代替创新一体化可能导致整体性不足问题，从而高估区域创新一体化的效果。其次，数字经济对地区创新的影响效应也已有较多相关成果，但在实证研究中大多将固定宽带接入数或者电子商务发展水平作为衡量数字经济的指标，由此导致数字经济发展水平评价结果不全面，因而在估计数字经济对创新的影响时存在较大偏差。最后，关于数字经济单独对区域创新一体化的影响效应的研究较少。如何构建数字经济时代下的创新一体化评价体系，如何加快推进数字化建设与长三角一体化等方面还存在不足，本章的实证研究可以丰富数字经济的相关文献，弥补研究缺陷，为各地各部门发展数字产业，整合区域创新资源，加强区域创新合作，从而有效推动技术创新，促进区域创新一体化发展，加速推进长三角地区创新高地建设提供科学依据。

第二节　模型设定、变量选取与数据说明

一、模型设定

为探讨数字经济对创新一体化的影响效应，本章构建以下基本线性

模型：

$$innovation_{it} = \alpha_0 + \beta_1 dige_{it} + \beta_2 control_{it} + \varepsilon_{it} \qquad (6.1)$$

其中，$innovation_{it}$ 表示长三角地区的创新一体化水平，$dige_{it}$ 表示长三角地区的数字经济发展水平，$control_{it}$ 表示控制变量所构成的向量集合，ε_{it} 表示随机干扰项（下标 i 表示城市，t 表示时间）。

二、变量选取

（一）被解释变量：创新一体化（*innovation*）

根据现有文献，本章从创新投入一体化、创新产出一体化和创新环境一体化三个维度构建创新一体化指标体系（见表 6-1），创新一体化指数采用第二章第四节的测算数据。

表 6-1 创新一体化指标体系

一级指标	二级指标	三级指标
创新一体化	创新投入一体化	每万人中 R&D 人员数
		R&D 内部经费支出占 GDP 的比重
	创新产出一体化	每万人发明专利授权数
		每万人发明专利申请数
		突破式创新程度 = 发明专利/总专利授权
	创新环境一体化	科技支出占 GDP 的比重
		区域"双一流"高校数量占比
		每万人科技机构数

（二）解释变量：数字经济发展水平（*dige*）

本章采用第三章测算得到的数字经济发展水平指数（*dige*）进行衡量。

（三）控制变量

（1）人力资本（*person*）：基于知识生产函数，创新产出与创新资源投入密切相关，人力资本投入会增强企业吸收知识溢出的能力，人力资本存量的增加为地区创新能力提高提供了驱动力。本章将以每万人 R&D 人员数衡量人力资本，验证其对地区创新一体化的影响。

（2）产业规模（*scale*）：产业规模的扩大会提高资源获取能力，促使优质资源向产业内集聚，弥补技术创新的投入成本。产业规模越大，知识技术的外溢效应也越强。由产业自身的规模优势形成的规模经济会通过规模效应降低地区企业获取外部知识的成本，促进企业将内外部知识投入生产，进而促进地区创新产出积累，推动区域技术进步（夏凡和冯华，2020）。本章以规模以上工业企业的工业总产值与企业数之比衡量产业规模，验证其对地区创新一体化的影响。

（3）市场开放程度（*market*）：扩大的对外开放带来外国知识溢出，通过进口获得的国际知识溢出是提升技术水平的最主要途径（蔡伟毅和陈学识，2010）。但也有学者研究发现开放程度对创新有"挤出效应"。市场开放程度扩大，伴随着大量外资进入，对本地企业形成冲击，降低本地企业的生产规模和经营效益，从而抑制本地企业创新的动力（张海洋和史晋川，2011）。本章采用地区进出口总额占地区生产总值的比重来衡量市场开放度。

（4）政府关系嵌入（*government*）：政府关系嵌入对企业创新活动的影响尚无定论。姜博等（2019）认为借助政府平台，制造业企业知识搜寻的范围扩大，知识获取的难度降低，政府优惠的财政补贴政策为企业创新活动提供资金来源，降低企业的创新成本和风险。企业为得到更多财政资金支持，寻求与政府建立联系，这种寻租行为会使得社会稀缺资源不能得到有效配置，企业经营效益降低（余明桂等，2010）。本章采用政府科技支出占地区生产总值的比重来衡量政府关系嵌入。

三、数据来源与描述性统计

本章数据来源于 2013—2021 年《中国城市统计年鉴》《安徽统计年鉴》《浙江统计年鉴》《江苏统计年鉴》《上海统计年鉴》及各地级市统计年鉴。经过数据整理，得到 2012—2020 年 41 个长三角城市共 369 个观察值的平衡面板数据。主要变量的描述性统计结果见表6－2。

表6－2 主要变量的描述性统计结果

变量类型	变量名称（变量符号）	样本量	平均值	标准差	最小值	最大值
被解释变量	创新一体化程度（innovation）	369	0.099	0.121	0.006	0.737
解释变量	数字经济指数（dige）	369	0.003	0.003	0.0003	0.020
控制变量	人力资本（person）	369	81.84	134	1.860	1204
	产业规模（scale）	369	0.601	0.276	0.264	2.080
	政府关系嵌入（government）	369	0.005	0.003	0.0008	0.019
	市场开放程度（market）	369	0.296	0.300	0.019	1.61

第三节 实 证 分 析

一、基 准 回 归 分 析

首先采用模型（6.1）整体分析数字经济对创新一体化的影响效应。根据 F 检验和 Hausman 检验的结果，采用固定效应模型对长三角的数字经济和区域一体化的关系进行分析。具体结果见表6－3，由第（1）列可知，在不增加控制变量时，数字经济对公共服务一体化的影响系数在1%水平上显著为正。随着控制变量的逐步加入，核心解释变量数字经济的系数大小依次为23.084、22.499、22.116 和23.715，系数大小虽略有浮动，但始终在1%的水平上显著为正。因此可以发现，数字经济对长三角创新一体化有正向影响，即数字经济的发展显著促进了长三角创新一体化程度的提高。

表 6 – 3　　　　　　　　　　　　　基准回归结果

变量	(1) innovation	(2) innovation	(3) innovation	(4) innovation	(5) innovation
dige	23.096 *** (10.80)	23.084 *** (11.40)	22.499 *** (11.16)	22.116 *** (10.99)	23.715 *** (10.84)
person		0.027 *** (6.18)	0.025 *** (5.85)	0.024 *** (5.45)	0.023 *** (5.17)
scale			0.025 *** (2.73)	0.030 *** (3.22)	0.032 *** (3.38)
government				2.383 ** (2.12)	2.489 ** (2.22)
market					0.032 * (1.83)
常数项	0.027 *** (3.92)	– 0.075 *** (– 4.24)	– 0.053 *** (– 2.73)	– 0.055 *** (– 2.87)	– 0.065 *** (– 3.27)
城市固定效应	是	是	是	是	是
年份固定效应	是	是	是	是	是
观测值	369	369	369	369	369
R^2	0.955	0.960	0.961	0.961	0.962

注：***、**、* 分别表示在 1%、5%、10% 水平上显著，括号内数值为 t 值。

　　通过对控制变量的分析发现，人力资本对创新一体化有显著的积极影响，从表 6 – 3 的回归结果看，R&D 研发人员投入每增加 1%，将使长三角创新一体化程度提高约 0.023 个单位。产业规模对长三角创新一体化程度存在显著的积极影响，这说明产业规模越大，产业集中度越高，资源收集和利用能力越强，地区创新产出能力就越高，创新一体化程度越高。对于政府关系嵌入，政府科技支出占比的回归系数在 5% 的水平上显著为正，表明政府关系嵌入对创新一体化有积极的促进作用，原因可能在于政府关系嵌入在一定程度上有助于资金及技术资源的合理分配，有助于地区创新活动的统筹规划，优化整体经济结构，促进经济创新转型，提高创新一体化水平。在市场开放度方面，地区进出口占比的回归系数在 10% 的水平上显著为正，表明市场开放度在一定程度上对创新一体化有促进作用。扩大的对外开放促进国外知识和技术溢出，促进创新技术水平提升，从而提高创新一体化程度。

二、稳健性检验

（一）替换解释变量

为克服统计变量选择对回归结果的影响，参照胡艳等（2022）的方法，以北京大学数字普惠金融指数表示数字经济发展程度（*digital*）（郭峰等，2020），进一步验证数字经济对创新一体化的影响效应。表 6-4 的第（1）列显示了回归结果，数字普惠金融指数的回归系数在 5% 的水平上显著为正，说明数字经济发展对长三角创新一体化产生积极影响。此外，其他控制变量的回归系数在显著性和方向上基本与表 6-3 一致。由此证明了研究结论的有效性和稳健性。此外，数字普惠金融指数的回归系数相比基准回归系数明显降低，说明从多方面构建指标体系比用单一的数字金融指标测算数字经济发展水平的回归结果更具有代表性。

表 6-4　　　　　　　　　　　稳健性检验结果

变量	（1）	（2）
	innovation	*innovation*
digital	0.020 ** (2.13)	
*dige*1		20.206 *** (7.31)
person	0.024 *** (4.76)	0.025 *** (5.18)
scale	0.038 *** (3.45)	0.031 *** (2.76)
government	2.926 ** (2.24)	2.613 ** (2.06)

续表

变量	(1)	(2)
	innovation	*innovation*
market	-0.041** (-2.20)	0.039* (1.89)
常数项	-0.019 (-0.64)	-0.061*** (-2.69)
城市固定效应	是	是
年份固定效应	是	是
观测值	369	328
R^2	0.948	0.960

注：*、**、*** 分别表示在 10%、5%、1% 水平上显著，括号内数值为 t 值。

（二）被解释变量滞后一期

考虑到数字经济发展水平与地区创新一体化水平可能存在内生性问题，一方面，地区创新一体化水平受多方面因素的影响，控制变量可能存在遗漏；另一方面，数字经济发展促进创新一体化水平提升，但同时创新一体化也可能对数字经济发展产生反向影响，两者之间可能存在互为因果的双向联系。因此本章将数字经济发展水平滞后一期，对地区创新一体化水平再次进行回归检验，回归结果见表 6-4。从第（2）列可以得知，数字经济滞后一期的回归系数在 1% 水平上显著为正，各控制变量显著性与符号也与表 6-3 基本一致，因此支持研究结论，即数字经济可以促进长三角创新一体化水平提高。

三、异质性分析

在长三角创新一体化分析的基础上，进一步在不同层面分析数字经济对于长三角创新一体化的影响效应，探究数字经济对于长三角创新一体化的影响是否会因城市所处的经济范围、城市层级以及城市生产要素配置的不同而存在差异。

（一）城市所处经济范围的异质性

2016 年 5 月国务院正式通过《长江三角洲城市群发展规划》，提出要全面建成具有全球影响力的世界级城市群，并把安徽合肥都市圈纳入长三角城市群的范围。本章将规划所提的"长三角城市群"涉及的城市认定为都市圈城市，包括南京、扬州、杭州、嘉兴、合肥、芜湖、上海等 26 个城市，剩下的 15 个城市则认定为非都市圈城市。表 6 - 5 的回归结果显示，都市圈城市数字经济的回归系数在 1% 的显著性水平上显著，数字经济发展水平每提升 1 个单位，都市圈城市的创新一体化指数提高 23.833 个单位；而非都市圈城市数字经济的回归系数在 10% 的显著性水平上显著，数字经济发展水平每提升 1 个单位，非都市圈城市的创新一体化指数提高 10.569 个单位。由此可见，相较于非都市圈城市，数字经济发展对都市圈城市创新一体化程度的提升效果较好。产生上述结果的主要原因可能是都市圈与非都市圈城市所处的数字经济发展阶段存在差异。都市圈城市经济发展水平相对较高，数字基础设施建设完善，科研资源和高素质人力资源丰富，信息交流渠道较为畅通，制造业整体产业基础较好，数字经济水平整体高于非都市圈城市，随着数字信息技术渗透的深化，知识技术溢出效应较为稳定，因而对都市圈城市的创新一体化提高效应较为显著；而非都市圈城市的数字产业的发展水平低于都市圈城市，数字经济的发展仍处于学习知识和技术的阶段，因而数字经济对非都市圈城市创新一体化发展程度的正向影响有待进一步发挥。

表 6 - 5　　　　　　　　　城市所处经济范围的异质性分析

变量	（1）	（2）
	都市圈	非都市圈
dige	23.833 *** （9.13）	10.569 * （1.85）
person	0.027 *** （3.72）	0.022 *** （6.49）
scale	0.041 *** （2.77）	0.011 （1.36）

变量	（1）	（2）
	都市圈	非都市圈
government	2.398 * （1.68）	0.291 （0.21）
market	0.043 ** （2.16）	0.072 （1.25）
常数项	− 0.087 ** （− 2.42）	− 0.045 *** （− 2.98）
城市固定效应	是	是
年份固定效应	是	是
观测值	234	135
R^2	0.965	0.794

注：＊、＊＊、＊＊＊分别表示在10%、5%、1%水平上显著，括号内数值为 t 值。

（二）城市层级的异质性

由于长三角地区不同城市在地理位置、自然资源禀赋、基础设施建设完善程度和社会经济基础等方面存在差异，所处城市层级的不同可能导致数字经济对创新一体化发展的作用效果产生不同影响，因此，本章进一步基于不同城市层级探讨数字经济促进创新一体化发展的异质性影响。将长三角中的直辖市与省会城市认定为中心城市，其他城市认定为外围城市，即将长三角41个城市中的上海市、杭州市、南京市与合肥市列为中心城市，其他城市则列为外围城市，由于宁波市是副省级城市，也将其列入中心城市。表6－6的回归结果显示，中心城市数字经济的回归系数在1%的显著性水平上显著，数字经济发展水平每提升1个单位，中心城市的创新一体化指数提高21.967个单位；而外围城市数字经济的回归系数在5%的显著性水平上显著，数字经济发展水平每提升1个单位，外围城市的创新一体化指数提高8.457个单位。由此可见，相较于外围城市，数字经济发展对中心城市创新一体化程度的提升效果较好。这是由于中心城市资源要素禀赋丰富，交通通达度较高，产业链较为完备，研发机构、金融机构等服务体系较为健全，而且在经济快速发展中吸引大量高素质人才集聚，因而数字经济发展的内部知识体系完整，技术积累丰厚，知识和技术要素优势得以充分发挥，从而进一步促进了创新一体化发展；而在外围城市，产业规模较小，数字产业链不完备，知识要素应用较少，数字经济内部知识体系较为薄弱，因而创新能力不强，规模效应和创新效应不能充分发挥。

表 6 – 6　　　　　　　　　　　　城市层级的异质性分析

变量	(1)	(2)
	中心城市	外围城市
dige	21.967 *** (2.82)	8.457 ** (2.38)
person	0.095 * (1.78)	0.026 *** (7.44)
scale	− 0.090 (− 0.72)	0.025 *** (3.25)
government	− 3.605 (− 0.90)	1.122 (1.00)
market	0.105 (0.62)	0.014 (0.96)
常数项	− 0.344 (− 1.26)	− 0.043 ** (− 2.55)
城市固定效应	是	是
年份固定效应	是	是
观测值	45	324
R^2	0.973	0.867

注：*、**、*** 分别表示在 10%、5%、1% 水平上显著，括号内数值为 t 值。

(三) 生产要素配置的异质性

数字经济通过数据共享，能有效破除劳动、资本等生产要素在区域间、行业间的流动壁垒，减少信息不对称情况，从而改变地区要素投入的比例，修正区域内部生产要素配置的不平衡问题，缩小城市间的经济、产业、社会发展差距，提高一体化水平。因而生产要素配置水平会显著影响数字经济对区域一体化的影响效应（王玉和张占斌，2021）。本章选取地区全要素生产率作为衡量地区生产要素配置水平的指标，全要素生产率越高，表明该地区生产要素配置水平越平衡。将样本划分为两组，高于中位数的观测值归为全要素生产率高的一组，低于中位数的观测值则归为全要素生产率低的一组，以此进行分组回归来探讨数字经济发展影响长三角创新一体化水平的异质性效应。表6-7的回归结果显示，全要素生产率高的城市数字经济的回归系数在1%的显著性水平上显著，数字经济发展水平每提升1个单位，全要素生产率高的城市的创新一体化指数提高28.156个单位；全要素生产率低的城市数字经济的回归系数在1%的显著性水平上显著，数字经济发展水平每提升1个单位，全要素生产率低的城市的创新一体化指数提高14.101个单位。由此可见，相较于全要素生产率低的城市，数字经济发展对全要素生产率高的城市创新一体化程度的提升效果较好。

表6-7 生产要素配置的异质性分析

变量	(1)	(2)
	高 TFP	低 TFP
dige	28.156 *** (10.54)	14.101 *** (3.33)
person	0.033 *** (4.93)	0.018 *** (2.85)
scale	0.014 (0.89)	0.045 *** (3.30)
government	1.810 (1.09)	3.933 ** (2.34)
market	0.003 (0.08)	0.033 (1.40)
常数项	-0.117 *** (-4.07)	-0.015 (-0.49)
城市固定效应	是	是
年份固定效应	是	是
观测值	184	183
R^2	0.971	0.957

注：**、*** 分别表示在5%、1%水平上显著，括号内数值为 t 值。

第四节　本章小结

　　本章首先在理论层面分析数字经济对长三角创新一体化影响的作用机制，以2012—2020年长三角地区41个城市为样本，采用固定效应模型探讨数字经济对长三角创新一体化的影响效应，之后进一步从城市所处的经济范围、城市行政级别和城市生产效率三个方面探讨数字经济对长三角创新一体化影响的异质性结果。主要得出以下结论。

　　（1）数字经济的发展对长三角创新一体化产生显著的正向影响，数字经济的发展使长三角创新一体化程度指数提高，人力资本、产业规模、政府关系嵌入和市场开放程度均是有效促进创新一体化发展的重要因素。

　　（2）异质性分析表明，相比非都市圈城市，数字经济发展对都市圈城市创新一体化程度的提升效果较好；相比行政级别较低的城市，数字经济发展对行政级别较高的城市创新一体化程度的提升效果较好；相比全要素生产率低的城市，数字经济发展对全要素生产率高的城市创新一体化程度的提升效果较好。

第七章 数字经济促进长三角公共服务一体化分析

公共服务根植于人民群众，关乎民生，连接民心。随着国家实力显著提升，在党和政府各项政策实施下，我国公共服务体系逐渐完善，公共服务发展水平全面提高。目前，我国经济已由高速增长阶段转向高质量发展阶段，但公共服务发展不平衡不充分矛盾仍较为突出，服务效能仍有待提高。在新发展阶段，如何提供高质量公共服务，促进公共服务一体化，应对人民群众需求新变化，满足人民"美好生活需要"，为实现更充实、更有保障和更可持续的获得感、幸福感和安全感成为目前重要议题。

数字经济是以数字化的信息和知识为关键生产要素，以信息技术为载体的一种新经济形态。2020 年《中国数字经济发展白皮书》指出，我国的数字经济增速已达 GDP 增速的三倍有余，是拉动经济增长的重要引擎。同时，三次产业数字化渗透水平依次递增，其中服务业数字经济渗透率为40.7%，同比增长 2.9 个百分点，居三次产业之首，服务业数字化已成为不可阻挡的时代潮流。公共服务与民生保障、社会公平正义息息相关，加快"数字化公共服务"新模式、新业态的形成具有重大意义。党的十九届五中全会提出："加强数字社会、数字政府建设，提升公共服务、社会治理等数字化智能化水平"，这为高质量的公共服务发展指明了方向。随着新一轮科技革命兴起，大数据、人工智能、区块链等技术不断发展，为公共服务发展催生新业态、新模式。《"十四五"公共服务规划》提出"推动数字化服务普惠应用，促进'互联网＋公共服务'发展，推动线上线下融合互动"。由此可见，数字经济已然成为公共服务高质量发展的重要引擎。"十四五"时期如何充分激发数字经济活力，有效利用信息技术，积极推动数字经济赋能公共服务一体化发展，对保障民生福祉，扎实推进共同富裕至关重要。

　　长三角地区是中国最具活力、最开放、最具创新能力的区域之一，在我国的现代化建设和全面开放格局中占有重要位置，长三角既有其独特的区位优势，又有其独特的社会经济条件。在区域融合发展进程中，实现公共服务一体化是其终极目标和归宿。区域公共服务的整合，既是区域经济发展的重要组成部分，又是实现区域经济高质量发展的必然结果。因此，本章将着力探讨数字经济对长三角公共服务一体化的影响效应。

第一节　文　献　综　述

一、公共服务相关研究综述

　　聚焦理论视角，现有文献对公共服务的内涵界定进行了较多探讨。已有研究对公共服务的界定大多从供给角度出发（范柏乃和金洁，2016），多数学者认为公共服务是多维度的。19世纪，瓦格纳作为德国社会政策学派的重要代表，首先提出了"公共服务"这个概念。他认为，政府在保障市场正常运转的同时，也具有改善社区文化和社会福祉的作用，并着重强调公共消费的生产性。公共服务的概念是指以公共资源为依托，以公共利益为基础，以满足公众需要为目标，以各种活动的形式进行的一系列工作。公共服务的内容包括教育、就业、医疗、卫生、体育、公共设施等与人民生活、发展紧密相关的领域。陈海威（2007）指出基本公共服务是指在一定的经济状况下，能够保障全体人民的最基本的权利，并使全体人民享有公平、平等和广泛的基本服务，这是一种具有保障和平等性质的服务。部分学者将政府公共服务划分为"公共产品"与"价值产品"两大类。这一分类将私人供应和政府供应并列，将各种公共服务和对应的供应主体联系在一起。马庆钰（2005）从法律和所有权两个方面提出，"公共服务"是指在纯粹公共物品、混合公共物品和特殊私人物品制造和供应方面，政府与非政府公共机构以及相关商业机构的职责。社会保障是一种公共服务，是最重要的一种，强调公共医疗服务的公益性，强调政府的责任和必要的投资，包括以社区为基础的公共卫生服务体系、公共医疗健康服务、医疗保障。安体富和任强（2007）从服务范畴和公共物品范畴两个维度对公共服务的内涵进行论述，认为公共服务应包括教育、文化、卫生、社会保障和环境等多方面，并将与民生相关的纯公共服务作为分界点，把公共服务划分为基本公共服务和一般公共服务两个类别。曾红颖（2012）基于我国实际情况提出公共服务范围应包含保障人的基本生存权、保障人的基本健康权和保障人的自我发展权三个方面，具体包括社会保障和就业、医疗卫生和文化体育等九大方面。武力超等（2014）认为公共服务可以从主观评价和客观评价两个角度出发考察公共服务的公平性、便利性与公众满意度，同时指出主观评价所需数据成本高、难获取，应从保障基本民生的医疗卫生、教育、环境保护、能源基础设施与交通运输等方面度量公共服务。

关于公共服务的测算及其影响因素，现有实证研究涉及较多。关于公共服务的测算，比较常见的包括以下两种：一是基于非参数数据包络分析（DEA）测算公共服务供给效率（续竞秦和杨永恒，2011）；二是根据公共服务内涵构造指标体系并运用主成分分析法或熵值法进行衡量（史卫东和赵林，2015；韩峰和李玉双，2019）。从影响公共服务的因素来看，张开云等（2010）从经济因素、社会因素、政治因素和信息与技术因素四大方面阐述对公共服务质量的影响。陈文博（2012）提出公共服务投入增加、全面质量管理方法及公共服务信息透明是实现公共服务质量提升的有效路径。龚锋和卢洪友（2013）基于教育和医疗的实证研究分析，得出财政分权可以有效影响公共服务供给配置，且对于不同维度的公共服务存在异质性。邓宗兵等（2014）研究得出人均 GDP、人口密度、居民教育年限、城镇化水平等对公共服务发展具有显著影响。储德银等（2018）研究发现财政分权对公共服务存在倒 U 型非线性影响。当财政分权水平超出最优值时将颠覆原有的促进效应。高春亮和李善同（2021）研究表明人力资本高的城市通常对公共服务的需求越高，且二者存在"共振"现象。

二、数字经济相关研究综述

目前，学术界对数字经济的概念和含义尚未形成一致的认识。塔普斯科特（Tapscott，1996）首先提出了数字经济，把数字经济与传统的经济模式相区别，它是以数字的形式表现出来的，与知识经济相似。一些学者将数字经济定义为 ICT 领域（Herrero & Xu，2018）。G20 从广义上对数字经济进行定义，认为数字经济包含数字工业化和信息通信产业的比率和数字产业的数字化，而数字经济则包含生产要素、载体和推动力三大要素。数字经济的快速发展，扩大了数字经济的范围，社交媒体、搜索引擎、政府，都是数字经济的一部分，数字经济并不局限于数字工业，而是将数字产业与其他产业结合在一起，形成一种新的商业模式（张辉和石琳，2019）。许恒等（2020）认为，无论是平台经济还是共享经济，都是以数据为基础的，都属于数字经济。一些学者则主张，数字经济也应该包括管理数字化（杨佩卿，2020）。事实上，把数字技术应用到社会管理中，也包括在社会管理数字化之中。

关于数字经济发展程度的度量，部分学者采用诸如北京大学普惠金融等单一指标来衡量数字经济的发展程度（何宗樾和宋旭光，2020）。也有学者通过构建指标体系进行衡量。刘军等（2020）从信息化、互联网、数字贸易三个方面选取 18 项指标，建立省级数字经济指数。赵涛等（2020）从网络发展与普惠金融两个角度研究，结果表明，数字经济具有显著的外溢作用，其作用在于激励民众创业，推动经济高质量发展。欧盟数字经济与社会指数（Digital Economy and Society Index，DESI）则是以数字基础设施建设等内容为基础，构建数字经济发展水平指标体系，而 OECD 从智能化基础设施、ICT 促进经济增长和增加就业、创新能力和社会赋权四个维度衡量数字经济发展水平。

三、数字经济对公共服务一体化影响效应综述

随着数字经济在社会各领域的融合广度和深度不断拓展，数字经济对公共服务的影响效应也引起部分学者的注意。目前，有关数字经济和公共服务的研究主要聚焦于数字化对公共服务子维度的影响。李黎波（2018）指出应把握数字经济与教育融合发展，以学生的需求导向，建设智慧校园，为提供高品质的公共教育服务助力；惠宁和白思（2021）通过实证分析得

出，互联网是助推文化产业发展的新引擎，且有助于区域文化产业空间溢出；申曙光和吴庆艳（2020）基于对数字医疗健康模式的考察，发现数字医疗服务的发展有助于实现医疗服务公平；廖喜生等（2019）在人口老龄化背景下，就"智慧养老"模式从产业链五个子维度出发提出优化路径。也有学者从中国经验的实证研究入手，对大数据驱动地区公共服务一体化展开研究，通过对区域公共服务理论的整合与实践支持构建以大数据为基础的区域公共服务体系的整合路径（唐跟利和陈立泰，2021）。

通过梳理相关文献发现，现有研究仍缺乏数字经济对公共服务一体化发展的探讨，因此为本章内容提供了边际贡献的可能。那么，数字经济对长三角公共服务一体化发展究竟产生何种影响？通过哪些渠道来影响？影响效应是否在不同环境下存在差异性？为厘清上述问题，本章力图丰富数字经济对公共服务一体化发展的研究，以期为促进公共服务一体化发展提供理论经验与启示。

第二节　模型设定、变量选取与数据说明

一、模型设定

根据第四章的理论分析，为了检验数字经济促进公共服务一体化发展的作用，本章构建以下基准回归模型：

$$qps_{it} = \alpha_0 + \alpha_1 dige_{it} + \alpha_j control_{it} + \mu_i + \delta_t + \varepsilon_{it} \qquad (7.1)$$

其中，被解释变量 qps_{it} 表示公共服务一体化发展水平，核心解释变量 $dige_{it}$ 表示数字经济发展水平，$control_{it}$ 表示其他控制变量，u_i 表示城市固定效应，δ_t 表示时间固定效应，ε_{it} 表示随机扰动项（下标 i 表示城市，t 表示时间）。借鉴以往研究成果，控制变量主要包括经济发展水平（pgdp），外商直接投资（fdi），金融发展水平（finance），人口密度（n）以及财政分权度（finadp）。

进一步，为考察数字经济是否通过技术创新、人力资本和就业结构间接影响公共服务一体化发展，构建以下中介效应模型：

$$M_{it} = \beta_0 + \beta_1 dige_{it} + \beta_j control_{it} + \mu_i + \delta_t + \varepsilon_{it} \tag{7.2}$$

$$qps_{it} = \gamma_0 + \gamma_1 dige_{it} + \gamma_2 M_{it} + \gamma_j control_{it} + \mu_i + \delta_t + \varepsilon_{it} \tag{7.3}$$

其中，M 表示中介变量，包括技术创新（$innov$）、人力资本（hum）和就业结构（ies）。中介效应检验步骤如下：检验式（7.1）数字经济的估计系数 α_1 显著且为正的前提下，进一步对式（7.2）和式（7.3）进行回归估计。若式（7.2）的估计系数 β_1 和式（7.3）的估计系数 γ_2 同时显著且符合预期，则表明中介效应存在，即数字经济能够通过中介变量影响公共服务一体化发展。

二、变量选取

（一）被解释变量：公共服务一体化（qps）

根据现有文献，参考詹新宇和王蓉蓉（2022）的研究思路，本章从社会保障一体化、教育服务一体化、医疗服务一体化、公共文化一体化和基础设施一体化共五大维度构成公共服务一体化指标体系（见表7-1），公共服务一体化指数根据第二章第四节计算得出。

表7-1　　　　　　　　　公共服务一体化指标体系

一级指标	二级指标	衡量方法
公共服务一体化	社会保障一体化	城镇常住人口基本养老保险覆盖率
		城镇常住人口基本医疗保险覆盖率
	教育服务一体化	生均小学教师数
		生均中学教师数
	医疗服务一体化	每万人医生数
		每万人医疗机构床位数
	公共文化一体化	人均拥有公共图书馆藏书量
	基础设施一体化	人均道路面积
		人均邮电业务量

（二）核心解释变量：数字经济（*dige*）

本章采用第三章测算得到的数字经济发展水平指数（*dige*）进行衡量。

（三）中介变量

（1）技术创新（*innov*）。度量方式多为科技投入水平、R&D 从业人数、研发经费投入强度等常用指标，本章借鉴周锐波等（2019）的做法，采用城市专利申请数（万件）来衡量，其中专利申请数为当年国内申请的发明数量、实用新型数量以及外观设计数量的总和。

（2）人力资本（*hum*）。常用的衡量方式大体可以分为两种，一种是采用平均受教育年限衡量，另一种是以受高等教育人数表示。本章借鉴王智勇和李瑞（2021）等的做法，采用每万人在校大学生人数衡量人力资本水平。

（3）就业结构（*ies*）。本章借鉴戚聿东等（2020）研究思路，从产业角度出发，采用第三产业就业比重衡量就业结构，该比重越高则表示就业结构越合理。

（四）控制变量

公共服务是一个复杂的体系，除了数字经济发展水平外，对其他可能会影响到公共服务一体化的五个因素加以控制。

（1）经济发展水平（*pgdp*）。经济发展水平越高的地区往往居民收入水平较高和政治影响能力较强，更容易促使政府高效率提供服务，有利于公共服务一体化发展（Migué et al.，1974），采用人均 GDP 衡量经济发展水平。

（2）外商直接投资（*fdi*）。外商投资的增加能够扩大服务业规模，促进公共服务质量和效率的提升，采用实际利用外资额与 GDP 比值进行衡量。

（3）金融发展水平（*finance*）。金融发展水平越高意味着资本市场水平越高，有助于推动公共服务一体化发展，使用金融机构年末存贷款余额与 GDP 比值进行衡量。

（4）人口密度（n）。人口密度提高可能会产生"拥挤效应"，对公共服务供给效率存在负面作用，进而抑制公共服务一体化发展，使用单位面积人口数量进行衡量。

（5）财政分权度（finadp）。财政分权理论上会对公共服务供给增加产生积极影响，进而促进公共服务一体化发展，采用财政预算内收入与财政预算内支出的比值进行衡量。

三、数据来源与描述性统计

基于数据可得性与实效性，本章研究对象为2012—2020年长三角地区共41个城市，形成共369个样本值的平衡面板数据。本章数据主要来源于《中国城市统计年鉴》以及各省市统计年鉴，技术创新数据来源于中国研究数据服务平台（CNRDS），中国数字普惠金融指数来源于北京大学数字金融研究中心。对于少量缺失数据采用插值法补齐。主要变量的描述性统计见表7–2。

表7–2　　　　　　　　主要变量的描述性统计

变量类型	变量名称（变量符号）	样本量	均值	标准差	最小值	最大值
被解释变量	公共服务一体化（qps）	369	0.272	0.162	0.023	0.792
核心解释变量	数字经济发展水平（dige）	369	0.003	0.003	0.000	0.020
中介变量	技术创新（innov）	369	2.021	2.356	0.090	15.734
	人力资本（hum）	369	0.021	0.021	0.002	0.126
	就业结构（ies）	369	0.478	0.152	0.166	0.798
控制变量	经济发展水平（pgdp）	369	0.726	0.383	0.654	1.800
	外商直接投资（fdi）	369	0.027	0.017	0.024	0.089
	金融发展水（finance）	369	2.568	0.839	2.441	6.068
	人口密度（n）	369	0.070	0.055	0.065	0.391
	财政分权度（finadp）	369	0.631	0.226	0.632	1.098

第三节 实 证 分 析

一、基准回归分析

为探讨数字经济对公共服务一体化发展的影响效应，对2012—2020年长三角41个城市的面板数据进行回归。本节采用固定效应模型，对城市和年份进行双重固定，并逐步增加控制变量进行回归，回归结果见表7-3。从表7-3第（1）~（6）列回归结果可以看出，不增加控制变量时，数字经济对公共服务一体化的影响系数在1%水平上显著为正。随着控制变量的逐步加入，核心解释变量数字经济的系数大小依次为17.629、17.623、4.973、10.468和10.362，系数大小虽略有浮动，但始终在至少5%的水平上显著为正。这说明数字经济对公共服务一体化发展质量具有显著而稳定的促进作用，即数字经济的发展有助于公共服务一体化发展，同时也初步验证了回归的稳健性。

对于控制变量，从回归结果可以看出，经济发展水平、金融发展和外商投资回归系数均显著为正，表明经济发展水平、金融发展水平和外商投资水平均是促进公共服务一体化发展的重要推动因素，这与多数研究结论一致。人口密度回归系数均为负且显著，可能是由于随着城市化发展，人口密集产生"拥挤效应"，进而抑制了公共服务一体化发展。财政分权度回归系数为正但不显著，可能是由于地方官员之间的锦标赛竞争会导致财政资源流向有助于经济增长的生产性领域，从而导致医疗卫生支出等公共服务支出效率下降，进而不利于公共服务一体化的有效提升（许敬轩等，2019；邓慧慧等，2021）。

表7-3   基准回归结果

变量	（1）	（2）	（3）	（4）	（5）	（6）
	qps	qps	qps	qps	qps	qps
dige	46.891 *** (19.56)	17.629 *** (8.61)	17.623 *** (8.62)	4.973 ** (2.48)	10.468 *** (3.48)	10.362 *** (3.42)

续表

变量	(1)	(2)	(3)	(4)	(5)	(6)
	qps	qps	qps	qps	qps	qps
pgdp		0.309 *** (22.11)	0.309 *** (21.12)	0.314 *** (26.75)	0.307 *** (25.49)	0.302 *** (15.56)
fdi			0.259 (1.16)	0.783 *** (4.08)	0.797 *** (4.18)	0.776 *** (3.83)
finance				0.063 *** (12.22)	0.057 *** (9.72)	0.057 *** (9.62)
n					-0.228 ** (-2.44)	-0.226 ** (-2.41)
finadp						0.010 (0.31)
常数项	0.162 *** (8.88)	0.040 *** (3.04)	0.032 ** (2.17)	-0.117 *** (-6.75)	-0.091 *** (-4.48)	-0.094 *** (-4.20)
城市固定效应	是	是	是	是	是	是
年份固定效应	是	是	是	是	是	是
观测值	369	369	369	369	369	369
R^2	0.522	0.798	0.799	0.858	0.861	0.861

注: ** 、 *** 分别表示在 5% 、1% 水平上显著, 括号内数值为 t 值。

二、稳健性检验

(一) 分阶段回归

2014 年 12 月 5 日, 中共中央政治局会议指出我国进入经济发展"新常态", 随后 2015 年《公共服务蓝皮书》提出, 要 "坚持协调发展、共享发展理念, 在经济新常态的宏观环境下推动基本公共服务大发展, 促进经济社会全面协调持续健康发展", 公共服务供给自此得到大幅增加。此外, 数字经济自 2016 年来也发展迅速。为了检验回归结果的稳健性, 将研究样本按时间划分为 2012—2015 年和 2016—2020 年分别进行回归。表 7 - 4 第 (1) ~ (2) 列回归结果显示, 数字经济回归系数仍显著为正, 故数字经济可以促进公共服务一体化发展这一结果是稳健的。

（二）替换核心解释变量

本章进一步替换核心解释变量检验稳健性，参考党琳等（2021）的研究，使用腾讯研究院发布的 2016—2020 年城市层面数字中国指数来衡量数字经济发展水平，对基准回归重新进行检验。表 7 - 5 第（3）列结果显示，数字经济对公共服务一体化发展的影响仍是显著为正，与基准回归结果保持一致。

（三）内生性检验

参考黄群慧等（2019）的做法，数字经济的工具变量采用 1984 年每百人固定电话数量，以上做法的合理性在于：第一，各地区历史上的固定电话数量属于电信基础设施，其发展程度为将来信息技术的发展奠定了基础，而数字经济又是以信息技术为载体，故二者符合相关性；第二，随着数字媒体发展迅速，固定电话作为传统通信工具的使用频率日益减少，对公共服务发展的影响微乎其微，具备排他性。本章实证采用固定效应模型，因此进一步借鉴现有研究的设置方法（Nunn & Qian，2014），将上年全国互联网普及率与 1984 年的每百人固定电话数量构造成一个交互项，从而得到一个随时间变化的工具变量，采用两阶段最小二乘法（2SLS）进行回归，回归结果见表 7 - 4 第（4）列。观测系数符号与显著性发现与基准模型一致，说明数字经济可以促进公共服务一体化发展。

表 7 - 4 　　　　　　　　　　稳健性检验回归结果

变量	（1）	（2）	（3）	（4）
	2012—2015 年	2016—2020 年	更换核心解释变量	2SLS + IV
dige	16. 104 *** (2. 73)	16. 369 *** (4. 46)	0. 679 ** (2. 18)	33. 028 * (1. 67)
pgdp	0. 398 *** (15. 52)	0. 238 *** (9. 17)	0. 257 *** (9. 69)	0. 212 *** (4. 33)

续表

变量	（1）	（2）	（3）	（4）
	2012—2015 年	2016—2020 年	更换核心解释变量	2SLS + IV
fdi	1. 242 *** （4. 49）	0. 357 （1. 38）	0. 335 （1. 25）	0. 778 *** （3. 19）
$finance$	0. 064 *** （6. 89）	0. 037 *** （4. 91）	0. 051 *** （7. 46）	0. 039 （1. 64）
n	− 0. 297 ** （− 2. 26）	− 0. 393 *** （− 3. 00）	− 0. 195 （− 6. 76）	− 0. 228 （− 1. 04）
$finadp$	− 0. 077 ** （− 2. 07）	0. 039 （0. 82）	− 0. 069 （1. 41）	0. 051 （0. 88）
常数项	− 0. 127 *** （− 4. 29）	− 0. 045 （− 1. 65）	− 0. 087 *** （− 3. 19）	− 0. 038 （− 0. 61）
城市固定效应	是	是	是	是
年份固定效应	是	是	是	是
观测值	164	205	205	369
R^2	0. 912	0. 852	0. 841	0. 875

注：*、**、*** 分别表示在 10%、5%、1% 水平上显著，括号内数值为 t 值。

三、异质性分析

（一）不同地区的异质性分析

2016 年 5 月发布《长江三角洲城市群发展规划》，长三角都市群将建设成为面向全球、辐射亚太、引领全国的世界级城市群。因此，长三角各城市是否划分为城市群对数字经济促进公共服务一体化产生不同的影响。本章将长三角 41 个城市划分为城市群与非城市群两类样本进行分组回归，回归结果见表 7 - 5。表 7 - 5 第（1）~（2）列结果显示数字经济对城市群公共服务一体化的影响效应显著为正，而数字经济对非城市群公共服务一体化的影响效应为负但不显著。产生上述结果的原因可能在于，城市群内城市受政策影响大多是科技、人才和资本的聚集地，数字经济发展所依赖的重要资源在城市群内可以得到充分实现，而非城市群的经济发展水平与资源集聚程度相比有所不足，没能使数字经济优势充分展现，进而无法充分促进公共服务一体化发展。

表7-5　　　　　　　　　　　异质性回归结果

变量	（1）城市群	（2）非城市群	（3）中心城市	（4）外围城市
dige	14. 342 *** （3. 56）	-9. 082 （-1. 03）	11. 146 * （2. 02）	17. 189 *** （3. 17）
pgdp	0. 355 *** （13. 62）	0. 251 *** （6. 05）	0. 149 * （1. 53）	0. 299 *** （15. 11）
fdi	1. 066 *** （3. 74）	0. 616 ** （2. 47）	-1. 155 （-0. 61）	0. 841 *** （3. 87）
finance	0. 054 *** （6. 39）	0. 061 *** （8. 18）	-0. 036 * （-1. 84）	0. 054 *** （7. 42）
n	-0. 339 *** （-2. 62）	-0. 791 *** （-4. 75）	-0. 388 ** （-2. 58）	-0. 289 * （-1. 86）
finadp	-0. 082 ** （-1. 73）	0. 204 *** （5. 06）	0. 880 *** （4. 64）	-0. 019 （-0. 57）
常数项	-0. 063 * （-1. 90）	-0. 129 *** （-4. 56）	-0. 259 ** （-2. 71）	-0. 082 *** （-3. 33）
城市固定效应	是	是	是	是
年份固定效应	是	是	是	是
观测值	234	135	45	324
R^2	0. 834	0. 786	0. 919	0. 814

注：*、**、***分别表示在10%、5%、1%水平上显著，括号内数值为t值。

（二）不同城市层级的异质性分析

基于长三角地区不同城市在地理位置、自然资源禀赋、基础设施建设完善程度和社会经济基础等方面存在差异，所处城市层级的不同可能使数字经济对公共服务一体化发展的作用效果产生不同影响，因此，本章进一步基于不同城市层级探讨数字经济促进公共服务一体化发展的异质性影响。基于不同城市层级，本研究将长三角共 41 个城市划分为中心城市和外围城市，其中中心城市包含省会及以上城市，其他城市则被划分为外围城市进行检验。表 7 – 5 第（3）、（4）列回归结果显示，数字经济对公共服务一体化发展存在显著的促进效应，同时存在异质性，相较于中心城市，数字经济对外围城市的公共服务一体化促进效应更大。在经济新常态下，中心城市是各省发展的重点对象，同时中心城市大多也是区域交通和信息传输的重要枢纽，数字经济在中心城市的发展相比外围城市而言颇为完善，外围城市更具后发优势进而对公共服务一体化产生的作用更大，能提供更高质量的一体化公共服务。

四、作用机制分析

为检验技术创新、人力资本和就业结构是否在数字经济促进公共服务一体化发展路径中起到机制作用，本章采用中介效应模型进行实证分析，回归结果见表 7 – 6。

表 7 – 6 作用机制回归结果

变量	(1)	(2)	(3)	(4)	(5)	(6)
	innov	*qps*	*hum*	*qps*	*ies*	*qps*
dige	462.018***	9.543***	701.923***	10.173***	23.845***	8.437***
	(7.83)	(2.90)	(1.41)	(4.09)	(5.10)	(2.70)
innov		0.002**				
		(0.65)				
hum				0.849***		
				(3.81)		
ies						0.081**
						(2.36)

续表

变量	（1）	（2）	（3）	（4）	（5）	（6）
	innov	*qps*	*hum*	*qps*	*ies*	*qps*
pgdp	1.640 *** （4.34）	0.299 *** （15.00）	0.030 *** （6.63）	0.276 *** （13.68）	0.067 ** （2.23）	0.297 *** （15.27）
fdi	− 6.507 * （− 1.65）	0.787 *** （3.87）	0.275 *** （5.80）	0.542 *** （2.61）	2.346 *** （7.51）	0.586 *** （2.71）
finance	0.029 （0.25）	0.057 *** （9.60）	0.016 *** （11.38）	0.043 *** （6.42）	0.051 *** （5.66）	0.052 *** （8.59）
n	− 7.443 *** （− 4.07）	− 0.213 ** （− 2.21）	0.054 ** （2.45）	− 0.272 *** （− 2.92）	− 0.044 （− 0.30）	− 0.223 ** （− 2.38）
finadp	2.928 *** （4.73）	0.005 （0.14）	− 0.004 （− 0.50）	0.013 （0.41）	− 0.750 *** （− 15.31）	0.070 * （1.73）
常数项	− 1.492 *** （− 3.43）	− 0.091 *** （− 4.01）	− 0.040 *** （− 7.65）	− 0.060 ** （− 2.53）	0.726 *** （21.09）	− 0.152 *** （− 4.57）
城市固定效应	是	是	是	是	是	是
年份固定效应	是	是	是	是	是	是
观测值	369	369	369	369	369	369
R^2	0.749	0.861	0.545	0.866	0.620	0.863

注：*、**、***分别表示在10%、5%、1%水平上显著，括号内数值为 t 值。

由表 7 - 6 模型（1）和模型（2）结果可知，数字经济在 1% 水平上显著促进了技术创新，将技术创新加入原回归模型后，核心解释变量数字经济与中介变量技术创新依然至少在 5% 水平上显著为正，且第（2）列中数字经济的估计系数相比基准回归模型有所下降，符合中介变量判断标准，进一步说明技术创新在数字经济促进公共服务高质量发展中起到部分中介作用。可见，一方面，信息技术等数字媒介的广泛运用可提高创新效率，为长三角公共服务一体化发展注入动力源泉。数字经济为公共服务新模式的发展创新提供了平台，促进数字经济与公共服务领域相融合，产生新模式，促进公共服务一体化发展。

从表 7 - 6 模型（3）和模型（4）回归结果来看，数字经济在 1% 水平上显著促进了人力资本水平提升，将中介变量人力资本加入原回归模型后，核心解释变量数字经济与中介变量人力资本的估计系数依然在1%水平上显著为正，且估计系数相比基准回归模型也有所下降，具体表现为由10.362下降至10.173，说明人力资本在数字经济促进公共服务高质量发展中也起到部分中介作用。可以看出，数字经济有助于推动人力资本水平的提升，进而为长三角公共服务一体化发展赋能。

从表7-6模型（5）和模型（6）回归结果来看，数字经济在1%水平下显著优化就业结构水平，将中介变量就业结构加入原回归模型后，核心解释变量数字经济估计系数依然在1%水平上显著为正，且估计系数相比基准回归模型也有所下降，具体表现为由10.362下降为8.437，且中介变量就业结构的系数为正向显著，这表明，数字经济发展有利于就业结构优化升级，优化就业结构效应对长三角公共服务一体化发展的中介作用已经凸显。由此可见，在实现公共服务一体化发展道路上，就业结构优化升级已发挥预期的作用效果。一方面，数字经济所衍生出的新模式、新业态，如线上直播、网络带货等为待业或失业者提供了新就业渠道；另一方面，数字赋能的企业提供的就业岗位往往具有价值创造高、工资收入高的特点，有助于降低地区间、城乡间的收入差距，也为充分调动积极性、主动性和实现公共服务一体化发展提供了动力支撑。

第四节　本章小结

本章对2012—2020年长三角区域41个城市加以考察，采用固定效应模型探讨数字经济对长三角公共服务一体化发展的影响效应及作用机制，并从不同地区和城市层级两个方面探索数字经济对公共服务一体化发展的异质性影响，得到了以下主要结论。

（1）数字经济显著促进长三角公共服务一体化发展，经济发展水平、金融发展和外商投资均是有效促进长三角公共服务一体化发展的重要因素。

（2）数字经济对长三角公共服务一体化发展的影响存在异质性。相较于非城市群城市，城市群城市凭借较好的地理位置、完备的基础设施以及良好的政策基础，数字经济对公共服务一体化发展的促进效应更大；而相较于中心城市，数字经济对外围城市的公共服务一体化促进效应更大。

（3）技术创新、人力资本和就业结构均是数字经济推动长三角公共服务一体化发展的有效路径。重视对数字化人才的内培外引，加强专业人才支撑，提升创新成果产出，优化就业结构可以为长三角公共服务一体化发展提供内在动力。

第八章　数字经济促进长三角绿色发展一体化分析

　　目前，中国经济已从高速增长向高质量增长转变，而绿色发展是经济能否高质量发展的重要因素之一。因此，绿色发展将是经济高质量发展的重中之重。

　　随着互联网的发展和信息技术的进步，中国数字经济得到了长足的发展，并且位于世界前列。数字经济在新一轮的科技革命中占据着举足轻重的地位，是中国实行数字化转型，促进可持续发展的基础。然而在发展数字经济的同时更应该重视环境问题，不应再走先污染后治理的老路。绿水青山就是金山银山，中国经济的高质量发展应注重长久发展，坚持可持续发展观。因此，必须将经济发展与绿色发展放到同等地位，才能实现中国式现代化。

　　2020年8月20日，习近平总书记在合肥主持召开扎实推进长三角一体化发展座谈会指出，"长三角地区是长江经济带的龙头，不仅要在经济发展上走在前列，也要在生态保护和建设上带好头"。长三角是我国经济最发达、创新能力最强、开放程度最高的地区，目前的数字经济规模已经达到全国的1/3，具有推动长三角高质量发展和一体化发展的先决条件。因此，探讨长三角地区绿色发展一体化具有重要意义，可以为其他区域提供经验和借鉴意义。

　　本章将深入分析数字经济发展水平对长三角绿色发展一体化的影响效应。首先梳理数字经济发展对绿色发展的文献，并在此基础上结合第四章的理论分析构建实证模型，深入探讨数字经济发展水平对长三角绿色发展一体化的影响。

第一节 文献综述

一、国内研究现状

从国内研究来看，刘茂松（2015）认为信息经济的高端化为绿色发展战略提供重大机遇，数字技术等新的技术革命为中国实施两型绿色发展战略提供机会。钱立华等（2020）认为数字技术的发展使得生态环境信息获取变得更加容易，直接支持生态环保工作，同时数字技术将提高能源与资源的利用效率，促进可再生资源的开发利用，也将应用于绿色金融业务，促进绿色金融市场化发展。更多研究不仅从理论上说明数字经济发展水平与绿色发展之间的关系，更用数据实证检验两者之间的关系。邬彩霞和高媛（2020）使用省级层面数据对中国数字经济发展与低碳产业发展之间的关系进行研究，认为数字经济发展对低碳产业的发展存在显著的促进作用，主要通过提高能源效率与资源利用率两个方面展现出来；各地区低碳产业的发展阶段不同，使得数字经济发展水平对低碳产业发展的促进作用呈现出地区异质性。程文先和钱学锋（2021）运用 DDF 模型测度中国工业绿色全要素生产率，研究发现数字经济发展水平显著提升了中国工业绿色全要素生产率，并且地区规模和制度环境在数字经济发展水平影响工业绿色全要素生产率中存在单门槛效应。

刘新智和孔芳霞（2021）从"三生"（生产、生活、生态）空间视角出发，分析数字经济发展水平对城市绿色转型的影响机理，研究发现数字经济发展水平能够驱动城市绿色转型，并且这种驱动效应在生产空间转型和生活空间转型中更为突出。何维达等（2022）基于省级面板数据，运用双向固定模型实证检验数字经济发展水平对中国绿色生态效率的作用机制。研究结果表明，数字经济发展水平显著地提升中国绿色生态效率，经济发展水平、产业结构优化和科技水平也是促进生态效率提升的重要因素，城市规模的扩大和政府调控对生态效率具有一定的抑制作用。魏丽莉和侯宇琦（2022）运用效率分析、熵值法测量全国 285 个城市的绿色发展水平和数字经济发展水平，研究发现数字经济对城市绿色发展具有促进作用，但该作用存在时滞性和异质性。

二、国外研究现状

从国外研究来看，萨夫琴科和博罗季娜（Savchenko & Borodina，2020）提出 2030 年可持续发展目标（SDG），认为数字经济和绿色经济一体化的技术模式能力持续实施能够改善城市环境和城市生活质量，为城市可持续发展提供了机会。吴海涛等（Wu et al.，2021）利用省级面板数据，研究发现绿色全要素能效具有显著的空间相关性，互联网发展不仅可以直接提高本地绿色全要素能效，还可以提高邻近地区的绿色全要素能效，互联网发展将通过降低资源错配程度、提高区域创新能力和促进产业结构升级间接改善区域绿色全要素能效。王建龙等（Wang et al.，2021）运用中国 269 个地级市面板数据，研究发现互联网发展对绿色经济增长具有显著作用，互联网发展对绿色经济增长的促进作用从东部地区逐步延伸到西部地区；互联网发展使得产业结构发生转变，推动产业结构优化升级，提升环境治理能力，不断改善环境质量，间接促进绿色经济增长。李金林等（Li et al.，2022）使用中国城市数据，实证结果显示数字经济发展水平对本地区绿色经济效率有显著的提升作用，数字经济对东部地区和大城市绿色经济效率的影响大于中西部地区和小城市，技术创新是数字经济提高绿色经济效率水平的重要途径。刘洋等（Liu et al.，2022）利用 286 个城市的数据进行研究发现，数字经济发展水平对中国城市的绿色全要素生产率有显著的提升效应，并且绿色全要素生产率越高，数字经济发展水平对其促进作用越大。

尽管已有不少文献开始研究数字经济发展水平对中国绿色发展的影响，但在长三角地区数字经济发展水平对绿色发展一体化的影响怎样？为此，本章基于 2012—2020 年长三角 41 个地级市面板数据，运用熵值法、双向固定模型对数字经济发展影响长三角绿色发展一体化进行深入研究。

第二节 模型设定、变量选取与数据说明

一、模型设定

基于以上文献综述和第四章的理论分析，采用固定效应模型检验数字经济发展水平对长三角绿色发展一体化的影响，模型构建如下：

$$green_{it} = \alpha_0 + \alpha_1 dige_{it} + \alpha_2 dige_{it}^2 + \alpha_3 X_{it} + \mu_i + \xi_t + \varepsilon_{it} \tag{8.1}$$

其中，$green_{it}$表示的是第i个城市第t年的绿色发展一体化程度，$dige_{it}$表示数字经济发展水平，X_{it}表示一系列的控制变量，μ_i表示城市固定效应，ξ_t表示年份固定效应，ε_{it}表示随机扰动项；α_0表示截距项，α_1和α_2表示待估系数。

二、变量选取

（一）被解释变量：绿色发展一体化（*green*）

参考胡森林等（2022）的研究思路，本章从节能减排一体化和环境治理一体化两个维度构建绿色发展一体化指标体系（见表8-1），并运用熵值法计算得出长三角绿色发展一体化指数。

表8-1 绿色发展一体化指标体系

一级指标	二级指标	衡量方法
绿色发展一体化	节能减排一体化	工业废水排放强度
		工业烟尘排放强度
		地区绿色全要素生产率
		$PM_{2.5}$排放强度

一级指标	二级指标	衡量方法
绿色发展一体化	环境治理一体化	生活垃圾无害化处理率
		污水处理厂集中处理率
		一般工业固体废物综合利用率
		环境保护投资比
		人均绿地面积

（二）核心解释变量：数字经济（*dige*）

本章采用第三章测算得到的数字经济发展水平指数（*dige*）进行衡量。

（三）控制变量

参照已有相关文献（吴凤平等，2022；王晓红等，2022），本章主要考虑以下变量。

（1）经济发展水平（*gdp*），采用人均GDP进行衡量。

（2）产业结构（*is*），采用第二产业增加值占GDP的比重进行衡量。

（3）政府干预（*gov*），采用地方财政支出的自然对数进行衡量。

（4）金融发展水平（*fin*），采用年末金融机构贷款余额的自然对数进行衡量。

（5）投资水平（*inv*），采用固定资产投资的自然对数进行衡量。

三、数据来源与描述性统计

本章以2012—2020年长三角区域城市数据进行实证分析。数据来自历年《中国城市统计年鉴》《上海统计年鉴》《浙江统计年鉴》《江苏统计年鉴》《安徽统计年鉴》以及EPS数据库，少量缺失数据用插值法补齐。其中所有用货币衡量的指标均已换算成实际值。相关变量的描述性统计结果见表8-2。其中绿色发展一体化（*green*）的均值为0.465，最小值为0.317，最大值为0.668。数字经济发展指数（*dige*）的均值为0.313，最小值为

0.026，最大值为1.995。可以看出数字经济发展水平在41个城市之间的差异较为明显，而绿色发展一体化水平区域差异较小。

表8-2 相关变量的描述性统计结果

变量	观测值	均值	标准差	最小值	最大值
green	369	0.465	0.071	0.317	0.668
dige	369	0.313	0.265	0.026	1.995
gdp	369	10.660	0.571	9.013	12.020
is	369	46.690	7.103	26.590	73.440
gov	369	15.240	0.780	13.720	18.190
fin	369	17.490	1.102	15.410	21.040
inv	369	16.800	0.731	15.080	18.240

第三节 实证分析

一、基准回归

从整体样本层面考察数字经济对长三角地区绿色发展一体化的影响，表8-3报告了基于双向固定效应模型的基准回归结果。其中，第（1）列汇报了数字经济发展水平影响绿色发展一体化的实证结果；第（2）列是在第（1）列的基础上加入了控制变量，结果表明，数字经济的发展促进长三角绿色发展一体化，但并不具有统计学显著性；第（3）列是在第（1）列基础上加入数字经济发展水平的二次项；第（4）列是在第（2）列的基础上加入数字经济发展水平的二次项，结果表明，无论是否加入控制变量，数字经济发展水平的一次项系数都显著为负，二次项系数都显著为正。这表明数字经济的发展对绿色发展一体化呈现显著的先抑制后促进的正U型关系，如果仅仅考虑数字经济的一次项，可能会错判数字经济发展水平与长三角绿色发展一体化之间的关系。将第（3）列和第（4）列的估计结果进行对比可以发现，在加入控制变量后，数字经济发展水平的一次项估计系数由 – 0.512 下降到 – 0.642，二次项估计系数由 0.218 上升到 0.253，两个模型的 U 型曲线拐点几乎没有变化。这说明在一定范围内，数字经济的发展不利于长三角绿色发展一体化，但是当数字经济发展水平跨过拐点之后，将有助于长三角绿色发展一体化。这与已有研究结论基本一致（张英浩等，2022）。

表8 – 3　　　　数字经济对长三角绿色发展一体化的基准回归分析

变量	(1)	(2)	(3)	(4)
	green	green	green	green
dige	0.068 (0.67)	0.055 (0.43)	– 0.512 *** (– 3.20)	– 0.642 *** (– 3.87)
dige²			0.218 *** (4.52)	0.253 *** (5.24)
gdp		– 0.050 * (– 1.82)		– 0.018 (– 0.79)
is		0.004 ** (2.48)		0.005 *** (3.45)
gov		0.094 ** (2.21)		0.098 ** (2.60)
fin		0.047 (0.71)		0.097 * (1.73)
inv		– 0.000 (– 0.01)		– 0.055 (– 1.08)
常数项	0.484 *** (25.04)	– 1.388 (– 1.11)	0.570 *** (20.93)	– 1.658 (– 1.67)
城市固定效应	是	是	是	是
年份固定效应	是	是	是	是
观测值	369	369	369	369
R^2	0.25	0.31	0.33	0.41

注：*、**、*** 分别表示在10%、5%、1%水平上显著，括号内数值为 t 值。

在数字经济发展的初期，由于数字经济规模小，政府将加大对数字经济基础设施建设的投入力度，虽然可以更新和优化当地的基础设施，但是同时也增加了当地政府的财政负担，无法持续加大对绿色发展的投入。另外，数字经济基础建设的赋能效应需要一定的时间才能发挥出来。因此，在数字经济发展初期，数字经济发展水平的提升反而不利于绿色发展。但随着数字经济的发展和逐渐成熟，以数据为关键要素的数字技术对生产生活过程中的环境变化进行监控，从而提高资源利用效率，降低污染物排放，提高绿色发展一体化水平。随着数字技术在企业不断的深入使用，企业在提高产能的同时，政府可以更好地利用市场，实现资源的有效配置，提高能源使用效率，推动绿色发展。

控制变量方面，从第（4）列的估计结果来看，经济发展的系数为负，但不显著，表明地区经济发展水平对绿色发展一体化的影响基准尚不明确；产业结构的系数显著为正，这可能是因为第二产业的发展为制造业内部创新提供资本支持，使得企业有更多的资金从事研发活动，从而促进绿色一体化发展；政府干预的系数显著为正，这可能是因为政府可以减少绿色发展过程中由于不完全竞争、外部性导致的市场失灵，实现资源的有效配置，向着帕累托最优的方向发展（韩晶和陈曦，2022）。金融发展水平显著为正，这可能是因为金融的发展使得企业和政府的融资成本降低，融资途径增多，能够获得更多的资金支持，促进绿色发展。

二、稳健性检验

（一）剔除直辖市的影响

由于长三角 41 个城市中上海市是直辖市，属于省级行政单位，与其他城市在政治和经济上存在显著性差异，数字经济发展水平与其余 40 个城市相比会存在较大差距。为排除这种特殊行政地位对研究结果造成的影响，参照已有文献的做法，剔除上海市样本进行检验。回归结果见表 8 - 4 第（1）列，可以发现，在剔除上海市样本后，数字经济发展水平对于绿色发展一体化的回归结果仍呈显著的 U 型关系，表明回归结果稳健。

表8-4 数字经济对长三角绿色发展一体化的稳健性检验

变量	(1) green	(2) green	(3) green	(4) L. green	(5) green	(6) green
dige	-0.599 ** (-2.62)	-0.733 *** (-3.82)	-0.581 *** (-2.77)	-0.712 *** (-4.82)	-0.554 ** (-1.99)	-0.718 *** (-3.52)
dige²	0.228 ** (2.26)	0.300 *** (4.38)	0.210 ** (2.30)	0.260 *** (6.19)	0.226 *** (2.71)	0.278 *** (4.76)
gdp	-0.019 (-0.80)	-0.013 (-0.54)	-0.020 (-0.92)	0.049 ** (2.32)	-0.024 (-0.92)	-0.006 (-0.25)
is	0.004 *** (3.34)	0.005 *** (3.48)	0.004 *** (3.28)	0.002 (1.58)	0.005 *** (3.64)	0.005 *** (3.65)
gov	0.105 ** (2.58)	0.088 ** (2.16)	0.103 ** (2.58)	0.095 ** (2.54)	0.130 *** (2.70)	0.109 *** (2.91)
fin	0.097 (1.66)	0.098 * (1.77)	0.096 * (1.69)	0.143 *** (2.72)	0.124 ** (2.38)	0.070 (1.19)
inv	-0.057 (-1.11)	-0.062 (-1.26)	-0.062 (-1.23)	-0.070 (-1.61)	-0.069 (-1.25)	-0.077 (-1.62)
常数项	-1.714 * (-1.70)	-1.459 (-1.46)	-1.588 (-1.55)	-2.709 *** (-2.79)	-2.359 ** (-2.06)	-1.121 (-1.08)
城市固定效应	是	是	是	是	是	是
年份固定效应	是	是	是	是	是	是
观测值	369	369	369	369	369	369
R^2	0.39	0.41	0.41	0.44		

注:*、**、***分别表示在10%、5%、1%水平上显著,括号内数值为 t 值。

(二)剔除极端值的影响

考虑到在描述性统计分析时发现数字经济发展水平差异明显,对回归样本中数字经济发展水平最高和最低的1%样本进行缩尾和截尾处理,以降低极端值和异常值对回归的影响,回归结果见表8-4第(2)列和第(3)列。其中,第(2)列汇报的是对数字经济发展水平缩尾后的回归结果,第(3)列汇报的是对数字经济发展水平截尾后的回归结果。可以发现,数字经济发展水平对绿色发展一体化的影响仍呈现显著的 U 型关系。

（三）将解释变量滞后一期

考虑到数字经济的发展可能会有时滞性，进一步对回归样本中绿色发展一体化进行滞后一期处理，回归结果见表 8 - 4 第（4）列。可以发现，数字经济发展水平对绿色发展一体化的影响仍呈现显著的 U 型关系。

（四）内生性检验

内生性问题是经济研究中不可忽略的问题。从研究问题出发，一方面绿色发展一体化离不开数字经济的发展，同时数字经济的发展也离不开绿色发展一体化，因此，数字经济与绿色发展一体化之间可能存在一定的互为因果关系；另一方面，绿色发展一体化的影响因素非常之多，目前数据所涵盖的变量难以防止遗漏变量的存在。基于互为因果和遗漏变量问题，本章试图通过工具变量法缓解数字经济与长三角绿色发展一体化之间的内生性问题。

借鉴赵涛等（2020）的研究，本章选取 1984 年的固定电话数量作为数字经济的工具变量。一方面，当地历史的电信基础设施会影响到数字经济重要组成部分互联网的发展，满足工具变量的相关性；另一方面，随着技术进步，固定电话等传统电信工具对经济发展的影响逐渐减弱，满足了工具变量的排他性。但由于 1984 年的固定电话数量是截面数据，无法用于面板数据的直接回归，借鉴纳恩和钱（Nunn & Qian，2014）的做法，当年的数字经济发展的工具变量用上一年的互联网用户数与 1984 年的固定电话数量乘积表示。同时考虑到内生性结果的稳健性，本章也使用数字经济发展水平的一阶滞后项作为工具变量缓解内生性问题。回归结果见表 8 - 4 第（5）列和第（6）列。可以看出，考虑了内生性问题后，无论基于何种工具变量，数字经济发展水平对绿色发展一体化的影响仍呈现显著的 U 型关系。

三、异质性分析

（一）城市规模异质性

对不同城市规模而言，数字经济发展水平的绿色发展一体化效应可能存在异质性。依据 2014 年《国务院关于调整城市规模划分标准的通知》，以 2014 年市辖区年末人口数为参考，将长三角城市群分为人口 100 万以上的大城市及 100 万以下的中小城市。同时将《长江三角洲区域一体化发展规划纲要》中提及的上海、南京、杭州、合肥、宁波、苏州、无锡和常州 8 个城市作为长三角中心城市，其余城市作为外围城市进行异质性检验，回归结果见表 8 - 5。不同城市规模数字经济发展水平的回归系数出现显著差异。其中，第（1）列和第（2）列的结果表明，数字经济的发展水平对长三角不同城市规模的绿色一体化的影响具有显著差异性。大城市数字经济发展水平对绿色发展一体化的影响仍呈现显著的 U 型关系，而中小城市中并不存在这种 U 型关系，同时仅对中小城市数字经济发展水平的一次项进行检验发现存在显著的负相关关系，这表明在中小城市数字经济发展直接降低了绿色发展一体化。可能的原因在于大城市拥有丰富的数字经济资源，并且有一部分已经跨过了数字经济的拐点，而中小城市由于不完善的数字经济基础并没有跨越数字经济拐点，仍处于 U 型曲线的左边。同时，中心和外围城市的回归结果也佐证了这一点，数字经济发展对中心城市绿色发展一体化仍呈现显著的 U 型关系，对外围城市的绿色发展一体化仍呈现负相关关系。

表 8 - 5　　数字经济对长三角绿色发展一体化的城市规模异质性

变量	(1) 大城市	(2) 中小城市	(3) 中小城市	(4) 中心城市	(5) 外围城市	(6) 外围城市
$dige$	- 0. 583 *** (- 2. 94)	0. 277 (0. 65)	- 0. 668 ** (- 2. 60)	- 0. 539 ** (- 2. 55)	0. 132 (0. 33)	- 0. 641 *** (- 3. 38)
$dige^2$	0. 235 *** (4. 09)	- 1. 140 ** (- 2. 72)		0. 220 *** (3. 96)	- 1. 011 ** (- 2. 32)	
gdp	- 0. 044 (- 1. 33)	- 0. 009 (- 0. 22)	0. 071 (1. 48)	0. 160 (1. 41)	- 0. 085 ** (- 2. 67)	- 0. 029 (- 1. 05)
is	0. 005 *** (3. 23)	0. 002 (0. 75)	0. 001 (0. 22)	0. 014 *** (7. 35)	0. 006 *** (4. 61)	0. 004 *** (3. 31)
gov	0. 093 ** (2. 48)	0. 203 *** (3. 37)	0. 149 ** (2. 35)	0. 242 ** (3. 25)	0. 156 *** (3. 47)	0. 108 ** (2. 71)

续表

变量	（1）	（2）	（3）	（4）	（5）	（6）
	大城市	中小城市	中小城市	中心城市	外围城市	外围城市
fin	0.138 *** （3.22）	−0.042 （−0.48）	0.061 （0.49）	0.133 （1.11）	0.028 （0.47）	0.102 （1.61）
inv	−0.078 （−1.56）	0.153 ** （2.60）	0.138 （1.79）	0.003 （0.04）	−0.076 （−1.64）	−0.081 （−1.50）
常数项	−1.673 （−1.51）	−4.165 ** （−2.87）	−5.522 ** （−2.59）	−8.203 *** （−3.59）	−0.431 （−0.46）	−1.352 （−1.24）
城市固定效应	是	是	是	是	是	是
年份固定效应	是	是	是	是	是	是
观测值	261	108	108	72	297	297
R^2	0.48	0.51	0.47	0.73	0.43	0.40

注：** 、*** 分别表示在5%、1%水平上显著，括号内数值为 t 值。

（二）地区异质性

对于处在不同地理位置，拥有不同发展条件的地区而言，其拥有数据、技术和互联网等的差异性可能导致数字经济发展带来的绿色发展效应产生差异性。通过比较不同区域的数字经济发展水平发现，浙江省地级市数字经济发展水平均值为 0.398，大于江苏省的 0.329，安徽省的 0.174。本章将整体样本按照地级市所处的省级行政区分为浙江省、江苏省和安徽省三个子样本分别进行回归。回归结果见表 8 - 6，浙江省数字经济发展水平对绿色发展一体化仍呈现显著的 U 型关系，而江苏省和安徽省数字经济对绿色发展一体化的影响均不显著，进而对江苏省和安徽省数字经济发展水平的一次项进行回归，发现江苏省数字经济与绿色发展一体化之间并不存在显著的相关性，而安徽省的数字经济发展水平降低了绿色发展一体化，这可能是因为浙江省内已有部分城市跨越了 U 型曲线的拐点，发挥了数字经济的优势作用，而江苏省和安徽省均无城市跨越拐点，仍处于 U 型曲线的左边，仍需提高数字经济发展水平。

表 8 - 6　　　　　　数字经济对长三角绿色发展一体化的地区异质性

变量	(1)	(2)	(3)	(4)	(5)
	浙江省	江苏省	安徽省	江苏省	安徽省
$dige$	- 0. 791 ** (- 2. 34)	0. 076 (0. 11)	- 0. 051 (- 0. 11)	- 0. 117 (- 0. 58)	- 0. 365 * (- 1. 84)
$dige^2$	0. 275 * (1. 85)	- 0. 109 (- 0. 27)	- 0. 449 (- 0. 77)		
gdp	0. 195 * (1. 85)	- 0. 074 (- 1. 06)	- 0. 043 (- 1. 03)	- 0. 060 (- 1. 03)	- 0. 043 (- 0. 98)
is	- 0. 003 (- 0. 65)	0. 006 (1. 72)	0. 006 ** (2. 93)	0. 006 * (1. 82)	0. 006 *** (3. 45)
gov	0. 034 (0. 38)	0. 039 (0. 44)	0. 059 (0. 98)	0. 035 (0. 42)	0. 059 (0. 95)
fin	0. 167 (1. 12)	0. 231 ** (2. 43)	- 0. 017 (- 0. 21)	0. 235 ** (2. 46)	- 0. 030 (- 0. 38)
inv	0. 026 (0. 13)	- 0. 153 ** (- 2. 73)	0. 056 (1. 30)	- 0. 155 ** (- 3. 00)	0. 062 (1. 46)
常数项	- 5. 167 (- 1. 14)	- 1. 045 (- 0. 38)	- 0. 825 (- 0. 82)	- 1. 138 (- 0. 42)	- 0. 724 (- 0. 74)
城市固定效应	是	是	是	是	是
年份固定效应	是	是	是	是	是
观测值	99	144	117	114	117
R^2	0. 37	0. 63	0. 64	0. 63	0. 64

注：* 、** 、*** 分别表示在 10% 、5% 、1% 水平上显著，括号内数值为 t 值。

第四节　本 章 小 结

　　本章利用 2012—2020 年长三角区域面板数据，实证检验数字经济发展水平对长三角绿色发展一体化的影响及区域差异。研究发现，从整体样本看，数字经济发展水平与长三角绿色发展一体化之间存在显著的 U 型关系，在剔除直辖市、极端值，考虑时滞性以及工具变量后，研究结论依旧成立。

　　从城市规模的比较来看，数字经济发展水平与不同规模的城市绿色发展一体化的关系存在显著差异。具体而言，数字经济发展水平对大城市和中心城市的绿色发展一体化仍呈现显著的 U 型关系，而对中小城市、外围城市的绿色发展一体化存在抑制作用。从地区异质性来看，数字经济发展水平对三个省份的绿色发展一体化的影响存在显著差异。具体而言，数字经济发展水平仅与浙江省绿色发展一体化存在显著的 U 型关系，而与江苏省绿色发展一体化无显著关系，安徽省绿色发展一体化则受到一定程度抑制。

第九章　数字经济赋能长三角一体化实证分析

　　长三角地区具有经济发展水平高度发达、城市创新能力突出、人力资本雄厚等发展优势。当前，推动长三角地区高质量一体化发展具有重要意义。随着中国特色社会主义经济迈入新发展阶段，双循环格局下的长三角一体化迎来新的机遇。党的二十大报告明确将数字经济发展作为经济高质量发展的重要推动力量，也是区域协调发展和区域一体化的重要动力。

　　从发展现状看，2020 年我国数字经济规模超过 39 万亿元，在 GDP 中占比约 39%，长三角地区数字经济成就同样令人瞩目，部分城市数字经济规模超过 1 万亿元；区域大部分城市数字经济增长速度超过全国平均水平，远高于 GDP 增长速度。[①] 近年来，长三角地区产业集聚的优势地位和重要作用不断展现，数字技术被广泛应用于经济社会发展各方面。作为社会经济体系的重要产业，现代信息通信产业发展不断促进长三角地区经济的发展以及区域差距的收敛，同时也是数字经济发挥推动力的重要载体。根据政府工作报告和国家发展战略，亟须推进数字经济深度融合实体经济，深入贯彻落实建设网络强国战略，推进数字相关产业发展，加强科技自立自强，赋能产业数字化转型，加速经济高质量发展。数字经济时代背景下，互联网跨境电商迅猛发展，现代通信技术助力传统产业结构升级，市场分割得到有效缓解，市场供求双方的相互联系变得更为密切。同时，数字经济的空间溢出效应加快了国内统一大市场的形成。随着市场范围的扩大，市场规模的不断增加，以及消费的需求增加和结构升级，长三角一

---

　　① 中国信通院：《中国数字经济发展白皮书（2021 年）》。

体化程度不断提高。

在高质量发展要求下，长三角区域一体化模式也应当有所改变，积极探索适应高质量发展要求和区域发展战略的发展模式。长三角地区具有要素自由流动、产业结构较为完善、社会基础坚实等鲜明的特点，而这些都是与区域一体化密切相关的因素。近年来，长三角地区传统产业不断革新发展动力，新旧动力转换明显，产业结构的升级带来更多新兴产业发展，对国民经济产生刺激作用。同时现代通信技术的基础设施建设不断完善，为数字经济的发展奠定了良好的基础。以数字经济赋能区域一体化将是长三角区域为实现转变经济发展方式，提高经济发展质量，实现区域一体化发展所作出的重大突破与有益尝试，有助于其对其他区域一体化发展发挥经验价值和示范价值。

第一节　文献综述

一、区域一体化相关文献

区域一体化的含义尚未得到统一的认可。廷伯根（Tinbergen，1954）首次具体阐述了区域一体化的含义，将区域一体化简单地归同于经济一体化，认为其本质是社会经济再生产过程中，不同区域、国家之间的贸易壁垒和经济阻碍逐渐弱化直至消除的过程。随着社会经济发展、产业分工的细化以及传统区域理论的发展，区域一体化逐渐成为国家发展的重要战略。推动经济增长、降低交易成本、提升社会福利水平通常被认为是区域一体化发展的三大目标，发展的最终结果体现为各地区生产效率效益、居民生活水平、要素配置水平的逐渐趋同。

学术界最开始的区域一体化研究主要关注经济层面的一体化发展，将区域合作纳入经济发展当中。随着我国区域一体化战略发展以及川渝城市群、长三角城市群和粤港澳大湾区等一大批城市群的出现，对于区域一体化的研究也不再仅限于经济领域，而是逐步扩展至文化、政治、生态等领域。孙大斌（2003）提出区域一体化不仅仅是经济的一体化，而且是各城市、区域之间谋求区域合作、实现资源共享，进而在政治、经济、文化、社会、教育等各方面实施不同程度的联合，以达到区域共同发展的目的。李平（2005）基于新制度经济学视角，提出区域一体化促进区域合作共赢的集中优势是产业集聚效应，通过区域一体化打破地区之间行政壁垒，加速要素流动，以达到一定范围内的资源配置效率最优。也有部分学者单纯地从某一领域研究一体化的影响因素，陈柳等（2009）研究长三角区域间文化融合对经济一体化的影响，在考虑运输成本和地方保护主义因素影响前提下，发现区域间只有合作、创新等优秀文化的融合才能有效促进经济一体化。还也有学者从政治一体化的角度进行研究，郎平（2012）立足国家层面，提出发展中国家政治合作依赖形成的核心因素是对区域一体化未来收益的预期，实现路径包含制度组织结构、各国内政以及地区组织内部力量格局三种。张云（2019）则关注区域一体化进程中的主要限制因素，提出区域之间在进行社会各领域的合作当中，如果忽略区域治理因素，则会导致区域合作效率降低。

当前，在高质量发展的目标导向下，数字经济如何更好地赋能长三角区域一体化是必须回答的问题。赵红军等（2018）通过调研长三角一体化发展战略实施情况，提出在保障城际互联互通的基础上，强化资源共享、社会公平等方面的一体化。胡彬（2019）认为区域高质量一体化的实质就是以创新为核心驱动力的经济一体化，是区域内产业结构优势互补、共同升级而形成良好的产业互动机制的一体化发展，是中心城市充分发挥龙头带动作用实现区域制度一体化、贸易投资自由化的一体化发展，是区域内、区域间合作框架与协调机制更加完善与创新的一体化发展。陈雯等（2021）认为一体化高质量发展是具有高效率、差异化、包容性和可持续性的发展，其遵循社会安全、经济集中和生态安全等空间优化准则。部分学者从区域一体化进程中不同领域的一体化角度出发，研究区域一体化进程中的关键因素。刘志彪（2019）强调在一体化高质量发展过程中，地方政府遵循先易后难、有序推进和重点突破相结合的原则，以及让渡部分权利的重要性与必要性，且公共基础设施一体化是重要前提，民生一体化则是关键和核心。

二、数字经济与长三角一体化相关文献

现阶段国内对于数字经济推动区域一体化的研究更多是关注不同区域之间的一体化，而不是仅仅关注不同区域间简单的合作机制。宋洋（2019）认为数字经济助力区域高质量发展主要体现在创新能力的提升与绩效的改善，数字经济能够从促进绿色发展、推进公共服务的一体化等方面促进经济高质量发展。宁朝山（2020）提出数字经济是推动质量变革、效率变革以及动力变革的新引擎和新动能，主要表现在提升要素质量、产出效率与要素配置效率，增强传统要素动能，对经济高质量发展的影响显著为正。唐要家（2020）认为数字经济能够从供给侧和需求侧两个方面产生合力，共同助力区域一体化高质量发展。王庆喜（2021）阐述了数字经济的平台效应和规模效应，且通过促进经济发展与科技创新等途径推动长三角区域一体化发展。

通过对相关文献进行简单的梳理和总结，发现数字经济和区域一体化已经成为学术界研究的热点问题，探究两者之间的内在逻辑仍是重点问题之一。总体而言，已有的数字经济相关内容多集中于数字经济内涵的界定、数字经济的特征分析及数字经济指数体系构建等方面。关于数字经济与区域一体化发展的相关研究相对较少。

第二节　模型设定、变量选取与数据说明

一、模型设定

根据第四章的理论分析，构建以下模型作为基准回归模型，同时固定个体效应和年份效应以消除模型中可能存在的遗漏变量问题。

$$ant_{it} = \alpha_0 + \alpha_1 \, dige_{it} + \alpha_a X_{it} + \varphi_t + \mu_i + \varepsilon_{it} \qquad (9.1)$$

其中，ant 表示被解释变量，即区域一体化水平；$dige$ 表示第三章第二节测量得出的城市层面的数字经济发展水平；X 表示一系列控制变量；φ_t 表示地区 t 时期不可观测的时间固定效应；μ_i 表示地区 i 不可观测的个体固定效应；ε_{it} 表示随机扰动项。

考虑到数字经济的空间溢出效应，还构建了空间计量模型，利用空间杜宾模型分析数字经济的发展对长三角区域一体化水平提升是否存在空间效应，即在模型（9.1）分别加入数字经济、区域一体化水平以及相关控制变量的空间交互项，从空间溢出的角度探讨数字经济与长三角区域一体化发展之间的关系，具体模型为

$$ant_{it} = \theta_0 + \rho_\omega \times ant_{it} + \varphi_1 W \times dige_{it} + \theta_1 \, dige_{it} + \varphi_a W \times X_{it}$$
$$+ \theta_a X_{it} + \mu_i + \varepsilon_{it} \tag{9.2}$$

其中，W 表示经济地理距离空间嵌套矩阵，为经济地理矩阵下的空间自回归系数，若其为正，则说明区域一体化本身存在空间自相关性。其他变量的含义与模型（9.1）相同。

二、变量选取

（一）被解释变量：区域一体化发展水平

从经济一体化、绿色发展一体化、公共服务一体化以及创新一体化四个方面综合评价区域一体化水平（int），具体数值采用第四章的测算结果。

（二）核心解释变量：数字经济

本章采用第三章测算得到的数字经济发展水平指数（$dige$）进行衡量。

（三）控制变量

考虑到其他经济因素对实证模型的影响，该模型选取以下指标作为控制变量以减小估计误差。

（1）金融发展水平（fin），金融是现代经济体系的重要支撑，金融发展是区域一体化的基础和重要推动力量，也是促进区域经济合作，提升区

域一体化水平的重要推动力量，人均年末金融机构存贷款余额总额能够直观地反映地区金融业的发展水平，因此将其作为衡量地区金融发展水平。

（2）财政支持力度（gov），政府支出是国民经济体系的重要组成，区域一体化发展离不开各地区财政支持，将地区地方财政一般预算内支出占该地 GDP 的比重衡量财政支持力度。

（3）对外开放水平（fdi），对外开放水平是影响区域发展水平的重要因素，更开放的经济环境也就意味着更加自由的要素流动以及更加密切的交流联系，将进出口贸易总额占 GDP 的比重衡量对外开放水平。

（4）创新水平（rd），科技创新有效地促进现代信息技术的发展，加速交通设施以及通信设施的发展，使得城市之间的通勤时间更短、跨区域要素流动更为频繁，采用每万人专利授权量衡量地区科技创新水平。

三、数据来源与描述性统计

研究样本为2012—2020年长三角区域41个地级市层面的面板数据，原始数据均来自《中国城市统计年鉴》以及安徽、江苏、浙江、上海的统计年鉴，对于部分少量的缺失值，采用插值法进行完善和补充。相关变量的描述性统计见表 9–1。

表 9–1　　　　　　　　　相关变量的描述性统计

变量	样本量	均值	标准差	最小值	最大值
dige	369	0.0031	0.0027	0.0003	0.0199
ant	369	0.177	0.108	0.0699	0.679
gov	369	0.168	0.0636	0.0763	0.356
fin	369	2.752	0.908	1.347	6.276
fdi	369	0.296	0.300	0.0190	1.607
rd	369	1.998	3.058	0.461	21.29

第三节 实证分析

一、基准回归分析

为了探究数字经济对长三角区域一体化进程的影响，在基准回归分析中逐渐加入控制变量。首先根据 Hausman 检验判断采取随机效应还是固定效应进行回归，Hausman 检验得出 p 值为 0.000，强烈拒绝原假设，故固定效应模型设定较为合理。回归结果见表 9-2。结果表明，数字经济对于长三角一体化的影响系数为 12.3844，在 1% 水平上显著，表明数字经济对长三角地区一体化水平的提升存在显著正向作用。一方面，数字经济能够促进基础设施建设的平衡性。长三角区域基于地理位置优势，加快布局数据中心，并以此为基点催生更多的新兴产业，加速产业结构的高级化与合理化。另一方面，数字经济有利于打破区域之间的各种壁垒，统一国内市场，促进生产要素自由流动，逐步实现生产要素的公平分配格局推进一体化发展。

表 9-2　　　　　　　　　　　　　基准回归结果

变量	(1)	(2)	(3)	(4)	(5)
	ant	ant	ant	ant	ant
dige	12.3844 *** (2.9490)	12.5644 *** (2.9791)	12.4336 *** (3.0129)	15.9473 *** (2.3443)	16.3074 *** (2.0224)
gov		0.0941 ** (0.0445)	0.0755 (0.0495)	0.0655 (0.0413)	0.0885 ** (0.0426)
fin			0.0064 (0.0077)	0.0025 (0.0088)	-0.0020 (0.0088)
fdi				0.0672 *** (0.0176)	0.0624 *** (0.0184)

续表

变量	（1）	（2）	（3）	（4）	（5）
	ant	*ant*	*ant*	*ant*	*ant*
rd					0. 0029 *** （0. 0008）
常数项	0. 1431 *** （0. 0060）	0. 1278 *** （0. 0112）	0. 1156 *** （0. 0197）	0. 0978 *** （0. 0186）	0. 1010 *** （0. 0186）
个体固定效应	是	是	是	是	是
年份固定效应	是	是	是	是	是
观测值	369	369	369	369	369
R^2	0. 4099	0. 4175	0. 4203	0. 4704	0. 5269

注：**、***分别表示在 5%、1% 水平上显著，括号内数值为 t 值。

加入选定的控制变量以后，其回归系数上升到了 16.3074，说明控制变量较为合理，金融发展水平、政府支持力度、对外开放水平、科技创新水平在一定程度上都推进了长三角一体化水平。就其选择的控制变量具体来看，政府干预水平以及创新水平的提升都会对区域一体化发展产生积极作用。一方面，政府政策引导能够有效地加深区域内部联系，区域一体化发展作为国家战略之一，各省市均制定利于一体化发展的优惠政策以吸引人才、资本等要素流入，区域间的沟通交流日益增加，加快长三角一体化的进程；另一方面，科技创新加快现代通信以及交通设施的发展，在缩短地区间通勤时间的同时，降低了要素流动成本，使得生产要素的跨区域流动更加频繁，从而推动一体化进程。

二、稳健性检验

为了进一步证明实证结果的稳定性，通过以下几种方法验证数字经济对于长三角一体化的推动作用。同时为了便于比较，将基准回归结果，即表 9 - 2 的第（5）列置于表 9 - 3 的第（1）列。

首先是缩短年限，2015 年之前属于数字经济发展的初级阶段，刚起步的数字经济给整个社会的经济发展模式造成极大的冲击，同时依靠于现代信息技术的数字经济也加快城市之间的交流。因此选取2015年以后的数据进行回归分析，表9-3第（2）列为具体的回归结果。对比基准回归结果可以发现，数字经济影响长三角区域一体化的显著性没有变化，同时影响系数有所下降，反映了伴随着数字经济的不断深化，其对长三角一体化的推动作用逐渐减弱，这并不意味着数字经济的驱动力下降，只是伴随着数字经济体量不断扩大、长三角一体化水平不断提升，两个变量的基数相对扩大，因此推动作用显得较小。

其次是剔除省会城市、直辖市以及副省级城市。这些城市由于自然的政治属性和政策倾向性，其融入长三角一体化的程度必然高于其他城市，其数字经济发展水平也必然高于周边其他城市，考虑到数字经济发展对于长三角一体化的整体影响，剔除上海、南京、杭州、合肥、宁波这五个城市的样本数据，表9-3第（3）列为回归结果。回归结果表明，主要观测变量的显著性以及影响方向并没有变化，但是剔除优势城市之后的样本回归分析中，数字经济对长三角一体化的影响系数相比全样本大幅度下降，这也在一定程度上证实在部分具有政策优势和政治属性的城市中，数字经济推动其融入长三角一体化的作用更加明显。

再次是筛除部分最先加入长三角一体化的城市。长江三角洲地区是中国经济规模最大、区域创新能力最高以及协作化水平最高的区域之一，历经四次扩容，那么其前身——上海经济区，覆盖10个城市，也是最先加入长三角城市群的，其区域一体化的程度更高。因为加入年限越长，城市间的经济、文化、社会交流就更加频繁，因此，剔除最先加入长三角规划的上海、苏州等10个城市。表9-3第（4）列在剔除最先加入长三角一体化的10个城市以后，数字经济对于长三角一体化的回归系数有了较大幅度的提升，说明相比于长三角地区整体而言，数字经济对于区域一体化的推动作用对后加入一体化的城市更为显著。一方面，伴随着信息技术革命，经济增长的主要动力不再是传统生产要素，而是技术催动下的数据资源和传统要素整合，对于后加入长三角一体化的城市，能够通过经济交流和技术合作快速促进技术进步，以此更迅速地加入一体化进程中；另一方面，长三角一体化进程的深入加快了长三角地区统一市场的形成，产生多样化、多层次、大规模的市场需求，以促进区域内更多地区参与区域合作生产。

表 9 – 3 稳健性检验

变量	基准回归	缩短年限	剔除中心城市	剔除最先加入城市
	ant	*ant*	*ant*	*ant*
dige	16. 3074 ***	10. 8423 ***	9. 8857	17. 7063 ***
	(2. 0224)	(2. 2733)	(7. 1323)	(2. 5547)
gov	0. 0885 **	0. 0230	0. 0902 **	0. 1132 ***
	(0. 0426)	(0. 0446)	(0. 0375)	(0. 0336)
fin	– 0. 0020	0. 0001	– 0. 0122	– 0. 0128
	(0. 0088)	(0. 0071)	(0. 0073)	(0. 0076)
fdi	0. 0624 ***	0. 0752 ***	0. 0666 ***	0. 0661 **
	(0. 0184)	(0. 0129)	(0. 0179)	(0. 0269)
rd	0. 0029 ***	0. 0029 ***	0. 0034 **	0. 0038 ***
	(0. 0008)	(0. 0005)	(0. 0015)	(0. 0008)
常数项	0. 1010 ***	0. 1143 ***	0. 1158 ***	0. 1093 ***
	(0. 0186)	(0. 0208)	(0. 0100)	(0. 0102)
个体固定效应	是	是	是	是
年份固定效应	是	是	是	是
观测值	369	287	324	288
R^2	0. 5269	0. 5306	0. 4784	0. 6021

注： ** 、*** 分别表示在 5% 、1% 水平上显著，括号内数值为 t 值。

最后是内生性问题。计量模型产生内生性问题的主要原因在于计量模型中被解释变量和解释变量之间互为因果关系，例如，数字经济通过其广覆盖性和强渗透性等特征有利于长三角一体化发展。长三角一体化程度加深也倾向于推动数字发展为其高质量发展增添新动能。

运用系统 GMM 模型将被解释变量滞后一期纳入模型中，以缓解遗漏变量、反向因果等内生性问题。此外，由于混合 OLS 对滞后项系数估计会产生向上的偏误，固定效应对滞后项估计系数会产生偏误，将 GMM 滞后项估计值与固定效应以及混合 OLS 滞后项估计值进行比较，可判断 GMM 估计是否有效可信，估计结果见表 9 – 4 中第（1）~（3）列。第（1）列混合 OLS 滞后项回归系数为 0.9050，第（2）列固定效应滞后项回归系数为 0.5384，第（3）列系统 GMM 滞后回归系数为 0.8687，GMM 滞后项回归系数介于混合 OLS 与固定效应之间，同时模型序列相关性 AR（1）在 1% 水平上显著，证明模型存在一阶序列相关性，AR（2）强烈拒绝原假设，证明模型不存在二阶序列相关性，同时工具变量有效性 Hansen - test 通过检验，说明稳健性检验模型设计合理，核心解释变量 dige 在系统 GMM 模型中仍然显著为正。说明基准回归结果较为稳健。

表 9 - 4　　　　　　　　　　　内生性检验

变量	(1)	(2)	(3)
	ant	ant	ant
L. ant	0.9050 *** (0.0195)	0.5384 *** (0.0554)	0.8687 *** (0.0598)
dige	1.6885 ** (0.8123)	6.0783 *** (1.6770)	2.8160 * (0.9439)
gov	0.0039 (0.0144)	− 0.0019 (0.0431)	0.0059 ** (0.0166)
fin	0.0058 *** (0.0016)	0.0075 (0.0046)	0.0038 (0.0028)
fdi	− 0.0014 (0.0041)	0.0424 *** (0.0118)	0.0028 (0.0080)
rd	0.0032 *** (0.0004)	0.0032 *** (0.0004)	0.0036 *** (0.0006)
常数项	0.0055 (0.0045)	0.0280 ** (0.0131)	—
AR（1）	—	—	0.000
AR（2）	—	—	0.406
Hansen - text	—	—	0.499
观测值	328	328	328
R^2	0.9818	0.9868	—

注：*、**、*** 分别表示在 10%、5%、1% 水平上显著，括号内数值为 t 值。

三、异质性检验

（一）地区异质性

在上述基准回归中，回归系数以及符号表明数字经济对于长三角一体化程度存在显著的促进作用。但是不同城市的地理位置、社会状况不同，考虑其对数字经济推动力的转化能力不同，数字经济对区域内不同城市的一体化影响程度也不同。因此，将长三角各区域分别进行回归，具体回归结果见表9-3。

由表9-5可见，江苏、安徽和浙江三省数字经济对于长三角一体化水平的回归系数均显著为正，说明数字经济发展对于长三角一体化水平的提高作用较为稳健。同时安徽省各个城市的回归系数为19.0583，高于江苏以及浙江。相比于江浙两省，安徽省整体加入长三角一体化的时间较短，区域一体化水平较低。数字经济作为推动区域一体化进程的重要助力，在一体化水平较低的城市能够更好地发挥起推动作用，数字经济赋能安徽城市产业结构转移，相较于传统的劳动密集型产业，能够实现更大幅度的提升。

表9-5　　　　　　　　　　　异质性分析1

变量	整体	安徽省	浙江省	江苏省
	ant	*ant*	*ant*	*ant*
dige	16.3074 ***	19.0583 *	11.9961 **	11.6793 **
	(2.0224)	(10.3965)	(5.4516)	(3.8129)
gov	0.0885 **	0.0081	-0.1387	0.0236
	(0.0426)	(0.0496)	(0.1956)	(0.0635)
fin	-0.0020	-0.0037	0.0379	0.0049
	(0.0088)	(0.0072)	(0.0255)	(0.0141)

续表

变量	整体	安徽省	浙江省	江苏省
	ant	*ant*	*ant*	*ant*
fdi	0.0624 *** (0.0184)	0.0200 (0.0307)	0.0583 *** (0.0164)	0.0735 ** (0.0259)
rd	0.0029 *** (0.0008)	0.0060 ** (0.0027)	0.0018 (0.0012)	0.0035 *** (0.0007)
常数项	0.1010 *** (0.0186)	0.1089 *** (0.0136)	0.0807 (0.0481)	0.0761 ** (0.0247)
个体固定效应	是	是	是	是
年份固定效应	是	是	是	是
观测值	369	144	117	99
R^2	0.5269	0.6382	0.4752	0.7949

注：*、**、*** 分别表示在10%、5%、1%水平上显著，括号内数值为 t 值。

（二）数字经济发展异质性

将数字经济发展水平进行排序分为高水平城市和低水平城市，探究在初始数字经济水平较低的城市，其推动作用是否受到限制。具体的回归结果见表9-6。对比不同数字经济禀赋的地区，在数字经济较低的城市，数字经济对于区域一体化的回归系数为23.5713，高于整体（16.3074）以及高水平地区（14.3864）的回归系数，其推动作用更加显著。一方面，得益于数字基础设施建设，低水平地区能够快速实现产业承接以及技术引进，并通过知识外溢推动传统制造业的数字化转型，再以此催生新的产业，促进产业体系的完善；另一方面，数字经济借助于互联网平台等虚拟渠道，能够降低地理位置的限制，有力地促进区域合作，并加速推进区域内统一市场的完善，对于低水平地区而言，统一的区域内市场也就意味着更多的需求刺激，增加对本城市外的生产供给，加速融入长三角一体化进程。

表 9 - 6   异质性分析 2

变量	整体	低水平	高水平
	ant	*ant*	*ant*
dige	16. 3074 *** (2. 0224)	23. 7513 ** (9. 7052)	14. 3864 *** (3. 5249)
gov	0. 0885 ** (0. 0426)	0. 0589 * (0. 0337)	0. 1574 (0. 1306)
fin	− 0. 0020 (0. 0088)	− 0. 0034 (0. 0054)	0. 0273 ** (0. 0108)
fdi	0. 0624 *** (0. 0184)	0. 0222 (0. 0192)	0. 0736 *** (0. 0116)
rd	0. 0029 *** (0. 0008)	0. 0084 *** (0. 0022)	0. 0030 *** (0. 0007)
常数项	0. 1010 *** (0. 0186)	0. 0871 *** (0. 0108)	0. 0184 (0. 0388)
个体固定效应	是	是	是
年份固定效应	是	是	是
观测值	369	185	184
R^2	0. 5269	0. 6051	0. 7013

注：*、**、*** 分别表示在 10%、5%、1% 水平上显著，括号内数值为 *t* 值。

四、空间分析

（一）全局莫兰指数

空间自相关性是进行空间计量回归的基础，因此需要对数字经济和长三角区域一体化进行空间自相关检验。全局莫兰指数和 Geary'C 指数是最常见的空间自相关指标，莫兰指数是研究变量在同一个分布区内，观测数据之间潜在相互依赖性的一个重要研究指标。当 Moran'sI > 0 时，表示空间正相关性，其值越大，空间相关性越明显；当 Moran'sI < 0 时，表示空间负相

关性, 其值越小, 空间差异越大; 当 Moran'sI = 0 时, 空间呈现出随机性。相比于 Geary'C 指数, 全局莫兰指数更能全面地衡量空间自相关性, 故采用全局莫兰指数来进行衡量。利用全局莫兰指数 Moran'sI 以及 0 - 1 空间邻接矩阵对 41 个城市的数字经济发展水平和长三角区域一体化水平的空间自相关性进行检验。由表 9 - 7 可见, 长三角地区 41 个城市的数字经济水平和长三角一体化水平的莫兰指数均在 5% 的水平上显著, 说明 2012—2020 年长三角地区 41 个城市的数字经济水平以及长三角一体化水平提升存在显著的空间自相关性, 可以采用空间计量模型进行分析。

表 9 - 7 Moran'sI 指数

年份	*ant*	Z 值	*dige*	Z 值
2012	0. 105 ***	2. 470	0. 098 ***	- 2. 648
2013	0. 128 ***	2. 893	0. 082 **	- 2. 451
2014	0. 120 ***	2. 747	0. 084 **	- 2. 45
2015	0. 130 ***	2. 982	0. 090 **	- 2. 524
2016	0. 109 ***	2. 575	0. 067 **	- 2. 423
2017	0. 106 ***	2. 520	0. 062 **	- 2. 319
2018	0. 106 ***	2. 534	0. 064 **	- 2. 315
2019	0. 102 ***	2. 494	0. 058 **	- 2. 242
2020	0. 114 ***	2. 714	0. 067 **	- 2. 348

注: ** 、 *** 分别表示在 5% 、1% 水平上显著。

(二) 空间分析基准回归

与基准回归分析一样, 在进行空间计量模型回归之前, 先进行空间模型的 Hausman 检验来判断选用空间固定效应模型还是空间随机效应模型; 再通过 LR 检验和 Wald 检验判断空间杜宾模型是否会退化为空间误差模型和空间滞后模型, 具体检验结果见表 9 - 8。

表 9 - 8 空间 **Wald** 以及 **LR** 检验

检验名称	Chi^2	自由度	P 值
Hausman 检验	83.64	11	0.0000
Waldspatiallagtest	33.97	5	0.0000
Waldspatialerrortest	30.8	5	0.0000
LRspatiallagtest	17.36	5	0.0039
LRspatialerrortest	16.47	5	0.0056

通过 Hausman 检验说明应当采取固定效应进行空间计量模型分析；Wald - lagtest 与 Wald - errortest 值分别为 33.97、30.8，LR - lagtest 与 LR - errortest 值分别为 17.36、16.47，且均在 1% 显著水平上拒绝空间杜宾模型会退化成空间误差模型和空间滞后模型的原假设。因此，选择 SDM 模型是合理的。

在回归过程中，逐次增加控制变量，逐步验证模型的稳健性，同时，可以测算出控制变量对于数字经济影响长三角一体化水平的影响，具体结果见表 9 - 9。可以看出，数字经济发展水平对于长三角一体化水平的回归系数显著为正，且这一回归系数伴随控制变量的加入而呈上升趋势，既说明了控制变量较为合理，能够更好地发挥数字经济对长三角一体化的推动作用，也说明其推动作用较为稳健。

表 9 - 9 空间回归结果

变量	(1)	(2)	(3)	(4)	(5)
	ant	*ant*	*ant*	*ant*	*ant*
dige	18.0383 *** (2.5988)	18.6059 *** (2.7347)	18.3933 *** (2.7541)	21.4754 *** (3.2547)	23.4347 *** (3.1129)
gov		0.0195 (0.1046)	0.0267 (0.1197)	-0.0198 (0.1185)	0.0520 * (0.1250)
fin			-0.0019 (0.0120)	0.0068 (0.0125)	0.0072 (0.0106)

变量	(1)	(2)	(3)	(4)	(5)
	ant	*ant*	*ant*	*ant*	*ant*
fdi				0.0248 * (0.0260)	0.0692 ** (0.0282)
rd					0.0008 (0.0011)
个体固定效应	是	是	是	是	是
年份固定效应	是	是	是	是	是
观测值	369	369	369	369	369
R	0.5249	0.5673	0.6431	0.5784	0.6381

注：*、**、***分别表示在10%、5%、1%水平上显著，括号内数值为 *t* 值。

(三) 空间溢出效应分解

对空间溢出效应进行分解，将其分为直接效应和间接效应，具体结果见表9 – 10。数字经济对于长三角区域一体化水平的影响主要得益于直接效应，即本城市内部数字经济发展的贡献。但是邻近地区的数字经济发展也会促进本地区区域一体化水平的提高。数字经济发展与创新能力发展的联动机制和协同作用，共同推进长三角一体化进程。在促进市场生产、培育经济增长点、优化要素配置效率等方面，数字经济展现出巨大的潜力以及不可比拟的优势，有力地推动区域创新协作能力，强化长三角地区的社会、经济等方面的联系。数字经济对区域一体化水平的间接效应显著为正，说明数字经济存在空间溢出属性，周边地区的数字经济发展会促进本地区一体化程度的提高。数字经济发展打破了产业协作和生产的空间限制，深化不同区域产业联动发展，提升产业链协作水平，促进不同城市间的企业交流；另一方面，数字经济发展催生更多的网络平台和线上协作，降低要素流动成本的同时，扩大统一市场，进一步加深不同城市间的联系，进而推动相邻地区一体化发展水平提高。

表 9 – 10　　　　　　　　　　空间溢出效应分解

变量	总效应系数	p 值	直接效应系数	p 值	间接效应系数	p 值
$dige$	23.4347 ***	0.000	14.6024 ***	0.000	8.8324 ***	0.007
fin	0.0072	0.5	− 0.0019	0.642	0.0092	0.38
gov	0.0520	0.677	0.0785 **	0.045	− 0.0264	0.816
fdi	0.0692 **	0.014	0.0584 ***	0.000	0.0108 *	0.087
rd	0.0008	0.463	0.0031 ***	0.000	− 0.0023 **	0.038

注：＊、＊＊、＊＊＊分别表示在10%、5%、1%水平上显著，括号内数值为 t 值。

第四节　本 章 小 结

在理论分析基础上通过实证分析，可以看出长三角地区数字经济的发展促进了长三角一体化进程，长三角41个城市之间的联系更加密切。

具体来看，得出以下主要结论。

（1）数字经济对长三角一体化水平的提升存在显著正向作用，经过一系列稳健性检验仍成立。

（2）数字经济对区域一体化的作用存在地区异质性，数字经济发展水平较低的区域促进作用更为显著。

（3）数字经济对长三角一体化水平具有空间溢出效应，且主要得益于直接效应，即本区域内部数字经济发展的贡献，邻近地区的数字经济发展也会促进本区域一体化水平的提高。

第十章　数字经济赋能长三角一体化发展的路径分析

作为我国经济活力最强的地区，长三角在区域协调发展中要起到带头示范作用。2019年12月印发的《长江三角洲区域一体化发展规划纲要》多次提及"一体化"和"数字经济"等关键词，把长三角作为先行示范区，打造数字长三角。长三角正在积极探索数字经济如何赋能实体经济，成为区域经济增长的新引擎。当前，苏浙沪皖三省一市数字经济发展水平的时空分布特征鲜明，沪苏浙三省市数字经济发展水平较高，而安徽省数字经济发展水平有待进一步提升。"十四五"期间，长三角地区促进数字技术与实体经济深度融合，赋能传统产业转型升级，催生新产业新业态新模式，不断做强做优做大我国数字经济。各区域要根据自身的科技优势、区位优势，积极探索发展新路径，为数字经济赋能长三角发掘新增长极，促进长三角一体化发展。

第一节　数字经济赋能长三角一体化上海发展路径

一、增强区域协同

长三角区域一体化发展上升为国家战略，上海要发挥好"龙头"作用，带动数字经济赋能区域一体化进程。上海拥有良好的互联网和金融产业基础以及较为完善的基础设施，充分发挥自身优势，引导资本有序向长三角各地区流动，增强协同区域产业布局，着力打造长三角一体化产业链，协同长三角区域一体化发展。

上海拥有先进的数字普惠金融、大数据、云计算等新兴技术，正着力打造工业互联网产业高地，发挥数字经济优势，加强长三角内部的产业合作，协同长三角内部良性发展。在打造国际数字化之都、引领"数字长三角"发展进程中，注重发挥自身的引领作用，推进"数字长三角"协同发展，实现长三角内部的数字治理，推进数字经济区域协同发展。协同苏浙皖优化完善"上下联动、三级运作、统分结合、各负其责"的区域合作机制，依托长三角区域合作办公室，制订和规划长三角一体化的发展方案，协调好长三角内部发展遇到的问题。同时，广泛动员社会各界积极参与，建设长三角内部各类型的产业联盟和大学联盟，形成全社会共同参与一体化发展的强大合力。

二、优化数字经济布局

作为全国一体化算力网络长三角国家枢纽节点示范区，上海成为长三角地区数据要素流通最旺盛、算力资源最丰富、数字经济最发达的产业协同创新高地，应积极推进数字化建设，加快数字化转型，带动长三角一体化发展。上海围绕两个数据中心集群，抓紧优化算力布局，发挥自身优势，承担起"龙头"的责任，重点发展超大型、大型数据中心，形成长三角地区算力资源"东西协同、辐射全域"的发展格局。加快网络数字化发展，数字基础设施建设，电力等配套设施建设完善，高质量满足"东数西算"业务需要，形成一批"东数西算"典型示范场景和应用。加快推进面向长三角的数字干线建设，优化数字经济布局，赋能长三角一体化发展。

随着长三角一体化向纵深推进，上海作为引领长三角一体化的"桥头堡"，加快培育智能计算、未来网络、虚拟现实、数字能源等产业，探索开展跨区域经济、生活、治理数字化应用和数据合作，共同打造数字长三角实践引领区。加速开放对外数字技术的合作，打造数字产业，必须要融入国际，着力打造数字化示范城市，推进数字货币等应用试点，努力将上海打造成国际数字化的关键节点。上海做好城市数字空间布局，根据城市内部不同区块的功能来分布数字产业，从而更好地发挥优势，提升自身城市能级，并将此经验向长三角其他城市推广，发展数字产业，协同好长三角内部各城市有序发展数字经济。政府加大对数字产业的扶持力度，出台支持数字经济发展政策，降低政策门槛，推动城市的数字化转型，将长三角构建成为产业集中的数字经济带。

三、加强科学技术研究

经济数字化转型是上海面向未来打造发展新动能的必由之路。推动经济数字化转型，提高经济发展质量，赋能长三角一体化，上海做强数字经济核心产业，全面增强关键核心技术创新和产业转化力度，大力提升软件业能级、高端智能装备和智能终端供给水平，打造具有国际竞争力的高端数字产业集群和强大的数字赋能体系。

加快布局前瞻性和引领性的数字技术，夯实产业化发展基础。聚焦高端芯片、传感器、操作系统等关键领域，加快推进基础理论、装备材料、工艺等研发突破与迭代应用，实施人工智能产业"模都"计划，突破先进算法模型和智能芯片技术。加强通用处理器、云计算系统和软件核心技术一体化研发。支持数字技术和通用软硬件的资源开放，建设开源数字社区。鼓励建设重点领域检测验证平台及关键检测设备研发和产业技术基础数据库，做强一批企业技术研发中心和工程技术研究中心。上海加强自身核心技术研究，避免核心技术的缺失。聚焦数字化发展，加强互联网基础设施建设，增加人工智能、5G、云计算等核心技术的开发应用。加大投入基础数字研究，拥有硬核技术和标准化的数字指标。作为全国教育资源最聚集的城市之一，上海充分发挥优质教育资源优势和教育平台优势。联合上海各大高校院所建立科研平台，成立数字化的科研机构，以数字经济研究、创新、应用为导向，对前沿专业型、技术型、应用型人才加强培养，拓展"政产学研用"的模式协同，强化数字人才供给。数字化产业是一个新兴的行业，相关法律法规尚不完善，需进一步完善数字经济的监管服务和技术创新，搭建数据应用平台，创造数字化的新亮点，营造好创新技术生态环境。

四、深化数字化转型

聚焦重点领域，深化产业数字化转型新路径。在生命健康领域，聚焦新药研发、临床试验、生产加工、供应链管理及营销等环节，推动建设全链综合赋能平台，数据驱动打造透明供应链；在电子信息领域，聚焦集成电路和通信制造板块，建设数字孪生工厂，推动云设计、云制造，促进智能装配、工业数据和知识、算法的综合应用；在汽车领域，聚焦整车、零部件、汽车服务以及车路协同等板块，提高以柔性制造为核心的汽车总装数字化能力、供应链高效集成能力，深化便捷出行，推动软件定义汽车；在先进材料领域，聚焦钢铁和化工板块，加快工业数据集成共享，打造业务流程、知识体系、逻辑架构和工业机理高度统一的平台载体，建设世界级场景，实现供应链、生态圈更大范围覆盖、更深层次应用；在高端装备领域，聚焦航空、航天、船舶、能源（核电）板块，推动复杂产品设计、生产、服务的全过程数字孪生，建设虚拟样机，推动云仿真、云评估、云验证；在时尚消费品领域，聚焦食品、纺织、化妆品板块，以消费升级带动制造转型，畅通消费端到制造端的数据断头路，建设"两网贯通"的枢纽平台。

发挥数字经济新动能，激发创新市场新活力。上海在集成电路、生物医药产业的技术输入和输出等前沿科技领域，赋能省际合作和突破性进展。G60科创走廊的空间布局，不断激活市场技术创新的活力；以数字经济为代表的新经济发展模式为深化产业链、供应链、创新链提供新的战略性方向。在长三角一体化进程中，一方面，以制造业数字化转型为突破口，通过继续积极推进互联网、大数据、人工智能与实体经济深度融合，大力发展工业互联网，实施企业智能化改造行动，带动长三角区域的产业和经济发展；另一方面，进一步围绕提升数字产业规模和层级，实施云计算、大数据、人工智能、智能硬件等行动计划，着力培育壮大集成电路、高端软件等基础产业，创新发展云计算、大数据、人工智能等新兴产业，积极抢占柔性电子、量子信息等未来产业发展制高点，不仅为经济高质量发展源源不断地注入新动能，也为长三角地区抢占全球高新技术市场提供新动力。

第二节 数字经济赋能长三角一体化江苏发展路径

一、增强长三角产业合作

2023 年江苏省《政府工作报告》指出，2022 年江苏全省的数字经济规模超过 54.29 万亿元，全国排名第 2 位。数字经济核心产业增加值占地区生产总值比重达 11% 左右，软件和信息技术服务业、互联网和相关服务业营业收入 5 年分别增长 2.17 倍和 3.48 倍，两化融合发展水平连续 8 年居全国第 1。2022 年，江苏电信业务收入累计完成 1251.6 亿元，全国排名第 2 位。作为数字经济重要支柱之一，2022 年江苏软件和信息技术服务业收入达 1.32 万亿元。在江苏省内全面推动互联网、虚拟现实、物联网、新型人工智能、5G 等现代技术领域的研究，以培植并壮大企业的经济增长新动力。

随着长三角一体化的发展，长三角内部各区域之间产业合作更加紧密。江苏推进数字产业的合作和共建平台，积极参与长三角科技创新圈，建设沿沪宁产业创新带和沪宁沿线人才创新走廊，共同打造沿沪宁综合性国家科学中心示范带，联合申报数字经济相关领域的科技创新平台，集中发展大型科学装置。江苏加强大数据、工业云、信息安全、物联网、人工智能等领域的合作，共同建设数字经济产业园区，以国家级软件园等高技术产业园区为主要平台，探索推动区域数字经济园区共建共管等模式。另外，加快南通沪苏跨江融合试验区、沪苏大丰产业联动集聚区、中新苏滁现代产业合作园等省际合作产业园的数字化转型，提升园区发展水平。同时，推动工业互联网的共建共用，加快推进长三角工业互联网基础设施升级改造和标识解析体系建设，支持汽车、装备制造、电子信息、石油化工、轻工纺织等重点行业骨干企业建立国家级工业互联网平台，协同推进长三角区域一体化工业互联网公共服务平台建设。在长三角一体化战略中，围绕跨区域协作中的制度、技术、区域合作，形成具有国际竞争力的智慧、互通、绿色高地的新格局。

二、加强数字人才培养

江苏省高校众多，尤其是南京，为长三角提供大量优质毕业大学生。数字经济发展需要大量的数字人才，为促进数字经济的发展，江苏在引进和培养高端数字人才方面加大力度。重点聚焦于基础软件、工业软件、高端芯片等基础领域，以及大数据、区块链、人工智能、物联网、工业互联网、量子通信等前沿领域。江苏主要依托于各重大创新平台来优化高水平数字人才的引进政策和管理方式，并对国际一流人才和旗舰团队的引进作出更多支持。另外，还将提升高校数字人才培养能力，鼓励在专业设置、师资培养、招生规模等方面向数字人才倾斜，同时加强计算机科学、软件工程、电子信息、人工智能、数据科学、网络安全等数字经济基础学科建设。此外，还将建立产学研联合培养机制，从重点高校、科研机构和龙头企业的高层次数字人才中选拔"领跑人才"作为培养对象，并为高端数字人才的自主培养提供更多的支持。最终，通过人才引进和培养来推动数字经济高质量发展，为经济转型升级注入新的活力。

培育复合型"数字工匠"队伍。建立"数字工匠"培训库，以促进数字经济发展，并为智能制造、工业互联网等行业的一线从业者提供新一代信息技术培训，培养出既具备本行业的专业技能，又具备数字技能的"数字工匠"以及具有创新思维的优秀工程师。为更好地满足企业的需求，江苏积极推动"双师型"教师队伍的建设，并建立"订单式"培养模式、专业人才实训基地以及其他产教融合创新平台，更好地培养复合型数字化应用人才，满足企业战略定位和发展需求。

推进"数商"的发展，江苏积极利用各类资源，加强对企业经营管理人员的技术支持，并制定出一系列的培训项目，以促进企业的数字化转型。此外，邀请国内外著名企业家参与，以增强其国际视野、战略思考以及创新能力，从而为江苏的企业数字化带来更多的竞争优势。

三、促进数字经济产业集群化发展

提升平台型企业集聚能力。培育一批数字产业平台型企业，支持企业建设生态型开源开放平台，鼓励引进平台型企业或综合型、区域型、功能型企业总部和生产基地。引导传统行业龙头企业云化、平台化、服务化转型，支持骨干企业培育自主信息技术产品，加快发展成为掌握核心技术、创新能力突出、品牌知名度高、市场竞争力强的平台型、生态型企业。鼓励中小企业主动融入平台，共同打造供应链上下游协同发展、互利共赢的数字企业共同体。

培育数字产业集群。吸引总部企业、核心配套环节和先进要素集聚江苏，加快关键技术攻关及产业化、检验测试平台建设和示范应用，引导整装和零部件企业协同发展，培育世界知名品牌，在集成电路、物联网、核心信息技术等领域打造具有国际竞争力的产业集群。围绕人工智能、区块链、车联网等新兴领域培育一批特色产业集群，以龙头企业为引领，以产业链为纽带，推动产业链上下游精准对接和资源要素集聚，不断完善技术创新、成果转化、检测认证、应用示范、人才培养、产融合作等区域数字产业集群生态。

推进数字产业园区试点示范建设。依托苏南国家自主创新示范区，以及更多的高新科技产业开发区、经济社会科技发展的支持，大力推动数字产业园区的创新性发展，努力打造一批拥有全球领先竞争力的创新型综合性园区，实现创新人力资源的优化整合，提升创新能力，实现创新利益的最优化。通过融合多种创新资源，如专业园区、大学、科研机构，以及众多的创新型企业，打造一批全面深入的数字经济产品，并且构筑一个能够满足这些需求的完善的政府、社会、市场、法律法规框架。

四、强化数字科技创新

重点推动网络通信与紫金山实验室建设，布局一批辐射带动面大、全局影响力强的省级实验室，在集成电路、智能感知、人工智能、大数据、智能计算和量子通信等方向形成一批原创性、突破性、引领性、支撑性重大科技成果。争创国家实验室，整合重组省级重点实验室体系，积极开展国家重点实验室重组试点，围绕人工智能等前沿领域争创国家重点实验室，打造重点实验室"升级版"。

大力投入资金，加强对现有的重大科学研究和实践项目的改造，以及对未来的发展规划与趋势预测。江苏着力于发展先进通信网络和信息科学，发展一系列具有竞争力的R&D机构和实践场所，提供优质的软件、生物医学大数据、信息高铁综合测试和空间信息综合应用等创新服务。

建立和完善各类产业创新平台，充分利用集成化电路、数字化产品设计和生产、第三代半导体技术以及其他相关的政府资源，着力打造具有先进性、可持续性和可操控性的江苏省级产业创新、技术创新、工程研究和制造业创新中心，满足江苏经济社会可持续发展的需求。加强与高校、科研机构和国有企业的协同配合，打造一批在数字经济领域具有全球影响力的创新型研究基地。

第三节　数字经济赋能长三角一体化浙江发展路径

一、构建数字经济跨区协同

浙江是数字经济大省，数字经济增加值占GDP比重居全国首位。浙江应发挥数字经济优势，深入实施一体化创新、畅通、协调、开放、自治、美丽这六大行动，为数字经济赋能长三角一体化注入新动力。

浙江是长三角唯一与沪苏皖都有接壤的省，发挥自身区位优势，积极促进长三角省市边界合作，加强构建数字化的区域协同。在区域数字经济市场一体化过程中，打破省际边界，扶持边界效应载体，鼓励支持省界间的合作交流。浙江加强与长三角中心城市知名数字经济企业合作，支持到毗邻地区投资和建设研发中心，利用优质生产要素摊薄其运营成本；鼓励企业到长三角毗邻地区投资数字经济企业尤其是初创企业，增强长三角内部落后地区在数字经济方面的实力；创办数字经济"特区"，提供多种优惠条件，吸引长三角中心城市青年才俊到省际地区创办数字经济企业；定期举办区域数字经济发展论坛；推动区域内企业数字化改造，加速长三角优质企业数字化发展进程。

二、发掘数字化产业特色

浙江经济发展稳中加固、稳中有进、稳中向好，得益于产业数字化的持续赋能。浙江承担起相应的责任，逐步缩小长三角区域间数字鸿沟和区域差距，更要通过数字化改革为长三角推进一体化进程提供强大动力。区域内以及区域间的竞争中，更重要的是解决好区域间的分工与协作问题，尤其是产业定位。在新发展格局下，浙江省围绕创新链布局战略性新方向产业，构建产业链、供应链、创新链和生态链。产业合作是区域发展与经济增长的重要抓手，为推进长三角均衡发展，浙江着力推进产业链现代化，坚持把做实做强做优实体经济作为主攻方向，坚定不移推进制造长三角、质量长三角、网络强省、交通长三角，打好产业基础高级化和产业链现代化攻坚战，提高经济质量效益和核心竞争力。

为进一步发掘数字化产业特色，浙江在电子信息、汽车、物流等领域深入挖掘产业链条，推动企业协同创新，加速数字化技术的应用和推广。鼓励企业在具有比较优势的领域集中发展，形成具有特色的产业集群，促进产业链上下游企业之间的协同发展。浙江各地区有着不同的地理、文化和产业特色，通过建设数字经济特色小镇、数字经济产业园等方式，探索区域数字化产业特色，促进不同地区之间的交流合作，实现数字化产业的协同发展。

三、推进产业数字化转型

以供给侧结构性改革为主线，加强数字技术对传统产业全方位、全角度、全链条的改造，以数字赋能促进新业态新模式发展，提高全要素生产率，助力构建现代产业体系。以构建"双循环"新格局为导向，加快商贸流通体系数字化转型，引领数字消费需求，扩大数字贸易空间，畅顺供需对接渠道，打造数字贸易先行示范区。

结合数字化转型的痛点、堵点和数字化特征，分类制定数字化转型路线图、案例集和工具集，加强服务商对接，全面激活产业数字化转型需求。将数字化转型作为传统制造业改造提升的主路径，以产业集群为重点，加快推进现代纺织、绿色石化、汽车及零部件等重点传统制造行业数字化转型，通过数字化手段开展产业领域"物资、人才、订单、资金"等资源的整合。探索发展社区化运作、网络化协同的"虚拟"产业集群，实现产业供需调配和精准对接，推进协同制造，构建虚实融合的创新集群生态智慧应用领域。

推动龙头企业聚焦研发设计、生产制造、销售服务等业务全过程，加快云化、平台化、服务化转型，打造一批"未来工厂"，争创"灯塔工厂"。强化龙头企业引领带动作用，支持具有产业集群核心企业、产业链"链主"企业带动产业链上下游数字化转型。持续推广"平台赋能服务商、服务商服务中小企业"的业务模式，拓展平台服务能力，大规模推动中小企业产业数字化转型。推行普惠性"上云用数赋智"服务，创新数据券、云量贷、科技创新券和小微企业服务券等服务，全面推动企业数字化转型。

第四节　数字经济赋能长三角一体化安徽发展路径

一、注重区域合作联动

协调推动长三角一体化发展，进一步完善省级层面重大合作事务的统筹管理机制，共同把长三角地区构建成为国内大循环的核心节点和国内国际双循环的战略链接。联合协调推动长三角经济领域全面创新与改革，构建长三角科学创新共同体，深入参与长三角知识转移转化示范区建立，协同推动上海 G60 科创长廊建设，共建长三角国际创新服务管理中心和沪宁联合产业技术创新带，形成科学与创新人才的共建共用和创新收益共享机制，联合建设长三角"感存算"一体化联盟。合作实施长三角产业链补链固链强链扩链行动，联合建设自主可控、安全有效的农业现代制造系统。合作建设长三角绿化农产品生产综合加工提供培训基地，合作实施"一县一业（特）"的全价值链创造，合力构建农业产供销互动模式。

协调构筑一体化劳动要素交易大市场，支持符合条件的地方金融机构互设分行，进一步强化与沪苏浙地区人力资源市场的融合接轨，探讨形成同长三角经济一体开发相适应的交流体系。推动长三角电力紧急供给保护基地规划建设工作，利用两淮煤炭能源基地建设、长江三角洲特高压交通枢纽和绿色储能基地规划建设项目。推动长三角大气环境、水、固废危废污染物联防联治，合力构建环境监测体系，构筑长杭黄绿色产业带。引导各种金融领域跨地区的合作，推进合肥国际金融网站后台服务支持基地的建立。协调政府服务"一网通办"，设立权力目录"长三角一单"，尝试以社保卡为载体构建市民公共服务"一卡通"。推进长三角地区立法、执行、司法协作，共享共建法治长三角。实现基本公共服务的便利与共享，共同实施全国优质教育、医疗资源的合作共享，打造长三角文化旅游休闲康养示范基地，共享共建长三角地区社会信用体系建设与地域合作示范区。

二、强化创新驱动发展

整合安徽科创各种资源，加大尖端技术突破，提升企业应对围堵与打压的能力。以国家实验室为核心、合肥综合性国家科学管理中心为基础、合肥滨湖科学技术城为载体、合芜蚌国家自主创新示范区为外延，全面创新型发展改革试验省构建为网络，积极构建"四个一"技术创新主网络平台和"一室一管理中心"分网络平台提升版，加速建成新型创业发展的科技强省。

加强国家实验室服务保障，推动合肥综合性国家科学中心数据空间研究院、人工智能研究院等新型研发机构建设，实施一批重大科技专项、重点研发计划。推进未来网络试验设施（合肥分中心）、天地一体化信息网络合肥中心等重大项目建设。提升类脑智能技术及应用国家工程实验室、智能语音国家新一代人工智能开放创新平台的创新能力。与国内外高校、科研院所、骨干企业共建技术创新联盟，打造创新生态。

促进国际科技开放合作，主动吸引国内外知名高等院校、大院大所在皖建立分院，争创国家级国际科技合作培训基地，落实国际科技联合研究重点专项实施。扩容升级省科技创新工程，围绕高新技术、量子信息技术、集成电路、生命医学、领先构造复合材料等要点方向，瞄准产业"四基"障碍控制，落实省科学技术重大专项、省重大创新项目攻关等行动计划，加速攻克一大批"卡脖子"高新技术。巩固民营企业技术创新基础优势，推动各种技术创新要素向民营企业聚集，促进龙头企业牵头与高校、科研机构成立技术创新联盟，承接实施重要高新技术工作。健全高新技术发展体制机制，深化实施科技体制改造，加快科技成果推广，支持合芜蚌建立国家农业科技成果转移推广示范园。

三、打造新兴产业集聚地

推进长三角一体化发展，安徽省着力推进产业链现代化，提升产业链供应链稳定性和管理现代化技术水平。强调自主可控、安全高效，实施产业链补链固链强链行动。积极铸造产业链供应链长板，立足安徽主导产业特点资源优势、业务配套资源优势和部门应用领域的先发优势，积极构建新型产业链发展体系，推进煤矿、钢材、有色、化工产品、建筑材料等传统产业高端化、智能化、绿色化，进一步发展现代服务型生产制造。

深入推动"三重一创"工作，着力培育新型信息、人工智能、新能源汽车和智慧网联汽车、高端装备制造商、智慧家电、生物健康、绿色食品、数字艺术等新产业，形成若干各具特色、优势互补、结构合理的战略性新兴产业发展引擎。打造世界级重要创新性产业聚集区，争取国家重要创新性产业聚集区，形成国家重要创新性产业基地的淘汰体系。支持合肥先进显示器、集成电路、新能源汽车和智慧网联车辆，宿州云计算，滁州硅基、生物基新材料，淮南大数据、新能源电池，滁州现代智能电器、硅基新料，马鞍山绿色智能制造，芜湖智能网联车辆、高端设备制造业。开展数字化发展项目，重点布局发展量子技术、生物制造、新型核能等方面。促进网络、物联网、信息化、新型技术、虚拟现实、区块链同各领域的深入结合，推动服务经济、共享经济的健康发展。

四、统筹推进数字基础设施建设

安徽加快构建体系完整、快捷适用、智能绿色、安全的信息化基础设施系统。积极构建全国数字科技创新能力前沿区和数字经济发展集聚区。开展全国大数据产业创新计划、"人工智能＋"应用示范工程建设、"皖企登云"等提质扩面活动，创建合肥全国新一代技术发展试点区，争创全国数字经济创新发展试点区。加速江淮大数据中心、安徽（淮南）大数据分析资源交易中心发展，促进政务信息和经济社会信息、社区信息的归集融合、公开资源共享，促进数字经济、数字政府的发展，增加安康码场景运用，提升城市公共服务、经济社会管理等的数字化、智能化水平。

推动大数据基本信息系统建设，就必须系统思考、合理规划，形成具有针对性、可操作性强的顶层方案和建设计划，推动新一代信息技术和传统基础建设的高效连接，形成体系完整、集约高效、智能环保、安全可靠的大数据社会经济基础设施框架。统筹规划建设城市全域传感物联系统。加强感知模块、无线通信模块、监控系统和图像测量等终端设备的配置，积极推进物联网、卫星遥感检测、导航、GIS等现代信息技术应用，提高城市公用设施、环保基础设施、地下管线、供电系统等公共服务设施信息化、互联网、智能的程度。提高互联网基础设施，建设市级政务大数据中心。按照整体整合、规范合理、绿色节能、智慧智能的原则，借助行政数据资源共享的网络平台，有效集成聚合全市行政信息资源，打造统一的行政大数据中心，实现与国家级、省市级领域的大数据中心互动共享，有序开放合作，以信息深度应用促进大数据产业化高质量发展。

第五节　本章小结

本章分别从长三角各区域分析数字经济如何赋能长三角数字一体化发展。从上海发展路径来看，分别从增强区域协同、优化数字经济布局、加强科学技术研究和深化数字改革四个方面分析。从江苏发展路径来看，分别从增强长三角产业合作、加强数字人才培养、促进数字经济产业集群化发展和强化数字科技创新四个方面分析。从浙江发展路径来看，从构建数字经济跨区协同、发掘数字化产业特色和推进产业数字化转型三个方面分析。从安徽发展路径来看，从注重区域合作联动、强化创新驱动发展、打造新兴产业聚集地和统筹推进数字基础设施建设四个方面分析。总体来看，围绕跨区域协作中的制度、技术、区域合作，打造具有国际竞争力的智慧、互通、绿色数字经济发展新高地，促进长三角一体化发展。

第十一章 数字经济赋能长三角一体化的政策建议

《中华人民共和国国民经济和社会发展第十四个五年规划和2035年远景目标纲要》（以下简称《"十四五"规划纲要》）明确提出19个国家级城市群一体化发展战略布局，并强调以城市群及大城市中心城市为依托带动周边发展，促进区域协调发展。长三角城市群作为我国经济发展最活跃、开放程度最高、创新能力最强的区域之一，是我国打造区域一体化战略格局的先行试点区域，其经济总量约占全国的1/4，科研经费投入总量约占全国的1/3，是我国经济发展的重要增长极。长三角地区经济高质量发展离不开数字经济，数字经济新优势是推进长三角一体化的重要引擎。长三角地区抓住数字经济发展机遇，在数字产业、数字贸易、数字治理等多个维度进行突破，其数字经济发展规模长期走在全国前列，已然成为数字产业化示范者、产业数字化领跑者、数字化治理推动者和新时代数字贸易践行者。2021年9月29日中国信息通信研究院和浙江清华长三角研究院联合发布《长三角数字经济发展报告（2021）》，报告指出，2020年长三角区域数字经济增速均高于同期GDP增速5%以上，其规模占区域GDP比重约为44%，占全国数字经济规模总量约为28%，其中数字产业化占比达26%，产业数字化占比达74%，数字经济在第三产业渗透率均高于40%。长三角一体化发展不仅需要数字经济为依托，还需要以政策引导为支撑。长三角要根据自身科技创新优势、高效的开放合作协同以及联通的重大基础设施等发展基础，构建完备的数字经济发展政策体系，共同打造数字经济长三角，推进经济、创新、公共服务以及绿色多维度一体化发展，打造国内数字经济发展高地。

第一节　数字经济赋能长三角一体化的政策梳理

　　"十四五"时期是我国开启全面建设社会主义现代化国家新征程、向第二个百年奋斗目标进军的第一个五年。《"十四五"规划纲要》提出新时代要推进网络强国建设，加快建设数字经济、数字社会、数字政府，以数字化转整体型驱动生产方式、生活方式和治理方式变革。长三角是我国数字经济发展较为活跃的地区之一，深入推进长三角一体化应立足打造数字经济新优势，促进数字经济与实体经济深度融合，创新应用数字技术，推进产业数字化和数字产业化转型。构建以电子器件、信息通信、集成电路、新型显示等为代表的新一代信息技术产业体系，其新兴数字产业领域发展在国内发展迅速，并跻身世界六大城市群，加快推进长三角地区一体化既是国际大势，也是内在要求。《"十四五"规划纲要》明确加快建设数字中国的目标，加之长三角一体化为国家战略，为数字经济推动长三角经济、创新、公共服务以及绿色一体化发展带来机遇，同时全球治理体系变动，第四次工业革命席卷而来，对长三角一体化高质量发展提出更高层次的要求。

　　习近平总书记在中共中央政治局第三十四次集体学习时强调，发展数字经济是把握新一轮科技革命和产业变革新机遇的战略选择。近年来，长三角各区域针对长三角一体化区域协调发展进行系统部署，相继出台政策推进数字经济赋能长三角经济一体化、创新一体化、公共服务一体化、绿色发展一体化，长三角各区域以数字经济为依托，更加积极更加主动深度融入一体化、更好服务推动一体化，合力充分发挥长三角制造业、创新能力、开放高地等优势，更大力度推进体制机制创新，深化产业协作、科技创新、生态治理、民生共享、社会治理、风险防范等领域协同合作，全力推动长三角一体化高质量发展在新时代新征程中展现新气象、作出新贡献。上海在长三角一体化发展中积极主动做好有关牵头、协调工作，不断提高长三角为全国发展大局服务的能级和水平。浙江省作为引领数字经济消费的排头兵，其电子商务、互联网金融等新业态蓬勃发展，是全国唯一的

"两化"深度融合示范区和信息经济示范区，浙江省在数字经济领域紧随新一轮科技革命和产业变革步伐，以数字化改革为引领，打造数字中国示范区。江苏省作为数字经济的有力推动者，以数字创新为引领，统筹核心数字技术、载体、人才、创新成果，立足数字技术发展趋势，积极培育数字创新主体，推进数字产业规模化发展，推动产业价值链向中高端迈进，提升数字产业竞争力，以加快制造业转型升级，培育新业态新模式，通过完善数字供给、开发利用保障机制，优化数字经济布局。安徽省在数字社会的建设过程中积极适应数字经济对传统生产生活方式的冲击，创新服务模式，提供智慧服务，以数字化推进数字化社会建设，在数字政府建设过程中，加强公共数据开放共享，提高数字化服务效能，同时营造良好的政策环境，共同构建数字化平台，合力推进长三角一体化建设。

伴随着数字经济的发展，国家陆续出台政策，明确以数字经济发展为契机深入推进长三角一体化。2018年6月，沪苏浙皖共同发布《长三角地区一体化发展三年行动计划（2018—2020年）》，提出长三角地区新一代信息基础设施总体架构。2019年12月中共中央、国务院印发《长江三角洲区域一体化发展规划纲要》，提出共同打造数字长三角。

一、数字经济赋能经济一体化政策

经济一体化是长三角一体化的重要基础。数字经济是国民经济的"稳定器""加速器"，数字经济赋能经济一体化主要体现在数字经济对产业一体化、市场一体化和贸易一体化等维度。在产业一体化方面，数字经济通过促进产业数字化转型、数字产业化发展以及数字化治理变革产业生产经营和管理服务进而推动产业一体化。数字经济为传统产业转型升级提供技术支撑，变革传统生产方式，通过数字技术和数字服务渗透到传统产业研发、设计、生产、经营等各个环节，推进传统产业数字化发展，带来传统产业产出增加和效率提升，产业数字化水平不断提升，程度不断加深，广度不断扩展，通过搭建数字平台、延伸产业链实现产业内部各个环节以及产业间一体化发展，加快构建深度融合的现代产业体系，推进跨省市产业创新协同发展，成为推动经济高质量发展的主要引擎。长三角区域出台的政策中均强调以数据要素为依托，助力传统产业"蝶变"，重塑产业分工协作新格局。数字经济创造新业态新模式，数字经济具有高创新性、强渗透性、广覆盖性，有利于加速产业分化，重组全球要素资源，增强自主创新能力，实现市场主体快速融合，重塑生产消费结构，数字技术的广泛应用以及消费需求变革催生出一系列新型业态，如共享经济、平台经济，人工智能、区块链、云计算等新兴数字产业的不断壮大提升产业结构水平，新一代数字技术促进数字经济与实体经济融合，基于5G的应用场景和产业生态促进智慧领域加速构建，加快新旧发展动能转换，引领数字产业化提档加速。政府和企业通过出台政策和管理条例打造快速、高效组织模式，创新组织管理形态，营造产业发展生态，着力推进科技自立自强和产业协同发展，健全战略科技力量协同培育机制，协同打造先进制造业集群。

2022年6月，上海市人民政府办公厅印发《上海市数字经济发展"十四五"规划》，提出到2025年上海数字经济发展水平稳居全国前列的目标，围绕数字新产业、数据新要素、数字新基建、智能新终端等重点领域，加强要素协同联动，加快进行数字经济发展布局，实现整体性转变、全方位赋能、革命性重塑。浙江省统计局发布《浙江省第十四次党代会以来经济社会发展成就之数字经济篇》显示，2021年浙江省数字经济核心产业增加值总量达到8348亿元，数字经济核心产业规模以上企业数量达7089家，规模以上数字经济核心产业利润总额3014亿元，数字经济规模持续扩大，数字经济发展动能持续增强。2021年5月17日江苏省发布《2020江苏省信息通信业发展蓝皮书》显示，2020年江苏省数字经济规模超过4.4万亿元，占GDP比重超43%，位居全国第二；2020年江苏省产业数字化规模2.91万亿元，位居全国第二。近年来，江苏省数字基础设施水平持续提升，5G基本实现各市县主要城区、中心镇全方位覆盖，为数字经济赋能经济高质量发展打下坚实基础，电子信息产品制造业、软件和信息服务业业务收入分别达2.87万亿元、1.08万亿元，人工智能产业规模突破1000亿元，"两化"融合发展水平居于我国榜首。中国信通院发布的《2021中国数字经济发展白皮书》显示，2020年安徽数字经济增加值超过万亿元，居全国省市第13位，占GDP比重超过30%，增速超过10%，规模以上工业企业总数突破1000户，8家电子信息制造业企业年营业收入突破100亿元。

在市场一体化方面，市场碎片化和行政分割是推进长三角一体化进程中需要直面的问题，而解决问题的关键在于打破地方保护主义，推进要素市场化改革，实现要素资源跨地区自由流动和精准匹配，数字经济将弥补传统生产要素流通中的短板，突破传统要素资源流通界限，降低不同生产主体的信息不对称程度，扩大要素流通范围，提升要素流通速度；探索构建统一大市场，全面提升制度型开放水平，深入推进市场一体化发展。数字经济赋能市场一体化主要体现由行政机制主导的一体化和由市场机制主导的一体化，由行政机制打破地方保护壁垒，由市场机制实现要素自由流通，协同并进是实现市场一体化的重要路径。一方面，数字技术的发展赋能数字治理体系建设，政府治理要紧密围绕行政服务一体化、交通体系建设一体化、生态环保一体化等领域，政府通过数字化平台在数据资源产权、交易流通、跨境运输以及安全保护等领域制定发布基础管理制度，构建健全市场一体化体系，推进长三角区域协同治理，推动跨地区产业协同发展，助力市场一体化发展。另一方面，数字技术发展进一步促进市场经济发展，以市场机制主导的发展格局有助于充分发挥市场资源配置的决定性作用，企业以数字化为驱动破解创新乏力，依托市场机制强化企业知识和技术要素共享，开展多元联动，有利于企业扩大市场规模，延伸产业价值链，实现市场主体之间一体化协同发展。

在贸易一体化方面，由于时间和空间的限制，传统贸易形态无法及时实现供给和需求的匹配，导致企业进行贸易充满不确定性，以数字技术为重要载体的新型贸易形态降低交易风险和交易成本，有效避免贸易过程中的"冰山成本"和信息不对称等不利因素，实现区域间贸易一体化。首先，互联网平台的发展使得信息获取渠道更加宽广，信息获取更加便捷，信息准确性和精确性更高，有效降低信息获取成本，提高贸易双方供给需求匹配程度，数字经济赋能贸易平台有利于搭建企业信用体系，精简交易程序，为供求双方提供便捷高效、公开透明的信息交流平台，有效降低时间成本和地理壁垒的负面效应；其次，伴随着数字贸易的兴起，移动应用等新型消费产品不断涌现，个性化消费模式驱动无实物载体的消费品多元发展，同时丰富服务贸易模式；最后，数字基础设施建设是实现贸易一体化的重要基础，数字金融是提升中小企业发展竞争力的有力支撑，数字经济贯穿贸易各个环节，对贸易一体化具有重要促进作用。

二、数字经济赋能创新一体化政策

创新一体化是长三角一体化的重要引擎。长三角是全国创新资源聚集度最高的地区，对创新资源需求迫切，数字经济成为推动长三角创新一体化的重要动力源，探索数字经济赋能长三角地区创新一体化发展是转换创新成果，实现高质量发展的必然要求。《长江三角洲区域一体化发展规划纲要》明确提出构建区域创新共同体，协同推进科技成果转移转化，共建产业创新大平台。数字经济主要通过创新投入、创新产出以及区域协同三个方面深入推进长三角创新一体化。在创新投入方面，政府、企业以及高等院校等创新主体在创新一体化过程中担任不同角色，数字经济有利于推进协同创新，拉动创新投入，实现创新一体化发展。党的十九大报告明确提出"使市场在资源配置中起决定性作用，更好发挥政府作用"，政府作为创新投入的主体，从资源、理论、制度等多方面进行投入构建创新生态基础，数字经济作为新时代推动经济高质量发展的重要引擎迫切要求政府以数字经济生态环境为着手点，规划多层次数字产业新格局，赋能政府主体多方合作，大力投入新基建，打造公平有序的市场，为数字技术创新提供完善物质保障，推进国内国际双循环的创新一体化发展新格局。数字技术创新是企业市场竞争优势的关键要素，以数字经济为核心把握市场机遇需要企业在创新投入过程中加大研究与试验发展（R&D）经费投入，突破核心技术"瓶颈"，推动大中小微企业融通发展，聚焦技术研发、应用研究，通过降低使用门槛、广泛的技术指导和深度的人才交流合作打造工业互联网生态，实现企业协同发展。高等院校是培养新时代集思维能力、创新能力和终身学习能力的重要场所，数字经济的迭代是推进高等院校进行基础性创新、赋能试验性研究转向应用领域的重要技术工具，高等院校通过数字技术可以充分发挥人才、技术、数据等要素资源优势，实现"数字赋能，创新驱动，引领未来"。

在创新产出方面，数字经济具有显著的外部性，关于数字经济赋能创新产出的政策主要从优化创新环境、溢出效应和资源配置效应三个方面入手。数字技术发展提升信息网络规模和信息化程度，创新主体的决策更加透明。开放式创新有助于提升创新主体的决策效率和质量，营造良好创新环境，有利于释放大中小微企业创新创业潜力，由数字技术带来的规模效应和集约效应优势吸引人才、资金、项目等资源集聚，促进企业联动发展，数字经济独特的边际成本递减的属性带来创新产出水平提升。数字经济发展将降低由空间布局导致的创新主体和创新要素难以联动的负面影响，数据的广辐射、低成本、高速度扩散体现强大的空间溢出效应，加强创新主体之间的跨地区交流协作，并且通过共享开放使企业研发部门更好地了解企业生产，对企业生产模式、营销模式和管理模式的创新性变革，从而缩短研发周期或节省资源提高创新产出水平。

在区域协同方面，协同创新体系是各个创新主体之间的相互作用，数字经济的内源性驱动取代传统供求关系的外源性驱动，有利于完善区域协同创新体系，深入推进创新一体化发展。数字经济突破时间和空间限制，更加关注有效释放不同区域的优势、着力缩小区域间数字经济发展差距，培育释放市场主体发展动能，有利于推进跨部门、跨系统、跨辖区创新整合，避免长三角区域在创新发展过程中出现"马太效应"。数字经济通过"互联网＋"物联网区块链等技术赋能长三角打造产业互联、政策互通、资源共享、平台共建新格局，营造公平创新环境，实现"同步、关联、合作、竞争"的创新发展机制，发挥创新活跃强劲优势，实施科技创新"栽树工程"，推动大科学装置共建共享，围绕关键核心技术开展联合攻关，共同打造具有重要影响力的科技创新策源地。2020年12月，科技部发布的《长三角科技创新共同体建设发展规划》提出建设具有全球影响力的长三角科技创新共同体，从协同提升自主创新能力、构建开放融合的创新生态环境、聚力打造高质量发展先行区、共同推进开放创新提出具体措施。2022年8月，沪苏浙皖科技部门联合发布《三省一市共建长三角科技创新共同体行动方案（2022—2025年)》提出，到2025年区域一体化协同创新体制机制基本形成，初步建成具有全球影响力的科技创新高地。2023年4月，沪苏浙皖科技部门联合制定《长三角科技创新共同体联合攻关计划实施办法（试行)》。

三、数字经济赋能公共服务一体化政策

公共服务一体化是长三角一体化的重要内容之一。基本公共服务是保障全体人民生存和发展基本需要与经济社会发展水平相适应的公共服务。习近平总书记强调"要始终把最广大人民根本利益放在心上，坚定不移增进民生福祉，把高质量发展同满足人民美好生活需要紧密结合起来"，这关键在于提升公民享受公共服务的程度范围与感知体验。2018年6月，沪苏浙皖共同发布《长三角地区一体化发展三年行动计划（2018—2020年）》，提出构建集"连接、枢纽、计算、感知"为一体的新一代信息基础设施总体架构，引导长三角地区率先实现信息基础设施更新升级、互通共享。2019年12月，中共中央、国务院印发《长江三角洲区域一体化发展规划纲要》，提出共同打造数字长三角，加快构建新一代信息基础设施，大力发展基于物联网、大数据、人工智能的专业化服务，围绕城市公共管理、公共服务、公共安全等领域，共同推动重点领域智慧应用。统筹规划长三角数据中心，实现数据中心和存算资源协同布局。2022年1月，国家发展改革委等部门联合印发《"十四五"公共服务规划》，明确指出，持续提升公共服务数字化、智能化水平，持续完善公共服务制度体系，推进标准化、信息化建设，保证公共服务普惠均等，实现高水平民生福祉。数字经济发展助力地区建立网络化、数字化、智慧化的民生服务体系，聚焦数字化技术，推进数字化与医疗、交通、教育以及政府服务等重点领域融合，推动区域基础设施水平、公共文化、医疗服务、教育服务以及社会保障一体化发展水平，建立健全基本公共服务标准体系。提升数字创新能力、数字产业规模能级加快数字产业发展，通过推广智慧农业、新智造、服务业数字化转型加快产业数字化进程，通过完善数字化治理体系、提升数字化治理能力提高数字化治理水平，通过共享开放公共数据、深化数据要素应用、保障数据安全、推进数据价值化，通过打造数字企业梯队、引进数字人才等培育新型数字组织，构建数字生态，持续提升公共服务便利共享水平，实现区域公共服务一体化发展。

数字技术赋能政府服务，推动政府治理流程和模式优化。云计算、物

联网、大数据等新一代数字技术优化政府工作运行方式、业务流程与服务模式，打造数据资源整合、业务治理协同与多元主体参与的运营模式，促进各级政府与部门间的业务联动和协同治理，打破地域间的政务壁垒，拓宽多元化服务场景，持续推进数字化、智能化政务服务。长三角多地推行政务服务"一网通办"，推动建设普惠数字政府，加速地方政府协同发展，落实政务服务一体化。数字经济推动社会服务创新发展，激发社会服务市场创新活力。2019 年 12 月，国家发展改革委等七部门联合印发《关于促进"互联网＋社会服务"发展的意见》明确提出，促进社会服务数字化、网络化、智能化、多元化、协同化，更好惠及人民群众，助力新动能成长。数字经济驱动智慧城市建设对促进城乡一体化发展具有重要意义，《数字乡村发展行动计划（2022—2025 年）》明确指出要着力发展乡村数字经济，坚持统筹协调、城乡融合。数字技术搭建"数字桥梁"促进资源要素双向流动，赋能促进城乡产业融合，驱动城乡融合互动和共建共享发展，有利于统筹推进"数字乡村"与"智慧城市"建设。数字共享促进公共服务资源整合，提升专业化、市场化服务水平。发挥数字经济的资源整合能力有利于破除长三角区域在公共服务一体化过程中的"数据孤岛"和"数据鸿沟"等弊端，实现智能生活供给，长三角各地区通过建立"一网统管"平台观测民生民情大数据，通过数字经济基础设施建设以及传统基础设施升级释放数字资源新动能，通过推进数字经济与制造业、农业、服务业融合发展，提升数字产业新能级，引领数字创新、监管、开放共享协同发展，实时关注民生领域，缩小长三角区域公共服务水平差距。

四、数字经济赋能绿色发展一体化政策

绿色发展一体化是长三角一体化的主要标志。党的十八届五中全会提出"绿色"发展观念，"双碳"目标重大战略部署提出加深了公民"绿水青山就是金山银山"的生态理念。沪苏浙皖应坚持绿色发展，协同推动长三角绿色一体化发展，目前我国整体处于工业化中后期阶段，高投入、高能耗、高污染、低效益的发展模式仍然存在，长三角地区作为我国经济高质量发展的龙头，实现长三角区域一体化发展亟须将数字化、智能化、绿

色化全面融入协同发展进程中，切实以数字经济赋能绿色发展一体化。数据要素作为推动经济社会发展的基础性和战略性资源不仅可以突破传统资源的供给约束，同时可以显著提升其他要素资源的利用率，以数字经济赋能绿色发展一体化，提高绿色全要素生产率、提升绿色技术水平、改善能源消费结构有助于实现长三角绿色发展一体化。长三角生态绿色一体化发展示范区已经初步建立起了生态环境标准统一、监测统一、执法统一的"三统一"制度。2020 年 6 月，沪苏浙印发《关于支持长三角生态绿色一体化发展示范区高质量发展的若干政策措施》，提出推动新一代信息基础设施跨区域共建共享，探索跨域电信业务模式创新，统筹数据布局，加强新一代信息技术的基础支撑和服务能力，推进数字制造、量子通信、智慧交通、未来社区等应用，加快"城市大脑"建设。长三角区域需要发挥生态资源良好优势，协同推进碳达峰碳中和，共抓长江大保护，协同建设新安江—千岛湖生态保护补偿试验区、杭黄世界级自然生态和文化旅游廊道，共同建设美丽绿色长三角。

在生产层面，数字技术引导生产方式变革，推进企业数字化运营，减少能源和原材料的需求，淘汰高污染、高能耗产业，推进产业链条绿色发展，提高企业绿色全要素生产率。在消费层面，数字经济为消费者提供个性化产品服务，避免冗杂的资源浪费，共享经济和平台经济的发展有利于绿色出行，减少资源浪费和污染物排放，推进区域绿色发展。在政府层面，数字经济为政府评估绿色生产、排污治理资质提供更加可靠的量化标准与治理依据，贯彻落实环境规制倒逼企业绿色转型，提升绿色全要素生产率。数字经济具有自我创新和技术外溢等特征，通过加强企业内部、企业之间、企业与消费者之间的信息传递为企业提供绿色技术创新基础，通过加速要素集聚积累推动企业、政府和高校等合作机构攻关绿色技术，提升绿色技术创新水平，通过共享利用数据资源对产品制造、设计研发、工艺流程和资源利用等环节进行优化和重组，提高资源利用水平，降低能耗，为绿色技术创新提供良好生态，通过打造数字产业化和产业数字化发展格局为绿色高质量发展带来新的产业动能。传统产业数字化转型引领能源结构优化，提高能源利用效率，数字技术推广应用倒逼清洁能源和非化石能源消耗比重提升，有效降低污染排放水平，赋能区域绿色发展一体化。上海市作为碳普惠联建试点，以点带面，探索以示范区为载体推动碳普惠规则共建、标准互认、信息共享、项目互认，并逐步扩大联建范围，最终打造"规则共建、标准统一"的长三角区域碳普惠体系。

第二节 基于数字经济共同推进长三角一体化的政策建议

当前我国进入全面建设社会主义现代化国家、向第二个百年奋斗目标进军的新发展阶段，长三角立足"一极三区一高地"格局，打造全国发展强劲活跃增长极、全国高质量发展样板区，率先基本实现现代化引领一体化发展示范区和新时代改革开放新高地，高起点推动更高质量一体化发展，但也面临新的机遇和挑战。长三角在国家总体发展格局中战略地位稳步提升，战略发展方向更加明确，对长三角地区统一规划管理、要素自由流动、财税分享、公共服务协同等方面创新政策，推动长三角区域深化分工，与此同时，长三角一体化发展进入新技术创新和应用期，新一轮科技革命以及人工智能、生物技术、智能物联技术和生态能源技术等带来的系列产业变革，推进长三角发展成为具有全球竞争力的世界级城市群。2016年发布的《长江三角洲城市群发展规划》提出，建设具有全球影响力的世界级城市群，在创新驱动、基础设施网络、生态共建以及空间布局方面全面提升，通过打造一体化空间格局，营造创新驱动良好生态，构建普惠信息网络，提升对外开放层次，共同推动环境共治，从不同维度助力长三角一体化快速发展。近年来，长三角区域坚决贯彻落实习近平总书记重要指示精神和党中央决策部署，坚持着眼大局、各展所长、规划先行、点上突破、面上推广、常态长效、务求实效，推动长三角一体化发展进入快车道。长三角区域深刻理解把握长三角"一极三区一高地"战略定位，牢记长三角发展"三大新使命"，牢牢掌握创新主动权、发展主动权，推动"国之大者"在长三角落地生根，在高质量一体化发展中赢得战略主动，在社会主义现代化建设中勇当探路先锋，推动长三角一体化发展再上新台阶。2021年10月，长三角区域合作办公室发布《长三角地区一体化发展三年行动计划（2021—2023年）》，提出通过推动全面深化改革，打造强劲活跃增长极率先构建新发展格局；通过高水平建设一体化发展，开展毗邻地区深度合作加快推进区域协调发展；通过提升创新能力，打造良好创新生态勇当科技创新开路先锋；通过推进跨省市产业协同及产业链延伸，共建产业集群加快构建深度融合现代化体系；通过打造高布局新型数字经济基础设施和治理能力全力建设新时代数字长三角；通过深化市场体系建设和金融协同发展打造长三角区域统一大市场；通过完善长三角智能通达共建互联互通综合交通体系；通过系统推进生态环境协同保护建设美丽长三角；通过推进社会保障、教育、文化、公共服务协同共享共建健康长三角。

一、上海：数字经济发展"领头羊"

作为国内经济中心城市，上海市在科学技术、要素资源、产业布局、公共服务以及基础设施等方面具有全面优势，其数字经济发展水平也走在全国前列，《2021上海市数字经济发展研究报告》显示，截至2020年，上海市数字经济发展良好，数字经济增加值规模占GDP比重已超过50%。在产业数字化方面，产业数字化发展规模高达1万亿元，产业数字化占GDP比重超过40%，上海市高新企业占总企业数量比位居全国第五，共有14624家，工业物联网企业数量在全国排名第三，新基建企业相关企业数量占比高于全国平均水平的55.34%，达到69.15%。上海市数字产业化规模达到1000亿元。在数字化治理方面，智慧城市建设水平是衡量数字治理的重要元素，上海市立足打造泛在化、融合化、智敏化智慧城市，在智慧城市先进性和政策优越性方面均处于国内领先位置，有利于上海市抢占数字经济发展高地。在数据价值化方面，上海市创新数据流通平台，首创流通数据标准，创新数据价值。

在数字经济发展下，上海市擘画了以"引领未来发展"为目标的国际数字之都新蓝图。2021年10月发布《上海市全面推进城市数字化转型"十四五"规划》，提出到2025年上海全面推进城市数字化转型取得显著成效，对标打造国际一流、国内领先的数字化标杆城市，基本构建起以底座、中枢、平台互联互通的城市数基，经济、生活、治理数字化"三位一体"的城市数体，政府、市场、社会"多元共治"的城市数治为主要内容的城市数字化总体架构，初步实现生产生活全局转变，数据要素全域赋能，理念规则全面重塑的城市数字化转型局面，国际数字之都建设形成基本框架，为 2035 年建成具有世界影响力的国际数字之都奠定坚实基础。

二、浙江：数字经济先行创新者

2021 年 12 月，浙江省统计局与经信厅联合发布《2021 浙江省数字经济发展综合评价报告》全面反映了全省数字经济发展状况，并分基础设施、数字产业化、产业数字化、新业态新模式和政府与社会数字化发展五个维度分别衡量。总的来看，2020 年浙江省数字经济发展指数稳步增长，达111.9%。在基础设施方面，浙江省加快新型基础设施布局，基础设施发展指数高速增长，2020 年达到 119.5%；在数字产业化和产业数字化方面，浙江省深度推进数字经济与实体经济融合发展，打造数字产业化和产业数字化互通融合发展新态势，数字产业化和产业数字化发展指数持续保持增长；在新业态新模式方面，浙江省加快推进 5G、人工智能、云计算、大数据、物联网等新技术的场景应用，新业态新模式发展指数达 115.2%；在政府与社会数字化发展方面，聚焦数字化技术，推进数字化与医疗、交通、教育以及政府服务等重点领域融合，2020 年政府与社会数字化发展指数达124.6%，在五个指标体系中最高。浙江省代表性城市杭州市和宁波市在各自的"十四五"发展规划中明确数字经济发展目标，全面实施数字经济"一号工程"，强化数字赋能，通过创新、融合、优化等手段推进数字产业化、产业数字化以及数字治理。此后，浙江制定《浙江省数字经济五年倍增行动计划》和《浙江省国家数字经济示范省建设方案》，提出加快实施数字经济"一号工程"，建设国家数字经济示范省。

为深入实施数字经济"一号工程"，不断激发高质量发展新动能，再创数字经济发展新优势。2021 年 6 月发布《浙江省数字经济发展"十四五"规划》，提出到 2025 年数字经济发展水平稳居全国前列、达到世界先进水平，数字经济增加值占 GDP 比重达 60% 左右，高水平建设国家数字经济创新发展试验区，加快建成"三区三中心"，成为展示"重要窗口"的重大标志性成果；到 2035 年，全面进入繁荣成熟的数字经济时代，综合发展水平稳居世界前列。数字产业竞争力全球领先，数字赋能产业发展全面变革，数据要素价值充分释放，全面形成以数字经济为核心的现代化经济体系，高水平建成网络强省和数字浙江，成为全球数字技术创新、产业创新、制度创新、理念创新重要策源地，为基本实现共同富裕和高水平现代化提供强大支撑。

三、江苏：数字经济有力推动者

近年来，江苏省数字基础设施水平持续提升，5G 基本实现各市县主要城区、中心镇全方位覆盖，为数字经济赋能经济高质量发展打下坚实基础。2021 年电子信息产品制造业、软件和信息服务业业务收入分别达 3.56 万亿元、1.15 万亿元，两化融合发展水平连续七年位列全国第一。《2021 数字江苏建设发展报告》显示，数字江苏整体水平稳步提升，信息基础设施建设逐步完善，信息技术创新能力持续增强，数字江苏发展活力和发展能力显著提升，并且指出"十四五"时期，江苏省亟须立足新发展阶段，统筹顶层设计和基层的协调发展，推动信息化向基层延伸，推动数字经济与实体经济深度融合。《江苏省国民经济和社会发展第十四个五年规划和二〇三五年远景目标纲要》将建设数字江苏独立成篇，从数字产业、数字社会、数字政府和新型基础设施四个维度详细阐述建设数字江苏的路径。在数字经济规划方面，2020 年 10 月江苏省人民政府办公厅发布《关于深入推进数字经济发展的意见》，指出数字经济发展是构建新发展格局、推动高质量发展的必由之路，通过数字经济基础设施建设以及传统基础设施升级释放数字资源新动能，通过推进数字经济与传统产业融合发展，促进数字产业高质量发展，引领数字创新、监管、开放共享协同发展。

江苏勇当产业和科技创新开路先锋，为抢抓数字时代发展新机遇，激发数字经济新动能，加快数字经济强省建设。2021 年 8 月发布的《江苏省"十四五"数字经济发展规划》提出，到 2025 年数字经济强省建设取得显著成效，数字经济成为江苏高质量发展的重要支撑，建成一批国家级、省级数字科技创新载体，打造具有世界影响力的数字技术创新高地、具有国际竞争力的数字产业发展高地、具有未来引领力的数字社会建设高地、具有全球吸引力的数字开放合作高地。同时规划还从强化组织领导、完善法规标准、加大政策支持、加强监测评估、营造发展氛围多个方面采取保障措施，助推数字长三角一体化发展。

四、安徽：数字经济努力奋追者

近年来，安徽省数字产业化呈跨越式发展，以人工智能为代表的数字产业蓬勃发展，以新型"铜墙铁壁"为代表的传统产业转型升级，以"芯屏器合"为标识的新兴产业形成体系，安徽省产业数字化活力逐步展现，通过打造推出"皖事通"应用品牌实现数字化治理。2020 年，安徽省电子信息规模上工业增加值实现增长 24.1%；营业收入同比增长 25.2%，高于全国同行业 16.3 个百分点；利润总额同比增长 42%，高于全国同行业 22.2 个百分点；全省共完成 5G 基站站址建设 29415 个，超额完成省政府提出的"建设 2 万个，力争达到 2.5 万个"目标。[①] 安徽省数字经济引擎功能显著，"宽带安徽"扎实推进，以"中国声谷"为代表的数字产业集群飞速发展，"数字江淮"建设激发数据要素活力，数字化应用赋能社会治理，加速新型智慧城市建设，加快推进政府、企业、社会三位一体的数字化建设，努力走在数字化发展前列，为打造"三地一区"提供重要支撑。

2022 年 8 月，安徽省人民政府发布《加快发展数字经济行动方案（2022—2024 年）》，提出以数据为关键要素，以数字技术与实体经济深度融合为主线，加强数字基础设施建设，协同推进数字产业化和产业数字化，赋能传统产业转型升级，培育新产业新业态新模式，不断做强做优做大安徽数字经济。新型显示、集成电路等产业竞争力全国领先，继续保持和拓展人工智能语音技术全球领先优势。全省数字经济核心产业增加值占 GDP 比重力争达到全国平均水平。

五、共同推进长三角一体化发展的政策建议

长三角作为全国数字产业化示范者、产业数字化领跑者、数字化治理

---

① 安徽省经济与信息化厅网站，http://jx.ah.gov.cn/public/6991/145600901.html。

推动者、数据价值化探索者，已经建成以电子器件、信息通信、集成电路等新一代信息技术产业体系，新兴数字产业领域发展走在全国前列，新业态、新模式、新技术蓬勃发展，是全国产业数字化发展的前沿阵地。从上海的《关于全面推进上海城市数字化转型的意见》、浙江的《浙江省数字经济促进条例》，到江苏的《关于深入推进数字经济发展的意见》，数字化改革实现长三角"跨界""破圈"，发挥上海龙头带动作用，苏浙皖各扬所长，推进沿沪宁产业创新带发展，加快苏南自主创新示范区、南京江北新区建设，打造全国对外开放重要枢纽、数字经济创新高地、绿色发展新标杆，建设高水平科技创新策源地、新兴产业聚集地和绿色发展样板区。以数字经济赋能长三角中心区城市间的合作联动立足创新、协调、绿色、开放、共享五大发展理念，以经济增长极、高质量、现代化、一体化、改革开放五个层面为战略定位，围绕经济发展、科技创新、生态环境、公共服务四个方面协调推进，推动地方及周边区域协同发展，加强地方产业多方面合作，有序推动生产要素双向流动和产业跨区域转移，联合推动跨界生态文化旅游发展，加强创新社会治理模式，提高社会化、法治化、数字化、专业化水平，明确科技创新和资源共享前瞻布局，集中突破"卡脖子"关键核心技术，充分发挥市场和政府叠加作用，畅通创新成果转化现实生产力的通道，推动科技成果跨区域转化，实现长三角经济、创新、公共服务、绿色一体化发展。

长三角一体化发展以数字化发展为导向，以市场在资源配置中的决定性作用为依托，坚持系统谋划、统筹推进。《长江三角洲区域一体化发展规划纲要》明确提出发展目标，即到 2025 年，长三角一体化发展取得实质性进展。跨界区域、城市乡村等区域板块一体化发展达到较高水平，在科创产业、基础设施、生态环境、公共服务等领域基本实现一体化发展，全面建立一体化发展的体制机制。力争在城乡区域协调发展、科创产业融合发展、基础设施互联互通、生态环境共保联治、公共服务便利共享等方面取得明显进展，使长三角成为最具影响力和带动力的强劲活跃增长极。立足新发展阶段，数字经济赋能长三角一体化进程中需要从以下方面着力。

一是构建完备的数字化基础设施。长三角区域协同推进千兆光纤网络和 5G 网络基础设施建设，加大技术研发支持力度，加快布局卫星通信网络等，提高物联网在工业制造、农业生产、公共服务等领域的覆盖广度和深度，推进云网协同和算网融合发展，构建算力、算法、数据应用、资源协同的全国一体化大数据中心体系，秉持绿色、低碳、集约、高效原则，持续推进建设长三角绿色数字发展中心、节能改造数据中心，提升数据中心可再生能源的利用水平。稳步构建智能高效的数字化基础设施，提升基础设施网络化、智能化、服务化、协同化水平，加快推进长三角区域能源、医疗、教育、物流、水利、交通运输、环保等领域基础设施数字化改造，推动新型城市基础设施建设，提升市政公用设施和建筑智能化水平，构建智能协作、先进普惠的数字化生活服务融合设施，打造新型数字生活。

二是激发数据要素潜力。支持长三角市场主体依法合规利用数据，提高处理数据资源的能力，培育壮大数据服务产业，建设数据资源高标准体系以提升数据管理水平和数据质量，强化高质量数据要素供给，深化政务数据长三角区域跨层级、跨地域、跨部门共治共享，提升公共数据开放水平以释放数据红利，加快构建数据要素市场相关法律法规，培育市场主体、完善治理体系，营造安全有序的市场环境，促进数据要素市场流通，以实际需求为导向探索多样化数据开发利用机制，鼓励市场多方面力量深入挖掘数据价值，推动数据产品化、服务化发展，高质量推进专业化个性化的数据服务，促进数据要素、技术创新、场景模式多元深度融合，加快培育长三角数据融合发展模式及产业生态，提升长三角数据开发利用水平。

三是大力推进产业数字化和数字产业化。引导长三角区域企业建立数字化思维模式，系统推进企业在研发设计、生产加工、经营管理、销售服务等业务环节数字化转型发展，助力传统企业和中小企业深入推进数字化转型。推进长三角区域工业产业数字化转型发展，推进研发设计、生产制造、市场服务等节点全周期数字化发展，利用数字技术提升产业园区管理和服务能力，助力产业园区和产业集群协同数字化转型，以数字技术与各领域融合应用为导向，推进行业企业、平台企业和数字技术服务企业跨界创新，打造多元化参与、网络化协同、市场化运作的创新生态体系，提升产业链关键环节竞争力，拓展创新、生产、供应链等资源共享新空间，加快培育新业态新模式，加快推动数字产业化。

四是持续提升公共服务数字化水平。建立健全长三角区域政务数据共享协调机制，推动政府工作服务在线上和线下整体联通互动、全流程在线、深度拓展基层服务，提升服务共享化和便利化水平。充分运用新型数字技术拓展教育、医疗、社保、对口帮扶等服务内容，促进民生领域供给需求对接。支持实体企业打造数字化消费新场景，推广智慧导览、智能导流、虚实交互体验、非接触式服务等智慧式体验新应用，提升智慧场景消费体验感，打造数字化手段助力城乡基本公共服务新发展格局。

五是健全数字经济安全和治理体系。探索建立长三角区域新型治理结构，同步数字经济持续健康发展，通过制定更加灵活有效的政策措施维持全方位、多层次、立体化监管体系快速建立，提升监管的开放、透明、法治水平，增强长三角区域政府数字化服务能力和数字化管理建设，发挥数字化政府对规范市场、鼓励创新、保护消费者权益的支撑作用，构建完善政府、平台、企业、行业组织和社会公众多元协同的数字化治理新格局。创新协同治理，强化数字经济韧性，强化落实网络安全技术措施，长三角区域做到同步规划、同步建设、同步使用，常态化安全风险评估增强网络安全防护能力，通过建立健全安全数据治理体系提高数字化安全保障水平，防范各类风险叠加可能引发的经济风险、技术风险和社会问题。

参 考 文 献

［1］埃里克·布莱恩约弗森，安德鲁·麦卡菲．第二次机器革命［M］．蒋永军，译．北京：中信出版社，2014．

［2］安孟，张诚．数字经济发展能否提升中国区域创新效率［J］．西南民族大学学报（人文社会科学版），2021，42（12）：99－108．

［3］安体富，任强．公共服务均等化：理论、问题与对策［J］．财贸经济，2007（8）：48－53，129．

［4］白俊红，陈新．数字经济、空间溢出效应与区域创新效率［J］．研究与发展管理，2022，34（6）：67－78．

［5］白俊红，蒋伏心．协同创新、空间关联与区域创新绩效［J］．经济研究，2015，50（7）：174－187．

［6］蔡昉．中国经济增长如何转向全要素生产率驱动型［J］．中国社会科学，2013（1）：56－71，206．

［7］蔡俊亚，党兴华．创业导向与创新绩效：高管团队特征和市场动态性的影响［J］．管理科学，2015，28（5）：42－53．

［8］蔡绍洪，谷城，张再杰．中国省域数字经济的时空特征及影响因素研究［J］．华东经济管理，2022，36（7）：1－9．

［9］蔡伟毅，陈学识．国际知识溢出与中国技术进步实证研究［J］．世界经济研究，2010（5）：52－57，88．

［10］蔡跃洲．"互联网＋"行动的创新创业机遇与挑战——技术革命及技术—经济范式视角的分析［J］．求是学刊，2016，43（3）：43－52．

［11］蔡跃洲．数字经济的增加值及贡献度测算：历史沿革、理论基础与方法框架［J］．求是学刊，2018，45（5）：65－71．

［12］曹吉云，佟家栋．影响区域经济一体化的经济地理与社会政治因

素［J］. 南开经济研究，2017（6）：20 - 39.

［13］曹萍萍，徐晓红，李壮壮. 中国数字经济发展的区域差异及空间收敛趋势［J］. 统计与决策，2022，38（3）：22 - 27.

［14］钞小静，薛志欣，孙艺鸣. 新型数字基础设施如何影响对外贸易升级——来自中国地级及以上城市的经验证据［J］. 经济科学，2020（3）：46 - 59.

［15］巢清尘. "碳达峰和碳中和"的科学内涵及我国的政策措施［J］. 环境与可持续发展，2021，46（2）：14 - 19.

［16］陈海威. 中国基本公共服务体系研究［J］. 科学社会主义，2007（3）：98 - 100.

［17］陈坤，武立. 基于相对价格法的长三角经济一体化研究［J］. 上海经济研究，2013，25（12）：49 - 56.

［18］陈亮，孔晴. 中国数字经济规模的统计测度［J］. 统计与决策，2021，37（17）：5 - 9.

［19］陈柳，于明超，刘志彪. 长三角的区域文化融合与经济一体化［J］. 中国软科学，2009（11）：53 - 63.

［20］陈梦根，张鑫. 数字经济的统计挑战与核算思路探讨［J］. 改革，2020（9）：52 - 67.

［21］陈婉玲，丁瑶. 区域经济一体化的源流追溯与认知纠偏［J］. 现代经济探讨，2021（6）：1 - 11，18.

［22］陈文博. 公共服务质量评价与改进：研究综述［J］. 中国行政管理，2012（3）：39 - 43.

［23］陈雯，孙伟，刘崇刚，等. 长三角区域一体化与高质量发展［J］. 经济地理，2021，41（10）：127 - 134.

［24］陈晓东. 数字经济影响产业结构演进的方向路径［N］. 经济日报，2021 - 05 - 21（006）.

［25］陈晓龙. 数字经济对中国经济的影响浅析［J］. 现代商业，2011（11）：190.

［26］陈岳飞，肖克，张海汝，李勇坚. 中国数字经济结构发展协同度研究［J］. 学习与探索，2021（8）：121 - 129.

[27] 陈中飞，江康奇．数字金融发展与企业全要素生产率 [J]．经济学动态，2021（10）：82－99．

[28] 程文先，钱学锋．数字经济与中国工业绿色全要素生产率增长 [J]．经济问题探索，2021，469（8）：124－140．

[29] 储德银，韩一多，张同斌，何鹏飞．中国式分权与公共服务供给效率：线性抑或倒"U" [J]．经济学（季刊），2018，17（3）：1259－1288．

[30] 崔保国，刘金河．论数字经济的定义与测算——兼论数字经济与数字传媒的关系 [J]．现代传播（中国传媒大学学报），2020，42（4）：120－127．

[31] 党琳，李雪松，申烁．数字经济、创新环境与合作创新绩效 [J]．山西财经大学学报，2021，43（11）：1－15．

[32] 邓慧慧，薛熠，杨露鑫．公共服务竞争、要素流动与区域经济新格局 [J]．财经研究，2021，47（8）：34－48．

[33] 邓晶，黄珊，幸小云，王宁．区域协同创新对城市群绿色经济发展的影响研究 [J]．城市问题，2022（4）：65－76．

[34] 邓宗兵，吴朝影，封永刚，王炬．中国区域公共服务供给效率评价与差异性分析 [J]．经济地理，2014，34（5）：28－33．

[35] 丁杰．外商直接投资对东盟经济一体化的影响研究 [J]．亚太经济，2022（3）：91－98．

[36] 丁俊菘，孟维福，汪青．长三角区域一体化、经济增长与地区差异——来自合成控制法的新证据 [J]．软科学，2022，36（7）：38－45．

[37] 丁志帆．信息消费驱动下的传统产业变革：基本内涵与内在机制 [J]．经济学家，2020（3）：87－94．

[38] 杜传忠，张远．数字经济发展对企业生产率增长的影响机制研究 [J]．证券市场导报，2021（2）：41－51．

[39] 范柏乃，金洁．公共服务供给对公共服务感知绩效的影响机理——政府形象的中介作用与公众参与的调节效应 [J]．管理世界，2016（10）：50－61，187－188．

[40] 范合君，吴婷．中国数字化程度测度与指标体系构建 [J]．首都

经济贸易大学学报，2020，22（4）：3-12.

［41］方建国，尹丽波. 技术创新对就业的影响：创造还是毁灭工作岗位［J］. 中国人口科学，2012（6）：34-43，111.

［42］方堃，李帆，金铭. 基于整体性治理的数字乡村公共服务体系研究［J］. 电子政务，2019（11）：72-81.

［43］韩峰，李玉双. 产业集聚、公共服务供给与城市规模扩张［J］. 经济研究，2019，54（11）：149-164.

［44］冯献，李瑾，崔凯. 乡村治理数字化：现状、需求与对策研究［J］. 电子政务，2020（6）：73-85.

［45］冯琰玮，张衔春，徐元朔. 粤港澳大湾区区域合作与产业一体化的演化特征及耦合关系研究［J］. 地理科学进展，2022，41（9）：1647-1661.

［46］冯志军，陈伟. 中国高技术产业研发创新效率研究——基于资源约束型两阶段 DEA 模型的新视角［J］. 系统工程理论与实践，2014（5）：1202-1212.

［47］高春亮，李善同. 人力资本流动、公共服务需求与公共服务均等化［J］. 南开管理评论，2021，24（2）：162-172.

［48］高志军，刘伟，高洁. 服务主导逻辑下物流服务供应链的价值共创机理［J］. 中国流通经济，2014，28（11）：71-77.

［49］龚锋，卢洪友. 财政分权与地方公共服务配置效率——基于义务教育和医疗卫生服务的实证研究［J］. 经济评论，2013（1）：42-51.

［50］顾海兵，段琪斐. 区域一体化指数的构建与编制——以西宁—海东一体化为例［J］. 中国人民大学学报，2015，29（4）：92-99.

［51］关枢. 长三角区域城乡一体化水平的时序变化与空间分异［J］. 现代经济探讨，2022（9）：124-132.

［52］关于贯彻落实《中共中央 国务院关于新时代推动中部地区高质量发展的意见》的实施意见［N］. 湖南日报，2021-07-27（001）.

［53］郭炳南，王宇，张浩. 数字经济发展水平的区域差异、分布动态及收敛性——基于中国十大城市群的实证研究［J］. 金融与经济，2022（1）：35-44.

［54］郭峰，王靖一，王芳，孔涛，张勋，程志云．测度中国数字普惠金融发展：指数编制与空间特征［J］．经济学（季刊），2020，19（4）：1401－1418．

［55］郭海明，许梅，王彤．数字经济核算研究综述［J］．统计与决策，2022，38（9）：5－10．

［56］郭美荣，李瑾，马晨．数字乡村背景下农村基本公共服务发展现状与提升策略［J］．中国软科学，2021（7）：13－20．

［57］国家统计局．数字经济及其核心产业统计分类（2021）［R/OL］．（2021－06－03）［2022－10－01］．http：//www. stats. gov. cn/tjsj/tjbz/202106/t20210603_1818134. html．

［58］何建华．数字长三角在"东数西算"中的责任担当［J］．群众，2022（6）：22－23．

［59］何维达，温家隆，张满银．数字经济发展对中国绿色生态效率的影响研究——基于双向固定效应模型［J］．经济问题，2022，509（1）：1－8，30．

［60］何郁冰．产学研协同创新的理论模式［J］．科学学研究，2012，30（2）：165－174．

［61］何宗樾，宋旭光．数字经济促进就业的机理与启示——疫情发生之后的思考［J］．经济学家，2020（5）：58－68．

［62］胡鞍钢，周绍杰．中国如何应对日益扩大的"数字鸿沟"［J］．中国工业经济，2002（3）：5－12．

［63］胡本田，徐凤娟．高铁效应对长三角区域经济一体化的影响及差异性研究——基于经济周期协同性视角［J］．河北科技大学学报（社会科学版），2022（3）：1－10．

［64］胡彬．长三角区域高质量一体化：背景、挑战与内涵［J］．科学发展，2019（4）：67－76．

［65］胡森林，鲍涵，郝均，曾刚．环境规制对长三角城市绿色发展的影响——基于技术创新的作用路径分析［J］．自然资源学报，2022，37（6）：1572－1585．

［66］胡艳，陈雨琪，李彦．数字经济对长三角地区城市经济韧性的影响

研究 [J]. 华东师范大学学报（哲学社会科学版），2022，54（1）：143 – 154，175 – 176.

[67] 胡艳，胡子文. 长三角一体化战略背景下合肥都市圈一体化水平研究 [J]. 山东财经大学学报，2021，33（1）：36 – 48.

[68] 黄繁华，李浩. 推进长三角一体化对城乡收入差距的影响 [J]. 苏州大学学报（哲学社会科学版），2021，42（5）：42 – 50.

[69] 黄群慧，余泳泽，张松林. 互联网发展与制造业生产率提升：内在机制与中国经验 [J]. 中国工业经济，2019（8）：5 – 23.

[70] 黄永林. 党的十八大以来我国文化产业政策引导成效及未来方向 [J]. 人民论坛·学术前沿，2022（19）：72 – 82.

[71] 惠宁，白思. 互联网、空间溢出与文化产业发展——基于省域面板数据的空间计量分析 [J]. 统计与信息论坛，2021，36（1）：100 – 107.

[72] 惠宁，刘鑫鑫. 数字经济对政府公共服务高质量发展的影响研究 [J]. 山西师大学报（社会科学版），2022，49（6）：57 – 67.

[73] 吉富星，樊轶侠. 促进区域经济一体化发展的财政制度安排及优化路径 [J]. 经济纵横，2021（12）：83 – 89.

[74] 江红莉，蒋鹏程. 数字金融能提升企业全要素生产率吗？——来自中国上市公司的经验证据 [J]. 上海财经大学学报，2021，23（3）：3 – 18.

[75] 姜博，马胜利，唐晓华. 产业融合对中国装备制造业创新效率的影响：结构嵌入的调节作用 [J]. 科技进步与对策，2019，36（9）：77 – 86.

[76] 蒋金荷. 可持续数字时代：数字经济与绿色经济高质量融合发展 [J]. 企业经济，2021，40（7）：23 – 30，161.

[77] 蒋仁爱，李冬梅，温军. 互联网发展水平对城市创新效率的影响研究 [J]. 当代经济科学，2021，43（4）：77 – 89.

[78] 焦帅涛，孙秋碧. 我国数字经济发展测度及其影响因素研究 [J]. 调研世界，2021（7）：13 – 23.

[79] 金灿阳，徐蔼婷，邱可阳. 中国省域数字经济发展水平测度及其空间关联研究 [J]. 统计与信息论坛，2022，37（6）：11 – 21.

[80] 韩晶，陈曦. 数字经济赋能绿色发展：内在机制与经验证据 [J]. 经济社会体制比较，2022，220（2）：73 – 84.

［81］康铁祥．中国数字经济规模测算研究［J］．当代财经，2008（3）：118－121．

［82］孔芳霞，刘新智．数字经济发展对工业绿色转型的影响研究——基于中国城市的经验证据［J］．软科学，2023，37（4）：27－35．

［83］郎平．发展中国家区域经济一体化框架下的政治合作［J］．世界经济与政治，2012（8）：129－148，160．

［84］李长江．关于数字经济内涵的初步探讨［J］．电子政务，2017（9）：84－92．

［85］李春发，李冬冬，周驰．数字经济驱动制造业转型升级的作用机理——基于产业链视角的分析［J］．商业研究，2020（2）：73－82．

［86］李格，高达，吕世公．区域一体化与城市群绿色发展——基于长三角扩容的准自然实验［J］．经济经纬，2022，39（4）：22－31．

［87］李国青，杨莹．网络反腐事件曝光者的心理动机解析［J］．广州大学学报（社会科学版），2013，12（5）：10－15．

［88］李海舰，田跃新，李文杰．互联网思维与传统企业再造［J］．中国工业经济，2014（10）：135－146．

［89］李清华，何爱平．数字经济对区域经济协调发展的影响效应及作用机制研究［J］．经济问题探索，2022（8）：1－13．

［90］李佳，靳向宇．智慧物流在我国对外贸易中的应用模式构建与展望［J］．中国流通经济，2019，33（8）：11－21．

［91］李蕾．黄河流域数字经济发展水平评价及耦合协调分析［J］．统计与决策，2022，38（9）：26－30．

［92］李黎波．数字中国建设的教育方案——基于"互联网＋"的视角［J］．东北师大学报（哲学社会科学版），2018（5）：190－194．

［93］李瑞林，骆华松．区域经济一体化：内涵、效应与实现途径［J］．经济问题探索，2007（1）：52－57．

［94］李培鑫，张学良．长三角空间结构特征及空间一体化发展研究［J］．安徽大学学报（哲学社会科学版），2019，43（2）：148－156．

［95］李平，陈娜．区域经济一体化的新制度经济学解释［J］．哈尔滨工业大学学报（社会科学版），2005（2）：72－75．

［96］李少抒，李旭辉．略论珠三角基本公共服务一体化绩效评估体系
［J］．广东行政学院学报，2010，22（4）：31－35．

［97］李世奇，朱平芳．长三角一体化评价的指标探索及其新发现［J］．
南京社会科学，2017（7）：33－40．

［98］李文钊．双层嵌套治理界面建构：城市治理数字化转型的方向与
路径［J］．电子政务，2020（7）：32－42．

［99］李晓华．"十四五"时期打造数字经济新优势［J］．金融博览，
2021（4）：50－52．

［100］李晓欣．京津冀区域市场一体化水平测度研究——基于商品价
格方差测度的分析［J］．价格理论与实践，2020（4）：76－79．

［101］李雪松，孙博文．长江中游城市群区域一体化的测度与比较
［J］．长江流域资源与环境，2013，22（8）：996－1003．

［102］廖喜生，李扬荻，李彦章．基于产业链整合理论的智慧养老产
业优化路径研究［J］．中国软科学，2019（4）：50－56．

［103］廖信林，杨正源．数字经济赋能长三角地区制造业转型升级的
效应测度与实现路径［J］．华东经济管理，2021，35（6）：22－30．

［104］林琳，陈万明．互联网情境下创业企业创新绩效影响因素研究
［J］．经济经纬，2018，35（3）：110－116．

［105］林青宁，毛世平．数字经济背景下我国区域创新效率测算［J］．
统计与决策，2022，38（18）：73－76．

［106］刘波，洪兴建．中国产业数字化程度的测算与分析［J］．统计研
究，2022，39（10）：3－18．

［107］刘传辉，杨志鹏．城市群数字经济指数测度及时空差异特征分
析——以六大城市群为例［J］．现代管理科学，2021（4）：92－111．

［108］刘华军，彭莹，贾文星，裴延峰．中国三大市场空间一体化及
其网络结构研究——基于价格信息溢出视角的实证考察［J］．当代经济科
学，2018，40（5）：79－89，127．

［109］刘军，杨渊鋆，张三峰．中国数字经济测度与驱动因素研究
［J］．上海经济研究，2020（6）：81－96．

［110］刘茂松．论经济发展新常态与湖南绿色发展战略及其路径［J］．

湖南社会科学，2015，169（3）：125 - 129.

[111] 刘乃全，胡羽琦. 区域一体化可以缩小城市间收入差距吗？——来自长三角地区的经验证据［J］. 浙江社会科学，2022（10）：12 - 24，155.

[112] 刘炜，李郇，欧俏珊. 产业集群的非正式联系及其对技术创新的影响——以顺德家电产业集群为例［J］. 地理研究，2013，32（3）：518 - 530.

[113] 刘新智，孔芳霞. 长三角城市群数字经济发展对城市绿色转型的影响研究——基于"三生"空间的视角［J］. 当代经济管理，2021，43（9）：64 - 74.

[114] 刘云中，刘泽云. 中国区域经济一体化程度研究［J］. 财政研究，2011（5）：34 - 39.

[115] 刘昭洁. 数字经济背景下的产业融合研究［D］. 北京：对外经济贸易大学，2018.

[116] 刘志彪. 长三角一体化发展示范区建设：对内开放与功能定位［J］. 现代经济探讨，2019（6）：1 - 5.

[117] 刘志彪，江静. 长三角一体化发展的体制机制研究［M］. 北京：中国人民大学出版社，2021.

[118] 刘志彪，孔令池. 长三角区域一体化发展特征、问题及基本策略［J］. 安徽大学学报（哲学社会科学版），2019，43（3）：137 - 147.

[119] 栾淞婷，杨晓龙. 城市数字化升级与对外贸易的互动关系研究——基于我国 261 个地级市的实证［J］. 商业经济研究，2022（20）：152 - 155.

[120] 罗瑶. 产业融合对制造业创新效率影响的异质性研究［D］. 长沙：湖南大学，2019.

[121] 马庆钰. 公共服务的几个基本理论问题［J］. 中共中央党校学报，2005（1）：58 - 64.

[122] 马晓君，李艺婵，傅治，刘淑敏. 空间效应视角下数字经济对产业结构升级的影响［J］. 统计与信息论坛，2022，37（11）：14 - 25.

[123] 马筱倩，孙伟，闫东升. 区域一体化的人口增长与集散效应——以长三角地区为例［J］. 人文地理，2022，37（4）：141 - 148，191.

［124］马志敏．大数据驱动下政府公共服务：创新机制及发展路径［J］．经济问题，2020（12）：37－42．

［125］马中东，宁朝山．数字经济、要素配置与制造业质量升级［J］．经济体制改革，2020（3）：24－30．

［126］毛艳华，杨思维．珠三角一体化的经济增长效应研究［J］．经济问题探索，2017（2）：68－75．

［127］梅饶兰．区域经济一体化对长三角地区进口贸易影响的分析——基于2009—2018年长三角地区数据［J］．市场论坛，2021（9）：79－87，97．

［128］宁朝山．基于质量、效率、动力三维视角的数字经济对经济高质量发展多维影响研究［J］．贵州社会科学，2020（4）：129－135．

［129］逢健，朱欣民．国外数字经济发展趋势与数字经济国家发展战略［J］．科技进步与对策，2013，30（8）：124－128．

［130］裴长洪，倪江飞，李越．数字经济的政治经济学分析［J］．财贸经济，2018，39（9）：5－22．

［131］戚聿东，刘翠花，丁述磊．数字经济发展、就业结构优化与就业质量提升［J］．经济学动态，2020（11）：17－35．

［132］千慧雄．长三角区域经济一体化测度［J］．财贸研究，2010，21（5）：24－31．

［133］钱立华，方琦，鲁政委．刺激政策中的绿色经济与数字经济协同性研究［J］．西南金融，2020，473（12）：3－13．

［134］饶华春．中国金融发展与企业融资约束的缓解——基于系统广义矩估计的动态面板数据分析［J］．金融研究，2009（9）：156－164．

［135］任保平，李培伟．数字经济培育我国经济高质量发展新动能的机制与路径［J］．陕西师范大学学报（哲学社会科学版），2022，51（1）：121－132．

［136］任晓刚，李冠楠，王锐．数字经济发展、要素市场化与区域差距变化［J］．中国流通经济，2022，36（1）：55－70．

［137］上海市人民政府办公厅关于印发《上海市数字经济发展"十四五"规划》的通知［J］．上海市人民政府公报，2022（13）：10－17．

［138］申曙光，吴庆艳．健康治理视角下的数字健康：内涵、价值及应用［J］．改革，2020（12）：132-144．

［139］师博．数字经济促进城市经济高质量发展的机制与路径［J］．西安财经学院学报，2020，33（2）：10-14．

［140］石良平，王素云．互联网促进我国对外贸易发展的机理分析：基于31个省市的面板数据实证［J］．世界经济研究，2018（12）：48-59，132-133．

［141］石林，傅鹏，李柳勇．高铁促进区域经济一体化效应研究［J］．上海经济研究，2018（1）：53-62，83．

［142］史卫东，赵林．山东省基本公共服务质量测度及空间格局特征［J］．经济地理，2015，35（6）：32-37．

［143］宋洋．经济发展质量理论视角下的数字经济与高质量发展［J］．贵州社会科学，2019（11）：102-108．

［144］孙大斌．由产业发展趋势探讨我国区域经济一体化动力机制［J］．国际经贸探索，2003（6）：71-74．

［145］孙德林，王晓玲．数字经济的本质与后发优势［J］．当代财经，2004（12）：22-23．

［146］孙志建．技术赋能与认知转向：理解公共管理方法数字化转型的核心机理［J］．电子政务，2021（8）：15-28．

［147］孙志建．数字政府发展的国际新趋势：理论预判和评估引领的综合［J］．甘肃行政学院学报，2011（3）：32-42，127．

［148］谭晓东，陈玉文．基于SFA方法的中国医药制造业创新效率评价［J］．中国新药杂志，2016（13）：1461-1465．

［149］唐跟利，陈立泰．大数据驱动区域公共服务一体化：理论逻辑、实现机制与路径创新［J］．求实，2021（5）：43-57，110．

［150］唐要家．数字经济赋能高质量增长的机理与政府政策重点［J］．社会科学战线，2020（10）：61-67．

［151］陶颖，周先波，晏发发．中国数字经济促进区域消费市场一体化了吗［J］．金融学季刊，2022，16（1）：302-326．

［152］汪寿阳，洪永淼，乔晗．推进数据要素市场化配置，加速释放

数字经济新动能 [J]. 中国科学院院刊, 2022, 37 (10): 1400-1401.

[153] 王安平. 产业一体化的内涵与途径——以南昌九江地区工业一体化为实证 [J]. 经济地理, 2014, 34 (9): 93-98.

[154] 王静田, 张宝懿, 付晓东. 产业协同集聚对城市全要素生产率的影响研究 [J]. 科学学研究, 2021, 39 (5): 842-853, 866.

[155] 王娟. 基础设施对新丝绸之路经济带区域经济一体化的影响——基于空间面板杜宾模型的研究 [J]. 学术论坛, 2015, 38 (11): 47-52.

[156] 王军, 朱杰, 罗茜. 中国数字经济发展水平及演变测度 [J]. 数量经济技术经济研究, 2021, 38 (7): 26-42.

[157] 王庆喜, 章鑫, 辛月季. 数字经济与浙江省高质量发展研究——基于空间面板数据的分析 [J]. 浙江工业大学学报 (社会科学版), 2021, 20 (1): 42-49, 89.

[158] 王山, 刘文斐, 刘玉鑫. 长三角区域经济一体化水平测度及驱动机制——基于高质量发展视角 [J]. 统计研究, 2022, 39 (12): 104-122.

[159] 王伟, 孔繁利. 交通基础设施建设、互联网发展对区域市场分割的影响研究 [J]. 云南财经大学学报, 2020, 36 (7): 3-16.

[160] 王晓红, 张少鹏, 李宣廷. 创新型城市建设对城市绿色发展的影响研究 [J]. 科研管理, 2022, 43 (8): 1-9.

[161] 王雅洁, 张嘉颖. 城市群协同创新动态评价 [J]. 统计与决策, 2022, 38 (8): 168-173.

[162] 王燕灵. 区域数字化适宜度评价及其对创新绩效的影响研究 [D]. 杭州: 杭州电子科技大学, 2020.

[163] 王雨, 张京祥. 区域经济一体化的机制与效应——基于制度距离的空间发展解释 [J]. 经济地理, 2022, 42 (1): 28-36.

[164] 王玉, 张占斌. 数字经济、要素配置与区域一体化水平 [J]. 东南学术, 2021 (5): 129-138.

[165] 王智勇, 李瑞. 人力资本、技术创新与地区经济增长 [J]. 上海经济研究, 2021 (7): 55-68.

[166] 魏丽莉, 侯宇琦. 数字经济对中国城市绿色发展的影响作用研

究 [J]. 数量经济技术经济研究, 2022, 39 (8): 60 - 79.

[167] 邬彩霞, 高媛. 数字经济驱动低碳产业发展的机制与效应研究 [J]. 贵州社会科学, 2020 (11): 155 - 161.

[168] 吴丹, 王娅莉. 基于 Malmquist 生产率指数的 R&D 投入对制造业影响评价 [J]. 管理学报, 2006, 3 (5): 580.

[169] 吴凤平, 邵志颖, 季英雯. 新安江流域横向生态补偿政策的减排和绿色发展效应研究 [J]. 软科学, 2022, 36 (9): 65 - 71.

[170] 吴福象. 长三角一体化进程中的产业合作 [N]. 浙江日报, 2019 - 05 - 09 (13).

[171] 吴康敏, 张虹鸥, 叶玉瑶, 陈奕嘉, 岳晓丽. 粤港澳大湾区协同创新的综合测度与演化特征 [J]. 地理科学进展, 2022, 41 (9): 1662 - 1676.

[172] 武可栋, 阎世平. 数字技术发展与中国创新效率提升 [J]. 企业经济, 2021, 40 (7): 52 - 62.

[173] 武力超, 林子辰, 关悦. 我国地区公共服务均等化的测度及影响因素研究 [J]. 数量经济技术经济研究, 2014, 31 (8): 72 - 86.

[174] 武义青, 赵建强. 区域基本公共服务一体化水平测度——以京津冀和长三角地区为例 [J]. 经济与管理, 2017, 31 (4): 11 - 16.

[175] 解学梅, 刘丝雨. 协同创新模式对协同效应与创新绩效的影响机理 [J]. 管理科学, 2015, 28 (2): 27 - 39.

[176] 夏凡, 冯华. 技术市场规模与区域技术进步——基于创新投入的多重中介效应分析 [J]. 宏观经济研究, 2020, 254 (1): 95 - 111, 140.

[177] 夏杰长, 王鹏飞. 数字经济赋能公共服务高质量发展的作用机制与重点方向 [J]. 江西社会科学, 2021, 41 (10): 38 - 47, 254, 2.

[178] 夏杰长, 姚战琪, 徐紫嫣. 数字经济对中国区域创新产出的影响 [J]. 社会科学战线, 2021, 312 (6): 67 - 78, 281 - 282.

[179] 向书坚, 吴文君. OECD 数字经济核算研究最新动态及其启示 [J]. 统计研究, 2018, 35 (12): 3 - 15.

[180] 向书坚, 吴文君. 中国数字经济卫星账户框架设计研究 [J]. 统计研究, 2019, 36 (10): 3 - 16.

［181］肖仁桥，陈忠卫，钱丽．异质性技术视角下中国高技术制造业创新效率研［J］．管理科学，2018，31（1）：48-68.

［182］肖旭，戚聿东．产业数字化转型的价值维度与理论逻辑［J］．改革，2019（8）：61-70.

［183］谢非，袁露航，傅炜．长三角区域何以实现高质量市场一体化？——基于对外开放、产业结构升级、金融发展视角［J］．改革，2021（6）：112-124.

［184］熊励，蔡雪莲．数字经济对区域创新能力提升的影响效应——基于长三角城市群的实证研究［J］．华东经济管理，2020，34（12）：1-8.

［185］徐康宁，韩剑．中国区域经济的"资源诅咒"效应：地区差距的另一种解释［J］．经济学家，2005（6）：97-103.

［186］徐清源，单志广，马潮江．国内外数字经济测度指标体系研究综述［J］．调研世界，2018（11）：52-58.

［187］许恒，张一林，曹雨佳．数字经济、技术溢出与动态竞合政策［J］．管理世界，2020，36（11）：63-84.

［188］许佳茨，张化尧．共性资源联盟与"互联网＋"创业——基于创业者视角的多案例分析［J］．科学学研究，2016，34（12）：1830-1837.

［189］许敬轩，王小龙，何振．多维绩效考核、中国式政府竞争与地方税收征管［J］．经济研究，2019，54（4）：33-48.

［190］许宪春，胡亚茹，张美慧．数字经济增长测算与数据生产要素统计核算问题研究［J］．中国科学院院刊，2022，37（10）：1410-1417.

［191］许泽宁，陈子韬，甄茂成．区域一体化政策对城市高学历人才分布的影响与作用机制——以长三角地区为例［J］．地理研究，2022，41（6）：1540-1553.

［192］续竞秦，杨永恒．地方政府基本公共服务供给效率及其影响因素实证分析——基于修正的DEA两步法［J］．财贸研究，2011，22（6）：89-96.

［193］阳镇，陈劲，李纪珍．数字经济时代下的全球价值链：趋势、风险与应对［J］．经济学家，2022（2）：64-73.

［194］杨浩昌，李廉水，刘耀彬．区域制造业创新驱动力评价及其差

异研究 [J]. 科学学研究, 2021, 39 (10): 1908 – 1920.

[195] 杨慧. 基于耦合协调度模型的京津冀 13 市基础设施一体化研究 [J]. 经济与管理, 2020, 34 (2): 15 – 24.

[196] 杨佩卿. 数字经济的价值、发展重点及政策供给 [J]. 西安交通大学学报 (社会科学版), 2020, 40 (2): 57 – 65, 144.

[197] 杨汝岱, 朱诗娥. 集聚、生产率与企业出口决策的关联 [J]. 改革, 2018 (7): 84 – 95.

[198] 杨伟国, 邱子童, 吴清军. 人工智能应用的就业效应研究综述 [J]. 中国人口科学, 2018 (5): 109 – 119, 128.

[199] 杨新铭. 数字经济: 传统经济深度转型的经济学逻辑 [J]. 深圳大学学报 (人文社会科学版), 2017, 34 (4): 101 – 104.

[200] 杨震宁, 赵红. 中国企业的开放式创新: 制度环境、"竞合"关系与创新绩效 [J]. 管理世界, 2020, 36 (2): 139 – 160, 224.

[201] 杨仲山, 张美慧. 数字经济卫星账户: 国际经验及中国编制方案的设计 [J]. 统计研究, 2019, 36 (5): 16 – 30.

[202] 姚鹏, 王民, 鞠晓颖. 长江三角洲区域一体化评价及高质量发展路径 [J]. 宏观经济研究, 2020 (4): 117 – 125.

[203] 叶胥, 杜云晗, 何文军. 数字经济发展的就业结构效应 [J]. 财贸研究, 2021, 32 (4): 1 – 13.

[204] 殷宝庆, 肖文, 刘洋. 绿色研发投入与"中国制造"在全球价值链的攀升 [J]. 科学学研究, 2018, 36 (8): 1395 – 1403, 1504.

[205] 尹庆民, 祁硕硕. 区域一体化对经济发展质量的影响研究——基于长三角中心区域城市的准自然实证分析 [J]. 软科学, 2023, 37 (1): 31 – 39.

[206] 余明桂, 回雅甫, 潘红波. 政治联系、寻租与地方政府财政补贴有效性 [J]. 经济研究, 2010, 45 (3): 65 – 77.

[207] 曾刚, 王丰龙. 长三角区域城市一体化发展能力评价及其提升策略 [J]. 改革, 2018 (12): 103 – 111.

[208] 曾红颖. 我国基本公共服务均等化标准体系及转移支付效果评价 [J]. 经济研究, 2012, 47 (6): 20 – 32, 45.

［209］曾群华．关于区域同城化的研究综述 ［J］．城市观察，2013（6）：85－95.

［210］詹新宇，王蓉蓉．财政压力、支出结构与公共服务质量——基于中国 229 个地级市面板数据的实证分析 ［J］．改革，2022（2）：111－126.

［211］张贵，温科．协同创新、区域一体化与创新绩效——对中国三大区域数据的比较研究 ［J］．科技进步与对策，2017，34（5）：35－44

［212］张海洋，史晋川．中国省际工业新产品技术效率研究 ［J］．经济研究，2011，46（1）：83－96.

［213］张英浩，汪明峰，崔璐明，匡爱平．数字经济水平对中国市域绿色全要素生产率的影响 ［J］．经济地理，2022，42（9）：33－42.

［214］张英浩，汪明峰，刘婷婷．数字经济对中国经济高质量发展的空间效应与影响路径 ［J］．地理研究，2022，41（7）：1826－1844.

［215］张鸿，刘中，何文秀，盛攀峰．数字经济对陕西省就业质量的影响 ［J］．西安邮电大学学报，2019，24（6）：85－91，99.

［216］张辉，石琳．数字经济：新时代的新动力 ［J］．北京交通大学学报（社会科学版），2019，18（2）：10－22.

［217］张杰，芦哲，郑文平，陈志远．融资约束、融资渠道与企业 R&D 投入 ［J］．世界经济，2012，35（10）：66－90.

［218］张开云，张兴杰，李倩．地方政府公共服务供给能力：影响因素与实现路径 ［J］．中国行政管理，2010（1）：92－95.

［219］张鹏．数字经济的本质及其发展逻辑 ［J］．经济学家，2019（2）：25－33.

［220］张其仔，贺俊．第四次工业革命的内涵与经济效应 ［J］．人民论坛，2021（13）：74－77.

［221］张晴，于津平．投入数字化与全球价值链高端攀升——来自中国制造业企业的微观证据 ［J］．经济评论，2020（6）：72－89.

［222］张晓瑞，华茜．徐淮宿区域一体化发展综合测度研究 ［J］．中国人口·资源与环境，2018，28（S2）：91－96.

［223］张馨月，吴昊．高铁开通对区域经济一体化的影响及作用机制

[J]. 数量经济研究，2021，12（3）：132 - 149.

[224] 张序. 公共服务供给信息披露：体系与路径——基于不对称信息理论的研究 [J]. 四川大学学报（哲学社会科学版），2017（6）：131 - 140.

[225] 张学良，李丽霞. 长三角区域产业一体化发展的困境摆脱 [J]. 改革，2018（12）：72 - 82.

[226] 张雪玲，焦月霞. 中国数字经济发展指数及其应用初探 [J]. 浙江社会科学，2017（4）：32 - 40，157.

[227] 张毅，贺欣萌. 数字赋能可以纾解公共服务均等化差距吗？——资源视角的社区公共服务价值共创案例 [J]. 中国行政管理，2021（11）：131 - 137.

[228] 张玉玲，庞旭良，刘洋，董伟娜. 我国省际数字经济发展水平影响因素研究 [J]. 商业经济研究，2022（22）：185 - 189.

[229] 张云. 国际关系中的区域治理：理论建构与比较分析 [J]. 中国社会科学，2019（7）：186 - 203，208.

[230] 韩兆安，赵景峰，吴海珍. 中国省际数字经济规模测算、非均衡性与地区差异研究 [J]. 数量经济技术经济研究，2021，38（8）：164 - 181.

[231] 赵春明，文磊，赵梦初. 融资约束对企业全要素生产率的影响——基于工业企业数据的研究 [J]. 经济经纬，2015，32（3）：66 - 72.

[232] 赵红军，刘艳苹，陶欣洁，等. 长三角区域一体化高质量发展调研报告 [J]. 科学发展，2018（6）：54 - 61.

[233] 赵卉心，孟煜杰. 中国城市数字经济与绿色技术创新耦合协调测度与评价 [J]. 中国软科学，2022（9）：97 - 107.

[234] 赵树宽，余海晴，巩顺龙. 基于 DEA 方法的吉林省高技术企业创新效率研究 [J]. 科研管理，2013，34（2）：36 - 43，104.

[235] 赵涛，张智，梁上坤. 数字经济、创业活跃度与高质量发展——来自中国城市的经验证据 [J]. 管理世界，2020，36（10）：65 - 76.

[236] 赵西三. 数字经济驱动中国制造转型升级研究 [J]. 中州学刊，2017（12）：36 - 41.

［237］赵新伟，王琦．中美两国数字经济效率测算、动因及演进［J］．科学学研究，2022，40（8）：1413－1423．

［238］中共安徽省委关于制定国民经济和社会发展第十四个五年规划和2035年远景目标纲要［N］．安徽日报，2020－12－11（001）．

［239］中共滁州市委关于制定国民经济和社会发展第十四个五年规划和二〇三五年远景目标的建议［N］．滁州日报，2021－01－07（001）．

［240］中国信通院．长三角数字经济发展报告（2021）［R］．北京：中国信息通信研究院，2021．

［241］中国信通院．中国城市数字经济指数白皮书（2017）发布［J］．中国信息化，2017（5）：73．

［242］中华人民共和国国民经济和社会发展第十四个五年规划和2035年远景目标纲要［N］．人民日报，2021－03－13（001）．

［243］钟敏．国际数字经济测度的实践经验及中国的战略选择［J］．经济体制改革，2021（3）：158－165．

［244］周锦，顾江．城市群文化产业一体化发展的机理、绩效与路径——长三角、京津冀和珠三角的比较分析［J］．江海学刊，2021（3）：92－97．

［245］周锐波，刘叶子，杨卓文．中国城市创新能力的时空演化及溢出效应［J］．经济地理，2019，39（4）：85－92．

［246］周晓辉．先进制造业与数字经济的融合度测算：以长三角为例［J］．统计与决策，2021，37（16）：138－141．

［247］周瑜．数字技术驱动公共服务创新的经济机理与变革方向［J］．当代经济管理，2020，42（2）：78－83．

［248］周正柱，冯加浩．长三角城市群市场一体化对技术创新影响的门槛效应研究［J/OL］．重庆大学学报（社会科学版）：1－19［2022－10－26］．

［249］邹宝玲，李华忠．交易费用、创新驱动与互联网创业［J］．广东财经大学学报，2016，31（3）：26－33．

［250］Acemoglu D，Autor D. Skills，tasks and technologies：Implications for employment and earnings［J］．*Handbook of Labor Economics*，2011（4）：1043－1171．

［251］Ahuja G. Collaboration networks，structural holes，and innovation：A longitudinal study [J]. *Administrative Science Quarterly*, 2000, 45 (3): 425 – 455.

[252] Akcigit U, Caicedo S, Miguelez E, et al. *Dancing with the stars*: *Innovation through interactions* [R]. National Bureau of Economic Research, 2018.

[253] Bahemia H, Squire B. A contingent perspective of open innovation in new product development projects. [J]. *International Journal of Innovation Management*, 2010, 14 (4): 603 – 627.

[254] Batjargal B. Internet entrepreneurship: Social capital, human capital, and performance of Internet ventures in China [J]. *Research Policy*, 2007, 36 (5): 605 – 618.

[255] Bengtsson M, Kock S. "Coopetition" in business Networks—to co-operate and compete simultaneously [J]. *Industrial Marketing Management*, 2000, 29 (5): 411 – 426.

[256] Castellani D, Montresor S, Schubert T, et al. Multinationality, R&D and productivity: Evidence from the top R&D investors worldwide [J]. *International Business Review*, 2017, 26 (3): 405 – 416.

[257] Chiambaretto P, Massé D, Mirc N. "All for One and One for All?" – Knowledge broker roles in managing tensions of internal coopetition: The Ubisoft case [J]. *Research Policy*, 2019, 48 (3): 584 – 600.

[258] Don Tapscott. *The Digital Economy*: *Promise and Peril in the Age of Networked Intelligence* [M]. New Yourk: McGraw – Hill, 1996.

[259] Dorn S, Schweiger B, Albers S. Levels, phases and themes of coopetition: A systematic literature review and research agenda [J]. *European Management Journal*, 2016, 34 (5): 484 – 500.

[260] Edward L. Glaeser, Giacomo A. M. Ponzetto, Kristina Tobio. Cities, Skills and Regional Change [J]. *Regional Studies*, 2014, 48 (1): 7 – 43.

[261] Faraj S, von Krogh G, Monteiro E, et al. Special section introduction—Online community as space for knowledge flows [J]. *Information Systems Research*, 2016, 27 (4): 668 – 684.

[262] Fritz M. *A History of Thought on Economic Integration* [M]. New York: Columbia University Press, 1977.

[263] Gruber H, Hätönen J, Koutroumpis P. Broadband access in the EU: An assessment of future economic benefits [J]. *Telecommunications Policy*, 2014, 38 (11): 1046 – 1058.

[264] Hall B H, Lerner J. The financing of R&D and Innovation [J]. *Handbook of the Economics of Innovation*, 2010 (1): 609 – 639.

[265] Hansen M T, Birkinshaw J. The innovation value chain [J]. *Harvard Business Review*, 2007, 85 (6): 121 – 132.

[266] Henrekson M, Torstensson J, Torstensson R. Growth effects of European integration [J]. *European Economic Review*, 1997, 41 (8): 1537 – 1557.

[267] Herrero A G, Xu J. *How big is China's digital economy?* [R]. Bruegel Working Papers, 2018.

[268] Hittinger E, Jaramillo P. Internet of Things: Energy boon or bane? [J]. *Science*, 2019, 364 (6438): 326 – 328.

[269] Ira M Wasserman, Marie Richmond – Abbott. Gender and the Internet: Causes of Variation in Access, Level, and Scope of Use [J]. *Social Science Quarterly*, 2005, 86 (1): 252 – 270.

[270] Iwasa T, Odagiri H. Overseas R&D, knowledge sourcing, and patenting: an empirical study of Japanese R&D investment in the US [J]. *Research Policy*, 2004, 33 (5): 807 – 828.

[271] Janson M A, Wrycza S. Information technology and entrepreneurship: three cases from Poland [J]. *International Journal of Information Management*, 1999, 19 (5): 351 – 367.

[272] Karras G. Economic integration and convergence: lessons from Asia, Europe and Latin America [J]. *Journal of Economic Integration*, 1997, 12 (4): 419 – 432.

[273] Kong D, Lin C, Wei L, et al. Information accessibility and corporate innovation [J]. *Management Science*, 2022, 68 (11): 7837 – 7860.

[274] Li J, Chen L, Chen Y, et al. Digital economy, technological inno-

vation, and green economic efficiency—Empirical evidence from 277 cities in China [J]. *Managerial and Decision Economics*, 2022, 43 (3): 616 – 629.

[275] Liu Y, Yang Y, Li H, et al. Digital economy development, industrial structure upgrading and green total factor productivity: Empirical evidence from China's cities [J]. *International Journal of Environmental Research and Public Health*, 2022, 19 (4): 2414.

[276] Li X, Liu J, Ni P. The Impact of the digital economy on CO_2 emissions: a theoretical and empirical analysis [J]. *Sustainability*, 2021, 13 (13): 7267.

[277] Mack E A. Broadband and knowledge intensive firm clusters: Essential link or auxiliary connection? [J]. *Papers in Regional Science*, 2014, 93 (1): 3 – 29.

[278] Mario I K. The impact of the Internet on R&D efficiency: theory and evidence [J]. *Technovation*, 2006 (7): 827 – 835.

[279] Martin R. *Institutional approaches in economic geography* [M]// Sheppard E, Barnes T J. *A Companion to Economic Geography*. Oxford: Blackwell Publishing Ltd, 2000.

[280] Matarazzo M, Penco L, Profumo G, et al. Digital transformation and customer value creation in Made in Italy SMEs: A dynamic capabilities perspective [J]. *Journal of Business Research*, 2021 (123): 642 – 656.

[281] Migué J L, Bélanger G, Niskanen W A, et al. Toward a General Theory of Managerial Discretion [J]. *Public Choice*, 1974, 17 (1): 27 – 47.

[282] Moore M H. Public value accounting: Establishing the philosophical basis [J]. *Public Administration Review*, 2014, 74 (4): 465 – 477.

[283] Nambisan S, Wright M, Feldman M. The digital transformation of innovation and entrepreneurship: Progress, challenges and key themes [J]. *Research Policy*, 2019, 48 (8): 103773.

[284] Nunn N, Qian N. US food aid and civil conflict [J]. *American Economic Review*, 2014, 104 (6): 1630 – 1666.

[285] OECD. *Measuring the Digital Economy: A New Perspective* [M].

OECD Publishing, 2014.

[286] Parker G, Van Alstyne M, Jiang X. Platform Ecosystems [J]. *Mis Quarterly*, 2017, 41 (1): 255 – 266.

[287] Peng Hui, Shen Neng, Ying Huanqin, Wang Qunwei. Can environmental regulation directly promote green innovation behavior? —based on situation of industrial agglomeration [J]. *Journal of Cleaner Production*, 2021 (314): 128044. 1 – 128044. 14.

[288] Rob Kling, Roberta Lamb. IT and organizational change in digital economies [J]. *ACM SIGCAS Computers and Society*, 1999, 29 (3): 17 – 25.

[289] Sands C. Designing an index of relative economic integration for North America – theory and some practical considerations [J]. *Center for Strategic & International Studies*, 2003 (11): 1 – 11.

[290] Savchenko A B, Borodina T L. Green and digital economy for sustainable development of urban areas [J]. *Regional Research of Russia*, 2020 (10): 583 – 592.

[291] Shin K, Lee D, Shin K, et al. Measuring the efficiency of US pharmaceutical companies based on open innovation types [J]. *Journal of Open Innovation Technology Market and Complexity*, 2018, 4 (3): 34.

[292] Simmie J. Innovation and clustering in the globalised international economy [J]. *Urban Studies*, 2004, 41 (5 – 6): 1095 – 1112.

[293] Steininger D M. Linking information systems and entrepreneurship: A review and agenda for IT – associated and digital entrepreneurship research [J]. *Information Systems Journal*, 2019, 29 (2): 363 – 407.

[294] Stiroh K J. Are ICT spillovers driving the new economy? [J]. *Review of Income and Wealth*, 2002, 48 (1): 33 – 57.

[295] Szeles M R. Exploring the economic convergence in the EU's new member states by using non – parametric models [J]. *Romanian Journal of Economic Forecasting*, 2011, 14 (1): 20 – 40.

[296] Tapscott D. *The Digital Economy: Promise and Peril in the Age of Networked Intelligence* [M]. New York: McGrawHill, 1995.

［297］Tinbergen J. *Centralization and Decentralization in Economic Policy* ［M］. Amsterdam: North Holland Pub. Co, 1954.

［298］Tinbergen J. *International Economic Integration* ［M］. Amsterdam: Elsevier, 1954.

［299］*United Nations eGovernment survey* 2008: *from eGovernment to connected governance* ［R］. United Nations Department of Economic and Social Affairs. Division for Public Administration and Development Management Administration, 2008.

［300］Wang J L, Wang W L, Ran Q Y, et al. Analysis of the mechanism of the impact of internet development on green economic growth: evidence from 269 prefecture cities in China ［J］. *Environmental Science and Pollution Research*, 2021 (9): 1 – 15.

［301］Wang Y J, Wang W, Luo D X. Optimisation model construction of enterprise's green production and energy saving based on internet technology ［J］. *International Journal of Product Development*, 2020, 24 (2 – 3): 95 – 111.

［302］Wu H, Hao Y, Ren S, et al. Does internet development improve green total factor energy efficiency? Evidence from China ［J］. *Energy Policy*, 2021 (153): 112247.

［303］Wuyts S, Dutta S. Benefiting from alliance portfolio diversity: The role of past internal knowledge creation strategy ［J］. *Journal of Management*, 2014, 40 (6): 1653 – 1674.

［304］Zimmermann H – D et al. The Financial Industry in the Digital Economy Emerging Structures ［J］. *Business Briefing: Global Banking & Financial Technology*, 2000: 60 – 66.

后　记

党的二十大报告强调，"加快发展数字经济，促进数字经济和实体经济深度融合，打造具有国际竞争力的数字产业集群"。数字经济正以前所未有的发展速度、辐射范围、影响程度重塑经济结构，已成为推动经济高质量发展的新引擎。在全面建设社会主义现代化国家的新征程上，需要加快发展数字经济，推进中国经济高质量发展，为构建新发展格局提供强大动力。

2018年11月，习近平总书记在首届中国国际进口博览会上宣布，支持长江三角洲区域一体化发展并上升为国家战略。当前，长三角三省一市紧扣"一体化"和"高质量"两个关键词，抢抓数字经济发展新机遇，围绕人工智能、大数据、区块链、云计算等新兴数字产业领域，着力打造全国数字经济发展新高地。数字经济发展对于长三角区域创新能力、经济集聚度、区域连接性和政策协同效率等方面一体化进程具有重要作用，对于长三角地区全面推进中国式现代化进程具有重要意义。本书从理论和实证两个方面，就数字经济如何赋能长三角一体化发展展开深入探讨，并提出相应对策建议，以期为相关政策制定和实践部门提供决策参考和智力支持。

本书由安徽大学区域经济与城市发展研究团队成员共同完成，具体分工如下：第一章，单航；第二章，江三良、范蓉蓉；第三章，华德亚、汪玥；第四章，杨仁发、闫娜娜；第五章，胡艳、张加阳；第六章，杨仁发、路芳菲；第七章，杨仁发、卫晨；第八章，江三良、李宁宁；第九章，华德亚、陆雨；第十章，胡艳、高立鑫；第十一章，杨仁发、刘金辉。最后由杨仁发、单航、华德亚进行全书统稿。

　　本书的出版得到各方面的支持，感谢安徽大学长三角一体化发展研究院（创新发展战略研究院）的支持，感谢安徽省高校学科（专业）拔尖人才学术资助项目（编号：gxbjZD2022002）、安徽省社会科学创新发展研究课题（2023CX2009）的支持，感谢经济科学出版社刘丽老师为本书的编辑出版所做的辛苦工作！

　　本书尚存在诸多不足，敬请各位读者批评指正，我们将继续努力！

图书在版编目（CIP）数据

数字经济赋能长三角一体化发展研究/杨仁发等著．
—北京：经济科学出版社，2023.5
ISBN 978 - 7 - 5218 - 4736 - 9

Ⅰ.①数…　Ⅱ.①杨…　Ⅲ.①信息经济 - 作用 - 长江
三角洲 - 区域经济发展 - 研究　Ⅳ.①F127.5

中国国家版本馆 CIP 数据核字（2023）第 074893 号

责任编辑：刘　丽
责任校对：郑淑艳
责任印制：范　艳

数字经济赋能长三角一体化发展研究
杨仁发　单　航　等著
经济科学出版社出版、发行　新华书店经销
社址：北京市海淀区阜成路甲 28 号　邮编：100142
总编部电话：010 - 88191217　发行部电话：010 - 88191522
网址：www. esp. com. cn
电子邮箱：esp@ esp. com. cn
天猫网店：经济科学出版社旗舰店
网址：http://jjkxcbs. tmall. com
北京季蜂印刷有限公司印装
710×1000　16 开　15 印张　230000 字
2023 年 5 月第 1 版　2023 年 5 月第 1 次印刷
ISBN 978 - 7 - 5218 - 4736 - 9　定价：72.00 元
（图书出现印装问题，本社负责调换。电话：010 - 88191545）
（版权所有　侵权必究　打击盗版　举报热线：010 - 88191661
QQ：2242791300　营销中心电话：010 - 88191537
电子邮箱：dbts@ esp. com. cn）